READ AND BE BETTER

小镇做题家

出身、心态与象牙塔

谢爱磊 ●著

上海三联书店

献给我的妻子和女儿

写在前面的话

初次见到吴悦，是在上海海一大学 [1] 的一间自习室里。她略显拘谨，说自己不善言谈。但当对话渐入佳境，她又变得很开心，对自己所取得的成就——进入一所全国一流大学——倍感骄傲。我试探着问她，会不会"经济上有些紧张"，她回答说"不会！"因为除了大学提供的各类奖助学金外，"还有其他钱"。她出生的广东省西部，宗亲观念浓厚，"当初考上名校，家乡那边给了数万元奖励"。这些钱让她"不用打工挣钱，出去消费都没有什么问题！"

这多少有点让我惊讶，因为和同期的很多研究一样，在访谈工作开始前，我会假设像吴悦这样的农村与小镇学生 [2] 在经济上会面临较大压力。另外，由于当时还未有较大规模的调查，我也深受媒体报道的影响，因此假定他们会比城市籍学生遇到更多的学业问题——成绩会更不理想。但在完成对吴悦和后来其他相似背景学生的访谈后，我才发现他们的故事和我预想的不太一样。例如，在和我交谈时，吴悦说自己主要的问题并非经济问题，而是存在于社交方面。一年多以后的第二次访谈，她的观点还是一样。我们最近的一次交谈，已经是她毕业后。当时，她已在深圳一家科技公司入职一年多，后来因为不太喜欢公司的文化又跳槽到另一家。这一次，她显然已经更加健谈，但

i

仍然告诉我，自己"不善社交"，与同事相处或聚会，总有难以名状的隔膜，融入有点困难，还问我"研究的对象是不是都有这种情况？"

吴悦是我在漫长的追踪研究中碰到的许多农村和小镇青年中的一个。自 2013 年开始，我在上海、广州、武汉和南京的四所"双一流"高校选择了近 2000 名学生开展追踪研究。这些学生中有近 28% 来自农村和小镇。他们凭借优异的成绩进入精英大学[3]，大多数逐渐适应了大学的学习和生活，最终在城市找到一席之地，并成就自身的励志故事。

不过，正如吴悦的故事所隐约透露的，励志故事并非这些农村和小镇青年在精英大学成长的全貌。初入大学时，他们大多因家庭出身以及社交能力方面的不足而出现适应受阻的情况，情绪上亦有不同程度的煎熬，轻者"不适"，中等者"迷茫"，重者则觉得"抑郁"。故事的这一半像极了社交网站"豆瓣"中一个名为"985 废物引进计划"的兴趣小组中一些自嘲为"小镇做题家"的年轻人的故事。"出身卑微"就像是"苦役犯"这张名片之于雨果小说《悲惨世界》中的冉·阿让，时常让他们在精英环境中进退维谷。

但又并非像众多新闻报道中经常提及的那样——他们所遇挑战的全部是艰难的经济条件和摆不平的学业。反而，尽管常常有经济方面的不安全感，他们中的大多数却能够拥有较为稳定的经济来源。其中原因，一方面是这些精英大学中的大多数农村和小镇青年，来自当地的中上层；另一方面是各所精英大学的确拥有一流的奖助学金体系。另外，尽管面临诸多学业和生活方面的挑战，这些农村和小镇青年也大体依然能够保持和城市籍学生相当的学业水准。例如，在我们的入学适应调查当中，无论在大一还是大二，他们和城市籍学生的成绩排名相差都不大。其中相当一部分原因可能在于他们坚信教育改变命运的人生箴言，另一原因则在于他们的确在学业上花了相当多的时间。

时常让他们觉得有些难以招架的是在大学的"社会适应"。在接受我访谈的数年间，南山大学的周深反复提及自己社交能力一般，"和人合作不来""朋友圈很小"，觉得自己大学的生活"不完整"。在我们调查的近 2000 名学生中，周深算是研究中的典型个案。这些来自农村和小镇的学生，大一参加各类型学生组织的比例和大二成为学生干部的比例都明显低于城市籍学生；在学生会等半官方学生组织的参与方面，则低于城市籍学生 14 个百分点。

这些都意味着他们与城市籍学生所经历的大学可能始终是两种意义上的世界，但这两个世界的分裂并非完全是物理意义上的。谈及不同社会群体的精英大学生活，杰罗姆·卡拉贝尔在《被选中的：哈佛、耶鲁和普林斯顿的入学标准秘史》一书中有过形象的描述："公立学校的男孩们所置身其中的哈佛却并非罗斯福和他的朋友们所置身于其中的那个哈佛……"分裂的物理符号就是两者在哈佛的生活环境。公立学校的男孩们挤在哈佛庭院寒酸的宿舍里——这些宿舍有的甚至没有暖气和自来水。而像罗斯福一样的贵族男孩则住在芒特奥本街上奢华的"金海岸"。[4]

更重要的分裂则体现在社会生活上，"他（罗斯福）与来自格罗顿的好友一起在私人餐馆就餐，在桑博恩台球馆与好友夜蒲""他还是波士顿社交圈的常客，经常与好友们品茗、共餐、聚会"，另外，"尽管罗斯福优良的血统已经能让他在哈佛的圈子中立足，但是他尚需在哈佛丰富多彩又高度分层化的课外活动中力争一席之地——对大部分学生而言，这些需要大量精力的活动要远比学习重要"。谈及学习成绩，哈佛、耶鲁、普林斯顿的学生通常说"有个 C"就不错了。

卡拉贝尔对 20 世纪初美国精英大学学生文化生活的观察，在 21 世纪亦能觅得回应。文化和社会资源是影响个人社会流动的重要原因，在攀向社会阶梯的顶层时，它的作用尤为巨大。劳伦·A. 里韦拉在她荣获美国社会学会马克斯·韦伯奖的《出身：不平等的选拔与精英的自我复制》一书中指出，在筛选候选人、作出录取新员工的决定时，一流的投资银行、管理咨询公司和律师事务所（统称为"顶级专业服务"，即所谓的 EPS）——提供收入最高的工作，这些岗位是进入精英阶层的门票——对学业的要求并不高。他们的招聘人员（精英阶层的守门人）更加看重的是文化符号——顶尖学府的文凭、精英式课外活动参与以及自身偏爱的互动风格。

要想进入更加精英的阶层，获得更多的经济收益，应聘者必须接触与参与精英文化和社会活动，将他们在大学的文化经历和关系网络系统地资本化。在我们的精英大学，课外活动的主要形式是各类学生组织和社团。但在我们的访谈中，来自农村和小镇的学生在谈及参与学生会、团委或者社团联合会等半官方类型的学生组织时，往往都会提到自己不轻易报名，因为他们觉得"没有能力胜任相关的工作"，或者"没有城市的同学那么自信"。

例如，在访谈过程中，武汉的一位农村籍学生曾提到自己竞选学生干部的经历："现在觉得如果更自信一点就好了，老师在班上说要选一名文体委员，我就想上去竞选了——只要走上去，在黑板上写上自己的名字，然后发言说说自己的想法就好。但我就没那个自信，觉得什么都不会，不像城市的同学，才艺特长什么都有，而我就没有。我想，到底要不要上去呢？我正犹豫的时候，另外一位同学就上去了，我就放弃了。"

这样看来,"做题家"就内在地包含了一种特别的隐喻。它并不暗示客观的学习能力比较,而之所以能引起农村和小镇学生的共鸣,显然是因为它表达了一种自我嘲讽,说明"做题家"们已经厌倦单靠学业来实现救赎。"改造自己"显然是一项更为全面和宏大的人生工程。2014 年,在武汉一所名校学习的吴超接受访谈时告诉我,学业之外,休闲、娱乐、交往以及在城市场景中能够大方得体,都是这项工程不可或缺的环节。他的同校同学李哲也告诉我,让她觉得开始变成城市这个陌生世界一员的仪式,是她试着去逛公园、旅游,试着欣赏这个新世界。而这些都不是自己曾经生活的旧世界的常态。在社会学家皮埃尔·布尔迪厄看来,这些仪式宣告跨越社会阶层者进入了一个文化意义上的新世界。问题是,并非所有人都能像吴超和李哲那样相对顺利地融入新的环境。我研究的农村和小镇青年,经常在访谈时提及"觉得自身的社会能力不足",在新的环境中难以自洽。

由于不知如何经营自己的大学课余生活,上海海一大学的李一同学在接受访谈时说他时常觉得自己的大学生活有所欠缺,与后来媒体口中的"做题家"遥相呼应,他说:"我只好安心地做个学霸了!"寄情于学业是不少农村和小镇学生的选择,但我们的追踪研究显示,因为社交方面的阻碍,在适应大学的头两年时间里,农村和小镇学生会在个人能力方面更多地自我否定而更少自我肯定,而这影响着他们在非学业领域的探索。

针对社会流动,主流的话语体系一般从经济福利的角度出发,赋予其纯粹的正面含义,认为实现了社会流动就是万事大吉。但农村和小镇青年的社会流动经历告诉我们,应当重新审视个体的社会流动体验——它还包含了更为丰富的主观的非经济的情感维度。社会学家皮特林·A. 索罗金指出：向上流动的过程意味着个体融入新的地位文化，流动的阶层穿越者极有可能要处理因出身阶层和目的地阶层之间的冲突所导致的社会心理问题。高等教育机构常被视作精英阶层的"守门人"。当社会经济地位较低的学生进入高等教育机构时，他们更可能经历更差的情绪体验，例如容易有压力感，意志消沉，在陌生的大学环境中难有归属感。脱离一种地位文化并进入另一种地位文化，意味着思想和行动，甚至身体的调适。农村和小镇青年持续的内心冲突往往是地位文化的二元分裂和身份认同缺失所带来的结果。

在武汉名校汉江大学的田野工作中，我遇到吴洁，开始访谈的两年间，她的穿着风格几乎没有任何变化——蓝色牛仔长裤搭配圆领 T 恤。吴洁说她只在乎学业，不会向其他同学学习穿着搭配。当讨论到是否觉得自己已经开始变换身份，成为这个城市的一员或中产的一员时，吴洁默默流泪，说自己永远也不会变成"他们"。

正如社会学家所注意到的，当今社会的结构化和阶层化趋势愈加明显，基本的阶层边界日益清晰。在地位等级较为刚性、合法性地位获得困难的社会中，流动更有可能导致阶层跨越者饱受地位焦虑或文化疏离的困扰。援引布尔迪厄的话来说即是：高等教育机构远非一个文化上中立的环境，其中充斥的是中上层的文化规范和游戏规则。进入异质的、被主流话语体系定义为更高阶的文化中，农村和小镇青年往往要承受沉重的心理和情感代价。

而此正是"做题家"自我叙事背后的基本逻辑——"做题家"是一种难以摆脱的状态。它不是一种客观能力叙述，而是社会流动中个体的一种生存心态——喻示了或稍轻或沉重的心理代价；它也是阶层跨越者的一种独特探索——包含了一些新奇、迷茫和无力；它又是一种对人生成长经历的反思，是处于社会流动中的农村和小镇青年对既有社会结构和自身社会化过程以及教育经历的反身性思考——而它正蕴含了改变的力量。

向上的社会流动本身的正面意义毋庸置疑，但只从经济维度描述社会流动故事则有可能使社会流动本身的意义狭隘化。关注成为精英大学天之骄子的农村和小镇青年，只看人生坐标的几何移动还不够，亦要关注他们在社会流动征程中的心理和感情。

而此正是本书关心的核心内容。这本书所要讲述的故事，基本素材来自上文所提的始于2013年的一项追踪调查。它是一个集体努力的结果。我和我的团队成员先后在教育部人文社科基金（编号：13YJC880085）、香港研究资助局优配研究金（编号：17617916）、国家自然科学基金（编号：71774056）、国家社会科学基金（编号：21BSH081）等的支持下，在上海、广州、南京和武汉各选了一所"双一流"高校开展调查。调查包含两个部分，一是量化的连续的问卷调查，分别在学生大一结束、大三开始和毕业后半年至一年的时间展开；二是在每轮的问卷调查之后，我们都选择了被调查学生中的部分进行有针对性的访谈。问卷调查部分旨在了解这些学生从哪里来——他们的家庭背景如何，在校期间不同阶段的学业状况、社会适应状况、就业准备状况和就业结果如何。

在成书之前，我还有幸与合作者使用该研究的部分数据在包括《教育研究》《北京大学教育评论》《高等教育研究》《华东师范大学学报（教育科学版）》《复旦教育论坛》《高等教育》（*Higher Education*）《诗学》（*Poetics*）等顶尖的国内和国际期刊上发表了一系列学术成果。部分研究获得较高社会评价，还曾获得第三届"全国教育实证研究优秀成果奖"和"剑桥大学 – 香港大学多里斯·齐默恩休斯学堂访问学者奖"。本书使用的语言显然不同于论文中的学术话语，我力求以较为通俗的语言，用简单的量化数据描述一般规律，用故事讲述所有农村和小镇青年所拥有的这段特殊生命历程，并力求揭示社会历史如何与他们的命运在精英大学的环境中交织到一起。

路遥在《平凡的世界》一书中所勾勒的奋斗故事令几代人心醉神迷。在 20 世纪 70 年代末开始的罕见的社会变动和流动大潮中，主人公孙少平物质生活贫乏，却尽可能汲取精神上的养料。在那个社会结构初步松动、精神生活丰富的年代，物质生活的苦难和精神层面的幸福是克服身份制、实现社会流动的双重注脚。如今，社会的面貌和阶层跨越者的流动故事又是另一番图景。物质方面的进击并未一定带来精神的富足。"情感代价"和"励志故事"都是农村和小镇青年初步社会流动征程的脚本。在主流的话题体系当中，励志故事是唯一的脚本，我的故事要说的，则是或多或少意义上的另一个。

谢爱磊

2023 年 11 月

目　录

第一章

"一只脚"踏进精英大学

"你怎么看'教育改变命运'这句话？"

"我觉得也不是一定如此，但教育似乎成了我唯一的出路。"

第一节 励志故事：我从哪里来？

起点——人生坐标

《你当像鸟飞往你的山》

2014 年夏季学期的一个下午，我坐在武汉市汉江大学学生中心的一间咖啡馆等吴洁。这已经是那次在武汉开展田野工作期间第二次约她做访谈。我们的第一次访谈在汉江大学的一家奶茶店——但那次访谈并不怎么成功。记得访谈刚开始的时候，我问吴洁大一过得怎么样，长时间的沉默后，她开始流泪。接受的学术训练告诉我，继续问下去也许可以收获不少"有用"的数据——因为"触动"总是丰富"故事"的"引线"。但从科研伦理的角度而言，"触动"也许意味着心理上的负担（我当时未曾想到，这些情感触动竟成了我个人研究的终极线索）。短暂的安慰后，我问她可否下次有空时，在方便的情况下再聊。吴洁查了一下自己的课表，说"时间可以定在第二天下午""地点可以是在学生中心的咖啡馆"。田野工作期间，吴洁提到的学生中心的这间咖啡馆我常去，还常和店员攀谈，了解到他们其实主要是在做勤工助学的在校生，一般要到当天的课程结束后才能来工作，因而咖啡馆一般也要到中午稍晚或下午才能营业。我想这可能也是吴洁约我在这个时段见面的原因。

那天，我早早到咖啡馆找到一个比较安静的位子，一面等待，一面做些访谈准备。吴洁准时出现在学生中心门口，我透过窗户向她挥手示意。她依然是前一天的打扮，蓝色牛仔裤搭配白色圆领T恤。在我对面落座后的第一句便是"对不起！"她说自己在头一天接受访谈时没有控制好情绪，耽误了我的工作。我说是回忆徒增了很多烦恼，请她不要介意，问她"有什么想喝的？我请客"。她说虽然校园的这间咖啡馆开了很久，但她还是第一次来，每次只是透过窗户看一两眼。她琢磨了半天餐单，点了一杯奶茶，说自己"喝不惯咖啡"。我也跟着点了一杯。由于担心回忆一年级的情形会再度让她不舒服，我便试着和吴洁聊一些题外话。我提到刚来汉江大学，看到很美的校园风景，还恰好遇到学生拍毕业照，第一次见好多人站在一起，不知道照片打印出来会有多长……

吴洁也许看出了我的心思，告诉我她准备好了，可以开始访谈。但当我问起她第一年在大学适应得怎么样时，她又开始默默流泪。我试着转变话题，但她告诉我没关系，稍整理情绪后明确地告诉我："感觉这一年我也没有多大变化，心思都在学业上。"访谈过程中，我试探地请她谈一谈城市籍学生和农村籍学生的区别，她沉默良久，告诉我："我永远也不会变成他们！"我问为什么，她告诉我："可能我外在表现出来和其他城市人是一样的，但是在我的潜意识里，可能是小时候的记忆还是什么，会（依然）觉得自己还是农村的。"她说，自己不确定几年后最终能否留在城市，但"农村估计也回不去"了……

直到现在，我还时常想起吴洁的话，读到塔拉·韦斯特弗在《你当像鸟飞往你的山》开篇中提到的故乡的雪峰（她父亲称之为"印第安公主"）时，心中更是有一番回响。在塔拉·韦斯特弗那里，雪峰隐喻着故乡——滋养了生命，是一切人生故事的源泉。她将自己的社会流动历程比喻为"漂洋过海"，在书中，她问自己，"如果我漂洋过海，发现自己置身于陌生的地面，再也无法在地平线上搜寻那位公主时，我该怎么办"[5]。吴洁也是在"漂洋过海"，对她而言，农村是精神上的故园，城市是要奔赴的未来，大学则是她在城市的第一站。而社会旅程中最常见的风险是"既不能告别过去，又不能拥抱现在"。

人生坐标

个人的过去和现在都是由一系列经济、社会和文化的坐标织成的网络。吴洁也镶嵌在这张网络中。在汉江大学，我访谈过的像她一样有着相似坐标的学生有近 20 位，在另外三所大学则有 80 多位。他们由我从接近 2000 名本科生中选出参与访谈。而这近 2000 名本科生则由我所协调的研究团队从 4 所精英大学中用分层抽样的方法选出，代表了几所分布在我国东部、南部、中部高校学生的一般组成状况。他们中有约 530 位来自农村地区（村或乡镇），1380 多位来自城市地区（含县城、地级市和直辖市）。来自农村和乡镇的大学生占样本总数的 27.6%，在社会学研究中，他们常被定义为农村籍学生。在本书中，我有时借用网络流行语——亦是他们的自嘲，称他们为"小镇做题家"。

在社会流动的阶梯中，过去的人生坐标（先赋地位）往往影响着现在的人生坐标（自致地位）落在何处。可得的物质和文化环境在很大程度上塑造着个人的受教育状况。例如，2017年，美国斯坦福大学、布朗大学、加州大学伯克利分校的研究人员基于美国联邦税务记录和教育部的数据，对1999年至2013年美国3000万名大学生的高等教育机会和社会流动状况进行了分析。他们指出，在美国，出生在收入顶尖1%家庭的孩子，其子女进入常春藤盟校的概率是出生在收入后20%家庭的孩子的77倍。[6] 我们的数据也显示，相对于农村人口占全国总人口的比例而言，样本中农村籍学生的比例确实偏低。另外，在这四所大学中，学校的全国排名越高，农村籍学生的比例越低，例如，在排名最高的海一大学，农村籍学生的比例不足14%，而在排名最低的汉江大学，这一数字约为36%。[7]

　　研究者常以父亲的职业地位、家庭财富状况以及父母的受教育水平衡量个体与生俱来的先赋地位，确定个人出身时的社会坐标。总体上，我们的学生样本中所包含的像吴洁一样的农村籍学生在这些方面较之于城市籍学生都要更低。例如，在接受调查的城市籍学生中，以父亲的职业地位衡量之，有接近87%的学生来自上层和中层家庭，而在农村籍学生中，来自上层和中层家庭背景的约为65%。（见表1-1）以（调查时）家庭房产的市值衡量之，城市籍学生家庭房产市值均值约为177万元，农村籍学生家庭房产市值均值约为47万元。此外，在冰箱、空调、洗衣机、计算机、互联网、学习用的书桌、独立的房间、数码相机以及小汽车等物质资料的占有方面，城市籍学生家庭都要优于农村籍学生家庭。（见表1-2）以父母受教育水平衡量之，农村籍学生的父亲中超过88%受教育水平为中学及以下，母亲中超过90%受教育水平在中学及以下，而城市籍学生的父亲受教育

水平在大专及以上的超过60%，母亲中超过50%受教育水平在大专及以上。（见表1-3）

表1-1 四所学校学生样本的父亲职业地位分层

	农村籍	城市籍
上层	5.8%	22.8%
中层	59.1%	64.0%
底层	35.1%	13.2%

表1-2 四所学校学生样本家中耐用品的所有状况（回答为有）

	农村籍	城市籍
冰箱	87.4%	98.9%
空调	55.6%	87.4%
洗衣机	84.4%	97.9%
计算机	79.9%	98.0%
互联网	60.2%	95.6%
数码相机	26.2%	78.3%
摩托车	61.8%	30.3%
小汽车	30.1%	64.4%
独立的房间	78.2%	93.3%
学习用的书桌	74.8%	96.4%

表 1-3　四所学校学生样本父母的受教育水平

	父亲		母亲	
	农村籍	城市籍	农村籍	城市籍
小学及以下	20.6%	3.1%	36.9%	4.8%
中学 *	67.6%	35.8%	56.4%	43.8%
大专及本科	11.4%	52.7%	6.5%	46.8%
研究生及以上	0.0%	7.9%	0.0%	4.2%
其他 **	0.4%	0.5%	0.2%	0.4%

注: * 含初中、高中、中专和职高。** 含未作答或学生反馈表示不清楚的情形。

　　父辈的职业地位、财富状况以及受教育水平在很大程度上决定了子女的受教育水平。按照周雪光在《国家与生活机遇:中国城市中的再分配与分层 1949—1994》一书中的提法,在我国,父辈社会地位与子女受教育状况的这种关联只在激烈的社会变革时期有过短暂的反转。在 20 世纪 70 年代的市场化改革后,父辈的职业地位又越来越多地影响着他们子女的受教育机会。[8] 对于所有进入精英大学的农村籍学生而言,这意味着较之于其他农村籍学生,他们有着更好的人生坐标,但仍要付出异乎寻常的努力——这些努力既是家庭的,也是个人的。

　　在人生坐标方面,从数据来看,以父辈的职业地位衡量之,样本中的农村籍学生大多来自农村社会中层(近 60%),而按照李强教授于 2014 年发表在《社会科学战线》上的文章《中国社会分层结构的四个世界》中的统计,2010 年(亦即样本中所含学生入学前三年),在农村社会,职业上层群体比例约占农村人口的 3%,职业中层群体比例约占农村人口的 12%,职业下层群体比例约占农村人口的 85%。倘若以此为参照，也即是说在所调查的四所精英大学中，样本中所含农村籍学生群体在社会经济地位上的代表性不足——主要来自农村中层，底层比例偏低。（见表1-1）[9] 样本中学生家庭的经济状况还可以用他们相关耐用品的占有状况衡量之，总体来看，他们中的大多数人都拥有独立的房间、学习用的书桌，大部分人家中都有计算机、互联网以及洗衣机——说明了还不错的平均家庭经济状况。此外，样本中学生父母的受教育水平也显著好于他们的同龄人，例如，他们的父亲有79%接受过中学以上的教育，近12%甚至接受过大专以上教育。（见表1-2和表1-3）总体来看，较之于农村同龄人，他们中的大部分所拥有的是还算不错的人生坐标。

📖 读书——一项家庭工程

养育风格

人生坐标不只喻示了静态的结构，更是动态的社会过程。法国社会学家布尔迪厄曾将社会或其中的部分概念化为"场域"（field），将其视作由众多个体或者说社会行动者及其社会关系构成的空间。个体拥有不同的经济、文化和社会资本。由于拥有的各类资本及其配比不同，因此他们占据着场域中不同的位置，拥有不同的人生坐标或曰社会地位。他以牌局作喻，指出每个行动者只有一副牌，牌面是各类资本，但将来的输赢如何，既有赖于已有的牌面如何（在什么样的社会位置上），又有赖于如何出牌（如何调用已经拥有的各类资本）。[10]

在子女的教育上，道理也非常相似。美国社会学家詹姆斯·S.科尔曼曾在关于家庭社会资本如何影响子女受教育水平的经典研究中指出，只有当家庭的各类资源得以调用于孩子的教育事务时，它们才是有意义且能够为子女带来教育优势的。[11] 更直观地说，即便父母有钱、文化程度高，但如果他们不愿在子女身上花费时间和精力，那么对于子女而言，这些资源的价值也会大打折扣。而如果他们能够策略性地应用这些资源，即便家庭条件先天不足，亦可以部分地克服家庭中物质和人力资本的欠缺，为子女创造更好的学习环境、更多的学业成功机会。

在调查中，我们对四所学校学生样本家庭的养育实践进行了分析。数据告诉我们，总体上，进入精英大学的农村籍学生，其家庭奉行着还不错的养育实践。例如，虽然被调查的农村籍学生家长的养育实践和被调查的城市籍学生家长仍有实质性不同，但他们依然能够给予孩子一定的监督与支持。他们中的相当一部分能够在子女学业的各个阶段给予孩子帮助，帮孩子检查甚至指导作业——虽然随着孩子学业的进展、学习难度的提升或家庭与学校之间距离的增加，他们越来越难以坚持。相当一部分家长还能够就看电视与孩子约定时间，或者就观看电视的内容提一些建议。（见表1-4）不少人甚至在孩子学习的不同阶段都能够与教师保持一定的联系，以了解孩子在校的学习状况并给予一定支持。（见表1-5）而社会学家科尔曼指出，学业上的监督和支持、帮助、辅导以及与老师的联系等都有助于孩子在学业上取得成功。[12]

表 1-4　父母检查家庭作业和管理看电视时间与内容的情况

		农村籍		城市籍	
		小学时	初中时	小学时	初中时
检查家庭作业的频率	从来没有	11.1%	42.9%	6.8%	23.2%
	很少	27.2%	37.5%	17.9%	40.6%
	有时	24.7%	13.5%	23.7%	23.3%
	经常	28.4%	5.3%	31.6%	9.6%
	非常频繁	8.6%	0.8%	20.0%	3.3%
就看电视约定时间/内容或提一些建议	从来没有	11.8%	22.1%	4.1%	12.2%
	很少	17.6%	19.1%	17.9%	24.2%
	有时	33.8%	27.9%	23.1%	31.4%
	经常	30.9%	23.5%	38.5%	21.9%
	非常频繁	5.9%	7.4%	16.4%	10.3%

表 1-5　父母与老师保持联系的频率

	农村籍			城市籍		
	小学时	初中时	高中时	小学时	初中时	高中时
从来没有	7.3%	9.9%	13.6%	2.7%	3.6%	5.4%
很少	30.5%	32.7%	35.4%	17.7%	20.4%	24.8%
有时	34.8%	33.1%	28.3%	31.7%	35.9%	35.4%
经常	21.3%	18.9%	17.0%	33.7%	28.9%	24.3%
非常频繁	6.1%	5.4%	5.7%	14.2%	11.2%	10.1%

在分析接受调查的学生家庭的教养风格时，我甚至发现，农村家长较城市家长更加宽松。例如，数据分析表明，在成绩不好时，农村籍学生汇报说他们的父母从来没有或很少责备他们的比例在小学、初中阶段时分别超过 50% 和 57%，而城市籍学生在小学、初中时因为同样的原因从来没有或很少受父母责备的比例分别低于 40% 和 45%；学生填写的问卷同样表明，相当一部分农村籍学生的父母能够在子女取得好的成绩时给予奖励。（见表 1-6）

表 1-6 父母责备和奖励的情况

		农村籍		城市籍	
		小学时	初中时	小学时	初中时
当成绩不好时，父母责备	从来没有	17.0%	22.0%	11.5%	13.3%
	很少	34.4%	35.6%	26.6%	30.9%
	有时	26.4%	25.4%	29.1%	30.3%
	经常	15.5%	13.2%	22.3%	18.4%
	非常频繁	6.7%	3.8%	10.5%	7.1%
当成绩好时，父母奖励	从来没有	5.7%	10.9%	3.3%	4.7%
	很少	21.9%	25.7%	12.2%	18.5%
	有时	33.2%	33.0%	31.5%	34.4%
	经常	30.8%	26.2%	35.5%	31.3%
	非常频繁	8.4%	4.2%	17.5%	11.1%

需要指出的是，本书的数据记录的都是已经进入精英大学的学生的状况，因而不宜以它们为基础判断进入精英大学的农村籍学生在家

庭养育实践方面的特征是否决定着他们能否叩开精英大学的大门，否则便容易有幸存者偏差。但大体上，我们可以判断，这些孩子的父母践行着还不错的养育实践，而此或许正是他们"家庭努力"的部分内容。下文中宋子朗和沙瀚的故事应当有助于我们理解这些"家庭努力"如何有助于这一群体的学生获得学业上的相对成功。

看不见的努力

宋子朗来自河南郑州郊区的一个小村。在 2014 年初次接受访谈、介绍家庭的经济状况时，他回忆说自己上大学前父母"忙时务农，闲时务工"，需要终日劳作才能维持"一家的开销"，也正是因为如此，他和姐弟"都比较懂事，不怎么花钱，竭力为父母减少负担"。谈到自己的教育经历时，子朗时常提及母亲。他说自己受母亲影响最大——"她上过高中，一个比较好的优点是看书"。

子朗的母亲大概深谙言传身教好过灌输的道理，在子朗小学时告诉他自己上高中时的一点小遗憾——那个时候喜欢玩，最后就没办法坚持学业，但她爱看书，经常喜欢在睡前看一些书，"看着看着就睡着了"。子朗说他深受母亲这段经历的触动，还在小学时就读完自己人生中第一本长篇小说。他同样也是"一个人在卧室里，看书看着直到睡着"。而在小学养成的读书习惯让子朗在初中和高中时都持续受益。另外，子朗还觉得他的母亲很成功的地方首先在于"教育好了大姐"，在子朗的眼里，"姐姐特别懂事，懂得体谅父母"，而自己就"跟着学"。

懂事的孩子和愿意做教育投入的父母是一枚硬币的两面。子朗说父母"特别重视子女的教育事务",也会调用家里有限的资源做"教育投资"。例如,在他上初中的时候,父母"想办法把自己送进了县里的私立学校,当时如果按片区上学,则只能上镇上的初中,但这些初中往往质量非常差"。子朗回忆说,虽然"当时私立中学的收费非常高,但父母还是坚持着将三个子女全部送进县里的私立学校"。接下来的一切似乎就顺理成章,他的成绩排名一直很高——"肯定能上县一中"。但家人发现,当时坐落在省会的实验中学为提升生源质量,开始面向全省招生,便鼓励子朗,他"试了一下,考了进去"。子朗一直惦记自己的求学生涯,"虽然我也很努力,但从高中到现在非常感谢我父母在初中的时候,就把我送到了县里的中学,而不是像其他学生一样去了镇里的中学",而这教育投资最终助他踏上通向精英大学的阶梯。

沙瀚来自江苏省南部某县农村。访谈时,他反复提及"家庭条件一般"——"家里有几亩地,但母亲身体不好,没有劳动能力"。即便如此,在上初中、高中的时候,"家里人从来没有让自己下过地"。父母的用意是让他"一切以学业为重"。直到上了大学,沙瀚说自己才偶尔帮衬着做点农活。大概正因为如此,当被问及他家里田地的亩数时,他说自己也不清楚,"大约有六七亩(0.4—0.47公顷)"。家计和学业显然都是系统工程,为了支撑小家的运行,沙瀚家里的地由爷爷奶奶种——"六十多岁时依然下地,父亲在省会的工地做建筑工人"。为了支持好沙瀚的学业,母亲则在他初三时开始陪读,直到他高中毕业考上金林大学。

沙瀚的父母显然在他的学业上花了不少心思。在沙瀚初中时,他们选择送他去市里一所私立学校上学——因为缺乏生源,学校开始在政策准许的条件下去农村招募新生。和其他同村的父母一样,沙瀚的父母"信不过"村里的学校——当时已经开始面临生源减少和师资流失的困境——立志给孩子寻找一个更好的未来。而这些私立校则提供了一条可行的道路。沙瀚回忆说,当时为了给他报名目标学校,父亲拜托自己在镇上的亲戚中午12点到该校在镇上设的报名点排队。半夜的时候亲戚终于排上号,给沙瀚的爸爸打电话,告诉他要交钱——需要一次性交纳六千元。但"当时家庭的全部毛收入一年也不过两三万",沙瀚的父亲打算作罢。

但事情后来又有了转机。按照沙瀚的回忆,"私立校一般只要交钱都能上,但有些私立校为了保证生源、保住名气,会低收费招收一些成绩不错的学生"。他的母亲看到了机会,便去目标学校找校长谈。结果是,考虑到沙瀚成绩不错(硬指标是做过班长),校长最终答应只收他们一千元。入学后,沙瀚初一初二住校,初三时父母为了给他创造更好的支持条件,便在他就读学校的附近租了一间房,由母亲陪读,为他做更有营养的饭菜、帮助洗衣服,来节省学习时间、提供更安静的学习环境。沙瀚回忆说,当时父母为他租的房子是学校附近的回迁房——"几乎住满了陪读的家长还有他们的孩子",租房的费用大约是一年两千元。沙瀚母亲的陪读生涯一直持续到他高中毕业,她先是在沙瀚所在的初中附近租房陪读,等沙瀚考进当地最好的高中后再在高中附近租房陪读。沙瀚回忆说,母亲每天的生活"简单又充实","很早起床,买菜做饭,等(我)上学再洗衣",全天"只有下午有些空闲"。由于母亲是全职照料,还要租房,他坦言当时家庭的开销不小,所有的经济负担"都落到父亲头上"。但幸运的是,自己"成了高考黑马,考分比一本线还高了30多分"。

子朗和沙瀚所描述的父母给予自己的支持,特别符合美国德雷塞尔大学的学者江婉愉对我国农村家长参与子女教育事务所做的规律分析——重视提供外部保障，是"看不见的努力"。[13]之所以用"看不见"来修饰和描述这种努力，是因为在大量的研究中，父母参与被赋予了特定含义。例如，在文献中，基于家庭的参与主要被定义为：陪孩子阅读、辅导孩子功课、监督孩子学业、帮孩子规划和管理课后时间；基于学校的参与主要被定义为：与教师保持联系、做学校和社区志愿者、成为家委会成员、参与学校的管理等等。[14]而一般农村家庭的父母参与子女教育的方式显然与这些"经典含义"不符，假如以这些去框定，那自然"看不到"他们的努力。

但实际上，这些类型的教育参与不过是全球化背景下中产阶层的养育方式不断扩散的结果。换句话说，它们是在中产阶层家庭中占据主导地位的教育参与方式。由于此类父母教育参与特别有利于子女获得好的学习成绩，因此其常被当作教育参与的标准，并用来衡量其他家庭背景的父母教育参与是否"得当"和"充分"。当我们以此为标准来观察像子朗和沙瀚一样的家庭的教育参与时，很有可能得出他们的父母"有效教育参与行为"较少的结论。但正如江婉愉所提到的，他们的努力有特定的内容——为了孩子的学业，甚至要牺牲个人的闲暇、事业和生活。以有限的家庭资源培养出名牌高校生往往意味着更多的付出和牺牲。青年学者王兆鑫将这些看不见的努力归纳为乡土家庭的"学业精神"与"育才策略"，认为它们在意识形态上的核心表现是"读书改变命运"的信念——为了鼓励孩子"跳出农门"，他们甚至不惜自我"贬低"（例如：强调自己没有读过书，生活卑微和艰难）。在养育行为上的核心表现则是将"供子女读书"视为家庭的一项核心事业，"陪读""在城里买房"等都是可能被采用的教育策略。[15]

📖 重点学校——精英大学的阶梯

寒门幸运儿

在《寒门子弟上大学：美国精英大学何以背弃贫困学生？》一书中，作者美国哈佛大学助理教授安东尼·亚伯拉罕·杰克曾提醒我们入读精英大学的寒门子弟成分的多样性，他将这些学生分为"双重贫困生"和"寒门幸运儿"两类。[16] 前者指出，生在贫困社区，一直就读于弱势群体集中、教育质量差的学校的学生；而后者则指虽然出身贫困，却幸运地进入以优势阶层学生为主、质量甚佳的精英学校的学生。由于数据收集方法的限制——主要依赖访谈和观察，他显然无法估计在他开展调研的精英大学——英杰——到底有多少寒门幸运儿。而我们的量化样本则给了我们估算在开展调查工作的四所精英大学里"寒门幸运儿"数量的可能。

在样本中，高中阶段进入稍精英环境（包括县重点中学、地级市重点中学以及省重点中学）的农村籍学生比例占近 92%。这或许揭示了在现时的中国要成长为精英所必须要走的路径——成为杰克口中的"幸运儿"是进入精英大学的前提，只有极少数非重点学校的学生能够叩开精英大学的大门。

考虑到不同类型学校教育资源配置的不均衡性（农村地区重点学校数量少）和学校教育系统的选拔性，这条路径意味着为获得进入精英高等教育机构的机会，这些"幸运儿"必须要经历严苛的竞争和筛选。我们的数据记录了所有学生从小学到高中的学校性质。总体来看，无论是在农村还是在城市，重点高中都是进入精英大学的坦途。问题是，农村和城市籍学生的起点颇为不同。例如，接受调查的农村和城市籍学生中，超过90%的农村籍学生起点是普通小学，但他们中的90%最终又要通过重点高中升入精英大学。在高中新生录取依然主要依靠分数择优录取的情况下，由普通初中进入重点高中的难度显然要高于由重点初中升入重点高中的难度。但样本中的农村籍学生，大部分（近60%）是从普通初中直接升入重点高中的。相比之下，样本中城市籍学生的升学路径则相对多元，他们中的大部分（超过75%）小学毕业后进入县级以上的重点初中，再由重点初中升入重点高中。（见表1-7和表1-8）

表1-7　农村籍学生的升学路径

	普通	县重点	地级市重点	省重点
高中	8.4%	34.2%	24.5%	32.9%
初中	57.8%	25.8%	12.5%	3.9%
小学	90.1%	6.9%	2.2%	0.8%

表1-8　城市籍学生的升学路径

	普通	县重点	地级市重点	省重点
高中	5.7%	12.4%	24.5%	57.4%
初中	24.8%	21.1%	34.6%	19.5%
小学	57.2%	15.6%	20.2%	7.0%

我们可将从普通学校进入重点学校的路径视作一种"跃升"——它为农村籍学生的下一次"跃升"（进入精英大学）提供了可能。参与

调查的农村籍学生在提到这类跃升时常提及"幸运",但"幸运"本身显然不足以描述"跃升"背后的全部社会意义。在他们看来,线性的成功路线上,努力、学业、机遇,"哪怕有半步差池,也不会得到相同的结果"。

"上好一点的初中"

金林大学的李明常回忆起自己的成长道路,觉得"成功有点偶然的成分"。他来自四川,访谈时说自己"来自那种最普通的乡村家庭","父母都是土生土长的四川人"。"普通"的第一重也是最重要的意义是,"上小学时父母也像村里其他人一样外出打工"。访谈时,许是感慨,许是心酸,李明半戏谑地说,"我是留守儿童"。他小学的头四年在家附近的一所村小就读,"班上拢共只有十来个娃"。村小的学生少,是人口出生率下降和流动人口持续增加导致的农村学龄人口减少的结果。按照杨东平在《中国教育公平的理想与现实》中的提法,我国教育资源的分配有着完整的行政逻辑——越是靠近权力中心的城镇,越可能拥有相对优质的教育和生源。[17]对普通家庭而言,离开日益空心化、师资力量较为薄弱的农村学校,选择城镇学校,自然是一项理性选择。外出打工又让李明的父亲对外面的世界多了一些了解,开始觉得"村里读书不行,教育质量太差",在李明五年级的时候想办法将他转到了镇上的中心小学,"镇上学校的师资更加充裕,学生数也更多""一个年级有两个班,一个班有50多个娃"。

等到小升初,父亲原本打算让他留在镇上的中学就读,但住在县城的姑父认为李明成绩不错，给他父亲提建议："干吗不弄到县城来读，别给埋没了！"这样，李明再被设法送去县里的初中读书。他觉得这段经历实在幸运："那个初中比较好，又是我们县唯一一个国家示范高中的附属初中，于是高中我就顺理成章地去了那个（当地最好的）高中。""高中刚开始成绩不怎么好，就是大概在年级七十多名。……可能在别人眼里我很努力，其实是因为我不知道那会儿除了读书还可以干什么。分完文理科之后成绩就稳定在年级前二十了。最后高三的时候稳定在了年级前十，高考发挥也正常"，进入金林大学。

在谈及自身的学习经历时，本科就读汉江大学的吴凭反复提及"上市里好一点的初中"的那份幸运。他出生在河南新县某村，但初中和高中"一直在市里（县级）的学校就读"。吴凭说，"这为我创造了不一样的人生机遇"。回忆起小学，吴凭的第一反应是"条件不怎么好"，所谓的"条件不怎么好"既指个人复杂的求学经历，也指学校的教学状况。他说自己小学的前四年和五六年级并不在同一所学校。吴凭提到的小学转校情况是大时代的一个小缩影。2001 年左右，为了应对农村学龄人口持续减少、农村学校班额小、教资质量低、学点分散广的压力，教育主管部门按照整合农村教育资源、优化教育资源配置的原则对农村学校的布局进行了重新规划和调整，实施撤点并校。[18] 不少乡村只保留了教学点，几个村共享一所完整的学校——或在较大的村，或在镇上。由于师资有限，部分教学点只好采用复式教学[19]。吴凭的转校经历是这段历史的产物。他的小学前四年是在采用复式教学的教学点完成的。吴凭回忆道："甚至我上一年级的时候，当时还有半年级，我没有读过幼儿园，（就上）半年级，当时（的做法）就是将一个大的教室（从）中间隔开，前面半个是半年级，后面是一年级。老师在前面上半节课，（再在）后面上半节课。"这样的教学条件自然无法让家长放心。吴凭说，他的不少同学因为家长担心村小师资配置太弱，而被陆续送到附近较大的农村小学或镇上的中心学校就读，等他读到四年级，班上只剩下了八个人。

这样，最终因为自己所在的小学"人太少了，（被）跟旁边的村（小）合在一起"，吴凭也不得不前往"另一个村子的小学读五、六年级"。求学的过程是艰苦的，邻村的小学离家路途遥远——"早上起床要走好几里地才能赶到学校，下午放学后又要走同样的路程回家，经常搞到天黑"。在吴凭五年级那年的冬天，父母考虑到"晚上天黑得太早"，只好安排他住校，但学校又没有专门的学生宿舍，只能睡在由教室里的课桌拼凑起来的简易床铺上。

等到准备上初中时，吴凭有两样选择，一是继续在村里的初中上学——但现实情况是教学条件不好，二是"考进"此时正在全市各地争取优质生源的市一初中。吴凭最终考进了市一，"家里给缴了学费，就去了"。他感叹道："运气蛮好，我都很难想象如果初中没有在外面读，可能后面很难这样走下去了……"吴凭之所以如此感叹，是因为他认为自己读的"（初中）学校是特别好的学校，而它带给了我不一样的世界"。"特别好"直接的指标是硬件。按照他的回忆，早在"2007年的时候，学校就已经推行计算机课，每周都会上两节"，这无疑给了他另一个物理意义上的世界——"当时我就接触到了计算机，一下子就觉得原来世界这么大"。他所说的"特别好"，另一个指标是软件。吴凭提到自己就读的初中突出的师资——"老师有的是从北京过来的，有的是刚毕业的研究生"，这给了他另一个精神上的世界——"跟他们学了很多，他们都是比较年轻的老师，视野开阔"。也正是这次宝贵的转折，让吴凭顺理成章地在初中毕业后，被"保送进当地最好的高中"，开启了他迈向汉江大学的征途。

向思大学时就读南山大学历史学系，老家在广东。谈到家乡的位置，她说自己也说不清到底是在丘陵还是在山区。第一次访谈时，向思告诉我，她第一次意识到家在半山腰上，还是因为"上大学要做一门乡土调查报告课程的作业"。当时为了说清楚情况，她特意用谷歌地图查了一下家的位置，发现家"是一个山子（上）……半山腰上"。按照向思的说法，她的家所在的位置附近住了一百多人，但地理上依然算"比较偏僻"，因为它离村子的中心——小学坐落的地方——还有五十分钟的路程。这意味着，她每天都要"走很远的路"去上学。

向思的父母务农——主要种沙田柚。访谈时，她半开玩笑地说："爸爸太懒了，种得不多，才种一百亩（约 6.67 公顷），又喜欢打牌，结果和妈妈有时候会吵架。……清晰地记得小学二年级的时候，父母冷战，我一面干哭一面写作业。"当被问及家庭的经济压力时，向思算了一笔账："沙田柚当时的收购价是一公斤四块，而家里的收成一年也就是两三千公斤……收获的钱除去吃穿用度，几乎也剩不了多少。"这样，她家里的财政结构基本上是：母亲挣的钱维持吃穿用度，父亲挣的钱供孩子上学。

对所有家庭经济条件勉强的孩子而言，"没有浪费家里的钱"都可能是一种心理上的慰藉。向思说，她的学业一直优秀，"上学没有花太多爸爸妈妈的钱！"她笑着说，自己为家里省钱的历史最早要追溯到初二那年，"家所在的城镇行政区划调整，被合并进另一个经济较好、有较多旅游景点的镇——高照镇"。当地已经致富的老板在高照镇的中学设置了奖学金，全额资助那些通过镇中学考进市里最好高中的学生。向思清晰地记得那巨大的"诱惑"——"生活费跟学费，总共有两万五千八的奖励"。她当时笃定自己肯定能考上市里最好的高中，就和父母商量先转学去了高照镇。通过几年的用功学习，她如愿考进市里最好的高中并拿到了奖学金。学校和学费的问题都解决了，对向思而言，安心学习并再考进南山"看起来是那么顺理成章"。

李明、吴凭和向思的升学路线都有一定的偶然性，主要体现为：在某些升学的转折点，他们或是因父母或亲戚安排，或是因社会和教育政策调整，有了不一样的际遇。但背后也有一定的共同性，一是他们的成绩都不错——这几乎是所有的受访者都提到的，而这往往是他们的父母愿意为他们做持续的教育投资的原因。二是尽早离土、离乡，越早就越是有可能成功晋级下一级重点学校，或者说，要晋级下一级重点学校，就必然离乡、离土。他们或是因为剧烈的城市化进程，或是因为父母的有意选择，较早地直接就读于坐落在镇上或者县城的学校。调查数据显示，虽然出身农村，但他们中超过40%会在镇、县或市读小学，到初中阶段时，这一比例已经超过80%。这些或许都允诺了不一样的人生。（见表1-9）

表1-9　农村籍学生升学的行政区划路径

	小学	初中	高中
地级市及以上	3.8%	9.9%	32.7%
县	7.5%	30.0%	55.2%
镇	29.7%	41.2%	8.6%
农村	59.0%	18.9%	3.5%

离乡离土

英国伦敦大学教育学院的安迪·格林指出，对于进入精英学校的工人阶层而言，教育通常意味着逃离，逃离工人阶层、脱离而非延续和再生产父母的文化和价值观。[20] 本土学者常借用陶行知、潘光旦、费孝通等老先生的话，指出，教育对于农村籍学生而言，通常意味着"离土"和"离乡"。农村的衰败部分归咎于农村教育，"教人离开乡下向城里跑""教人羡慕奢华，看不起务农"。[21] 但晋级精英的教育阶梯内在地包含了离土的隐喻，近百年未变。越是进入远离乡土的学校，越是有机会获得更大的成功，成功本身的终极意义也是离土，乡土只在荣归故里时才有心理学意义。农村教育至多只是成功的阶梯，甚或是要尽早告别的垫脚石——它在成功的另一面。更加根本的变革或系在改变不平等的城乡关系、城贵乡卑的社会结构，只有当从教育系统的一轨进入另一轨不再映射社会位置的跳跃时，"离土"和"离乡"才不会是社会学意义上"更好"的追求。

对于所有农村籍学生而言，"离"字从来就不只是地理意义上的，它更是社会学意义上的。"离"意味着有起点、有目的地，意味着攀爬人生阶梯，也意味着要跨越社会边界。在教育研究的世界里，学校时常被视作一种特殊类型的文化机构，它负有社会化的功能——帮助个人学习社会价值与规范，个人借此接受社会上的各种知识、技能、行为与观念。但学校中流行的文化又往往只属于特定群体，精英学校尤其如此——其中所信奉的价值观和信念，传递的知识和技能往往是精英群体所珍视的。

也正是由此，当出身弱势群体的学生进入一个在文化上与家庭环境大相径庭的学校环境时，他们不可避免地会经历"文化震荡"。知名教育社会学家迈克尔·阿普尔常提及自己第一次进入精英学校的环境时扑面而来的"不自在感"。在2015年的一次访谈中，他提及自己的出身——底层工人家庭，父亲是打字员，母亲是全职主妇，早年生活较为贫困，甚至从小与妹妹一起跟着父亲排版打字、半工半读，直至大学。[22]2005年前后，我曾在上海华东师范大学听他做讲座。讲座的开头，他就提到自己第一次进入精英学校环境的经历。他用"坐立不安"来形容自己，原因是不知道在课堂上该如何行事。但又观察到同在一个空间中的来自中上阶层的同学则显得轻松自在——他们大步流星迈进教室，自如地与老师交流。

对于农村籍学生而言，从离家较近的坐落在村镇的普通中学进入离家较远的坐落在县城或市区的重点学校，也或多或少意味着需要经历一个初次的文化震荡和适应。进入的学校离家的物理距离越是遥远、行政层级越高，越是如此。

何想本科时代就读于海一大学，老家在乌鲁木齐的一个小镇。初次接受访谈时，他几乎一口气把自己的受教育经历说了个遍。何想非常健谈，说自己一直以来"学习比较优秀"，教育生涯的每一站都不错——小学、初中和高中都很好。他说自己能够进入海一大学全靠高二的时候拿到全疆物理竞赛很靠前的名次，获得了保送资格。何想父母务农，家里比较贫困，但他所就读的是乌鲁木齐最好的省重点高中。而之所以能够进入这所高中，也全是因为自己初中时学业比较优秀。何想自豪地提到，自己被推荐到省会的这所高中读书时，先后获得了当地企业家的资助和国家的奖励、资助，"基本上没有交学费"。

"一千多公里""一天一夜的火车"是何想的家到高中的距离。回忆起高中的学业和生活，他提到，"刚到高中的时候有一种失落感，也有一些不适应"，觉得自己"见识有限，是个乡下来的孩子"。人际关系尤其不适应，有点"自卑"。此外，他在学业上也遇到一些挑战。何想特别提到高中的英语和语文的要求——"老师要求每个人都上台演讲"。问题是，他"从未有过类似经历"。第一次英语演讲的经历，何想一直记忆犹新，他回忆说当时的感觉"非常糟糕，台风也很差劲"。

在地理之外，何想的初中和高中生活之间显然有一段文化距离。但他意识到"离父母这么远""纯粹就只能靠自己去跨越"——这背后是直白的社会流动公式——"家庭经济不算很好，希望通过自己的努力改变命运"。何想回忆道，"为了准备好英语课的演讲，我开始在课前精心准备PPT，试着把稿子背得比较熟，再做英语演讲"。到后来，他"又发现先写提纲，具体再现场发挥比较好"。通过反复的类似摸索，何想逐渐地感觉自己"上台演讲效果好了很多"。何想的努力让他逐渐克服了融入高中的学习障碍。此外，他还尝试着"搞好与同学的关系"，以融入高中大家庭。逐渐地，何想发现"城里孩子性格很好，性格开放，知识面又很丰富，对娱乐圈什么的都知道""假如你去融入大家的话，大家会很欢迎你"。

当然，尽早地接触不一样的文化，也让何想为人生下一阶段（上大学）再接触精英大学的文化做好了准备。在评价高中的学习生涯时，他提到："（我）很感谢母校的培养机制，它很注重培养学生多方面的能力和素质，学习是很重要的一个方面，但它也重视其他方面。比如说，高一的时候母校就举行了厨艺大赛、歌舞大赛，学生活动非常丰富。"而所有这些都让何想在进入海一大学时就较早地意识到，"到了大学，虽然学习很重要，但已经不是生活的全部了"。

何想的经历较为独特——高中即进入较为精英的环境。实际上，对被调查的农村籍学生中超过 55% 的人而言，县中才是上大学前的最后一站，无论是在地理上还是文化上的距离，县城和家乡其实都没有那么遥远。他们遇到的同学大部分其实和自己的背景非常相似。当想起高中的学习经历时，他们的记忆更多地被"苦读"——紧凑的安排和紧张的学业——所牵扯。

第二节 做题：既不能告别过去，也不能拥抱现在

📖 苦读——登攀阶梯的姿势

学业锦标赛

唐心毕业于南山大学，本科时就读于化学专业。在她的记忆里，儿时的成长过程伴随着剧烈的城市化进程。唐心老家在潮汕，幼时父亲务农——种植水果。但她提到，慢慢地——"家附近的农田逐步地被改建成工厂，村子附近有了七八层高的楼；母亲放弃务农，在家给附近的工厂做代工编织，赚取收入""拿一些手工活回来，再分给关系亲近的人一起做"。唐心回忆道，她家原来的平房后来也被父亲借钱重修，在她上高中时变成了三四层高的楼房。访谈时她反复提醒我，她的老家其实不像"在电视里看到的那种农村——很落后"。

唐心的学业始于她家附近一所步行五六分钟即可到达的学校，征程看似简单而顺利——毕业通过会考，去了当地最好的一所初中，而后考进一所名牌高中。

在谈及高中的环境时，唐心的总体评价是"很好，环境和学习氛围都特别好"。她提到的"环境和学习氛围特别好"，主要是指学业安

排特别有利于自己获得好的成绩。访谈时，唐心评价说，虽然与北方高考大省相比，南方的高中"没那么可怕"，但基本上所有时间都被安排得很紧凑。她记得每天的程式大概是："早上6点就要起床晨练到6点半，7点20分开始晨读到7点40分，7点50分正式上课，一直上到下午5点40分左右，再去吃饭——但仅有20分钟，因为差不多6点就需要回教室看书。晚上7点到10点半再是晚自修。"

在一个注重通过教育改变命运的环境中，用功有着其文化上的正当性，也自然能够激荡人心。唐心提到，虽然物质条件有点艰苦，但大家也乐在其中，"晚上6点回教室，教室太暗了——还没到开灯时间，大家都会买一个电灯，能充电的那种，在教室里看书"。

日程被安排得满满的，除每日的功课之外就是频繁的考试。像我遇到的许多受访者提到的一样，唐心所在的中学也安排学生在高一高二时把所有的课程都学完，进入高三便开始"做题"。"高一高二的时候，大概每个月考一次，考语数英三科，还有期中考、期末考"，到了高三，就变成了"周三下午考一次——理综当中的某一科"。周末再会考理综，另外，"还会有期中、期末考试"。高强度的学业安排使唐心其时就读的高中维持了相当不错的升学率——"看母校的宣传，达到一、二本科线的学生数应该可以到90%之多"。唐心所在的名牌高中是典型的县中，拥有当地最好的生源、最好的师资以及最多的资源支持。这90%的升学率是这些资源加上唐心所描述的对学生和教师的"高度动员"以及"锦标赛"式的运作机制带来的结果。

在千里之外的高考大省河南，白与欣此刻也正体验着这学业锦标赛带来的压力。与欣出生在县城附近的一个小村子里，初次接受访谈时，她回忆说自己小时候"家庭条件特别艰苦"——"两岁时，家里才盖了一间平房"。但中国经济发展的历史进程给了她父亲一定的机遇，到与欣九岁时，家庭环境又"变得可以"。回忆起自己的学业，与欣紧皱眉头，说小学的时候"成绩中等但比较稳定"，初中时"成绩特别好"，但到了高中"就不怎么如意"。她说自己初中的时候有点叛逆，但为了能够考上一所好大学，高中时一改初中的叛逆，"学习上挺努力"。与欣这句话中的"挺"字显然用得谦虚——她的努力程度应该超乎想象，因为大学时再回忆起这段经历来，她有藏不住的"厌倦"和"痛苦"感，说自己"打死都不想再回去"。让与欣觉得痛苦的，首先是当时繁忙的日程："早上大概五点钟就起床，晚上十一二点才睡。都没什么假期——暑假只有七天。十一假期就半天或者都不放假。高三大概三周（才能）回家一次——澡都没法洗。"与欣强调说："学校又管得特别特别严，而且不停地考试。"

再有让与欣觉得痛苦的，就是高中的"做题"经历。回忆起高中时上课的情形，她说道："其实，在我印象里我们不怎么上课，大概高二就把所有课程都已经学完了。"高三之前，上课时"老师也就是（很快）讲讲课本上的东西""最多的时间都用在了做题上"。上大学后，与欣常有思考，觉得高中教育存在很大的弊端："高中一半的时间都在做题——就做题，老师（再）讲题、纠题——纠正题，再做题和老师讲题，再纠正题。"她对语文和英语学习的方式颇不认同，指出语文课写作文时，议论文写得太多——"废话很多，就是为了凑字数"。至于英语学习，大概的情形是"英语老师不让背单词，认为背单词没用，一直让写题、写题"，学习只剩下各种做题技巧。与欣发现，等上了大学，自己的英语基础全都跟不上，"做题技巧都是平时用不到的东西"，但高中三年所有的一切都是为了高考，学到的东西能用在生活上的很少，这为大学初期的英语学习埋下了隐患："英文是一个很大的短板，我觉得我自己和（其他城市生源的）同学比起来，英语感觉用好多年都弥补不上。"

"拼尽所有，换得普通的剧本"

教育有着筛选人才和帮助个体实现社会化的双重作用。对考试过度重视，将教育工作的重心放在帮助个体获得好的应试状态和分数上，显然是因为太过看重它的筛选功能。反复做题的本质是机械训练，目标是获取竞争优势，这显然也已经超越帮助个体实现社会化——习得社会所需的价值观和文化规范、必要的知识和技能——的界限。

但让人难以释怀的是，机械训练和对更好成绩的争取似乎成了唐心和与欣的唯一出路。他们所描述的巨大的学习压力所带来的挑战也远不止在心理上。在提及高中的学业时，海一大学的吴星同在大一时回忆道："我感觉（高三）那段时间可能是学生时代最辛苦的一段时间吧！那个时候我觉得大多数人都处于亚健康状态。我们班也算是个重点班，几乎所有人三天两头生病，有头痛这些症状什么的。我那个时候就是因为压力大也会熬夜、胃不好，到现在还没有恢复。"

星同老家在甘肃，儿时先后在村小和镇上的中学就读，高中时考进县城的重点中学并进入重点班。父母是普通农民，在他上高中之前一直务农，在星同进入高中、无须再全方位照料，又要考虑增加家庭收入供他上学的情况下，父母选择进城打工。访谈时，星同向我介绍家乡的状况："我们这一代都上了中学，上了中学之后会被送到相对发达的地方（比如说县城、市里）去读书。那父母就会跟着去打工，成为典型的农民工。家长会到学生就读的学校附近去打工……供你读书。等你书读完了，他们就可能继续回去务农，但有些可能会继续打工，定居在这个城市。"星同的父母也做了同样的选择，这给他一种特别的感觉——他的学业是家庭的一项中心工程。访谈时，星同始终强调"家一直是以我的读书为中心的"。

歌曲《无名的人》唱道："（我）要拼尽所有，换得普通的剧本。"对于星同这样家境一般的学生，为了上好学，需要打拼的不仅是自己，还有全家。这份"举家体制"大约给了他一份沉甸甸的家庭责任感，也带给他一股拼劲。[23]青年学者董永贵提到，不少农家子弟取得较高学业成就的主要原因，一是"逃离乡土"，二是"报答父母"。[24]到了高三，由报答演变而来的责任感变成星同肩上重重的"压力"——"老师的压力裹着家长的压力"——也是做题的动力。没有谁是天生的"做题家"。

星同关于高中生活的全部记忆非常简略："我们从周一到周日的每个早晨都在上课，一周休息的时间只有周日的下午，而且周日晚上还是要上晚自习。下午那几个小时是你去休息的时间。而这段时间我们大多数同学，可能住校的话，都会去洗衣服，洗完之后又直接去上课了，可以说我们高中三年就是这样的，高一也是这样的。所以我感觉高中的时候没有什么休息的时间，老师也不提倡娱乐活动——他们也不会搞这些活动。"

和日复一日线性而又重复的日程重叠在一起的，便是机械的授课和训练，"新课上得很快——本来高中的知识也不难，你自己也能看懂，老师要求你预习——这也不重要。教完之后直接花大量时间讲一些试卷，讲一些辅导资料，就是培养你的应试能力"。所有的课程主要是用来培养学生的应试能力，"以讲题为主，分析题型，教你怎么做题而不是教你知识"，即使是晚自习时间，其实也并不用来自习，老师也要用来讲题，"一个多小时都在讲题"……

唐心、与欣和星同口中县中的环境，和何想描述的省会城市顶尖高中的环境显然有着实质差异。和与欣同在河南的子朗高中时也在一所省会重点中学，但子朗记忆中的高中环境显然处于中间状态——既有丰富的课外活动，同时也有紧张的学业和做题压力，但"比县中好太多了——教育部门要求周六、日不补课，就不补课"，师资也比较好，"老师还给我们放电影，经常组织表演话剧"。

"比县中好太多"的另一个重要含义是良好的师资和更多元的升学路径，这可能也是子朗回忆起高中的学业，觉得还比较"宽松"的原因。子朗最终是通过高考考进海一大学的，但高中时他所在的是竞赛班——师资力量比较好。省中组织学生参加竞赛当然是为了给学生保送名校铺好路，但子朗坦言，他在竞赛中没有获得什么很好的名次，后来只好再尝试自主招生。但自主招生的学校推荐又有名额限制，而按自己的成绩，他只能被推荐到全国排名前二十左右、坐落在内地的一所名校。子朗最终还是选择通过考试进入更好的海一大学。

显然，要考好，即便不喜欢，不做题也不行。子朗反复提及："很多都是老师给你讲一些基本的东西，最终你要自己下去看，自己下去做。……如果你想学习好，不做题是不行的！"他说自己不是那种喜欢刷题的学生，因为学习习惯不同："复习的时候，我就是先看课本，很多科目我都是买了试题，但是最后我只是看了看，并没有做那个题，就是先看课本做例题，类似于这种形式，我觉得首先得把这个科目理解透了，之后解题才是顺理成章的。"但按照子朗的说法，他的同学大部分可能还是一套套地刷题。

一种共同的求学经历将他们与同辈紧密地联系在一起，也奏响了他们大学生活的前奏。

📖 错配——高中的身心与大学的节奏

身心"留在过去"

回忆起刚进南山大学时的情形，王唯芷若有所失。她说"当时不知道从哪里下手，有点手忙脚乱"，这让她"挺慌的"。感到"手忙脚乱"和"慌"是因为大学和高中完全是不一样的节奏，而她自己没有这种节奏感。

唯芷的家在广东省东部的一个小镇上。谈到小镇的样子，唯芷笑着说："虽然说是个小镇，但实际上就是两个村子中间一条路上的两排门面房。"家中共有四个兄弟姐妹，"父亲一直在建筑工地打工，母亲在家种点菜"。回忆起自己的求学经历，唯芷说在村小读完小学后，父母因为"担心镇上初中的教学质量"，便商量着让她参加当地一家新建私立校组织的自主招考。因为成绩优异，唯芷顺利考进这所私立学校并拿到奖学金，后来再成为该校新组建的高中部的第二届学生。[25]

像不少同期建立的私立校一样，为了追求市场和认可，唯芷的学校采用"半封闭式教育"，特别"重视学生的成绩"。"半封闭"就是

"学生的一切都在学校的安排之下"——每周学校统一送学生回家，然后再接回学校，平时在学校里面住、吃。"半封闭"的另一面是整齐划一的学习管理——"早上6点起床，晨练，快7点统一去吃早餐，之后到教室上课一直到中午，再统一去吃午饭，一直上课到晚上；吃完晚饭还有晚课，再加上晚自习，差不多10点左右下课，然后再回宿舍收拾，11点熄灯""晚课两节分配给任课老师，晚自习两节，可以讲课，但学校会发很多作业"。整齐划一的节奏之外，唯芷对高中学业另一项比较深刻的记忆是"每个月都有月考"，而且"基本上是从高一开始就是这样"，但高三的考试变得异常密集，单独的考试几乎"每天都有"。

但到了大学，熟悉的统一节奏一下子消失了，过去被排得满满的日程一下子空了许多，这让唯芷有点"措手不及"。她说大学里的学习和生活"比较灵活"，难以把握。即便是到了大三，当被问及对大学的节奏适应得如何的时候，唯芷还是说："我觉得适应一半吧，就是说可能从心理上会接受这样的过程——你知道你一定会经历这样的过程，你必须接受这样的节奏。……但是可能我适应得比较慢，觉得实际的行动没有完全跟上。"唯芷始终觉得自己的身体和心理可能还留在过去："形成习惯后我来到大学，就多多少少有些不利的因素吧，因为大学毕竟是很自主的一个地方，它不会每分钟都告诉你做什么。"

感觉身心"留在过去"是因为过去和现在之间存在着文化上的"断裂"——过去置身其中的学校与现在置身其中的大学有着一定的文化差异。当以肉身体察两种不同的文化时，个人的生命历程容易被割成两段。社会学家指出，弱势群体学生的家庭和学校之间往往存在着文化断裂，且常导致他们难以很快适应学校环境。[26]

但唯芷提到的断裂感显然不止于家庭与大学之间文化上的差异，

残留在她身心中的节奏是高中学习和生活环境的产物。按照布尔迪厄的观点，在一种场域中长大，便意味着习得一种与之对应的"生存心态"。"生存心态"可以被理解为一种内在的主观精神状态和心智结构，是个体习得的看待周遭世界和付诸行动的倾向和方式。[27] 它对个体的行动如此重要，以至于布尔迪厄将其称为人的"第二本能"。在布尔迪厄看来，这一主观精神状态其实并不"主观"，它深受个体经历和早期社会化的影响——正是基本的社会条件决定了对于特定的社会群体而言，这个世界是什么样子的，又应当如何行动。又正因为其深受个人出身的影响，所以不同社会空间中的个体自然有着不同的生存心态。在精英环境中生活，也自然需要与之对应的生存心态。

我们可以将唯芷口中的"身心节奏"看作在相对封闭的集训式的高中环境中，按照一套统一的模式学习和成长三年之久而养成的一种特殊的生存心态。它的养成是个体和学校间"合谋"的产物。之所以说是"合谋"，是因为它夹杂了个体和家庭对向上的社会流动的追求，也夹杂了个体所在的机构对机构利益和社会声望的追求，少了一点谁胁迫谁的味道。双方"合谋"的落脚点在升学，策略在于塑造最有产出率的身体和心理。

一旦离开旧环境进入新的文化环境，在旧环境中养成的生存心态与新环境之间就注定错配。当唯芷离开高中、迈进大学这个新环境的时候，她所声称的旧的身心节奏难以跟上大学的节奏，则是错配的具体体现。

"变懒了"

在海一大学的吕程这里，错配有它的独特体现——他说刚进海一时，自己总有一种"变懒了"的感觉。吕程反思高中重复而又紧凑的学习模式，感慨万千，说"觉得高中把自己的精力榨干了"。

吕程来自浙江东南，在小镇长大。初次访谈做自我介绍的时候，他还略显生涩，说自己的父亲"没有固定工作，有时去亲戚家的私人企业做工"，而母亲刚从当地供销社退休。家庭收入的主要来源是父亲的不稳定收入、母亲的退休工资，再加上家里出租的街角店面——这些基本可以保证他的学费和在大学的日常开销无虞。吕程就读的高中是县一中——以升学率衡量，自然是当地最好的学校。吕程骄傲地回忆说，自己的母校"每年考进'清北复交'的，加起来会有二三十个"。

这二三十个"清北复交"的突出成就，显然是学生、家庭和学校共同努力的结果。为了能够给他创造一个好的环境，吕程的母亲在学校附近租了间房子，陪读了三年。严慈相济总是普通人信奉的教育法门。如果说母亲的呵护是"慈"，学校的呵护则可以算是"严"。学校的"严"体现在高中应战式的日程：高考越近，战况越紧，日程也越紧凑——这表明时间本身成了一种可以策略性地加以使用的竞争性资源，而学校尤其想要抓牢这种资源。

吕程清晰地记得，高一、高二还能"两个星期回一次家"，但到了高三就没有了"大休息"："学校放假是大星期和小星期轮休，小星期就是休息半天，大星期就是休息一天半。高三的时候，每次回家只能休息半天，从中午的 11 点 40 分到下午的 4 点，这样大家才能有空洗一下澡，紧接着就要回校晚自习。"紧凑的日程安排不仅体现在对休息时间的尽量挤压上，还体现在每天无缝的日程安排上："早上大概6点半的时候上早自习到7点20分，紧接着上第一堂课，第一、二堂课中间有一个跑操，三、四节课一直上到11点20分，之后再去吃饭。"吃饭的时间异常紧张，"走到食堂，排队，吃完再回来，时间大概要控制在20分钟左右，这样每次要赶着回来"，否则，即便只拖了5分钟，回来时就会发现"教室里轻悄悄的，大家在做作业，班主任在前面看着你"。

吕程回忆说自己把整个午休的时间"都奉献给了数学"。他提到："中午的时候老师就会布置好晚上的作业。虽然挺困的，但是不能睡，因为其他人都在做作业，你不敢睡。但到了1点10分的时候，大家基本上都困趴下了。不过到了1点半，学校的广播就开始吵……"下午上课时间到了，老师又开始"做题、讲题，做题、讲题"。

紧凑的日程与分班总是相伴相生，制造了竞争压力，同时也给人特有的充实感。吕程回忆道，"高一和高二分了强化班"——是按照中考成绩来分的。第一次分班，他被分在了强化班。但让他倍感紧张的是，学校每一年都要根据前面一年的四次考试（亦即两次期中和两次期末考试）成绩再"重新洗牌"，重分强化班。

紧凑的日程安排和不断的竞争塑造的是一种独特的生存心态——渴望一条明晰的时间线，且条块化每日的安排，让每一段时间均对应可预测的任务。但大学中的节奏则不同。回忆起刚入大学的情形，吕程反复提到高中和大学的差异，说他看不清时间线和任务——高中的时候，"大家一起坐在一间教室里，老师每天布置题目"，但等"到了大学，刚开始什么都不知道，和高中学的完全不一样，没有人告诉你到底该做什么。高中的时候，就算你不知道做什么，老师也会告诉你今天做这个题、明天做那个题，大学的时候不知道怎么控制学习的节奏"。

法国社会学家涂尔干指出，时间是一种主观体验和集体意识，是集体生活的节奏。[28]共同的节奏是时间的本质，它为衡量人生和历史进程提供了一种参照。问题是，如果说高中的节奏是显性的、无处不在的，大学的节奏则难以捉摸。吕程感慨道："刚进入学，你看不到别人在干什么，也不知道自己该干什么。高中的时候看到别人在做题，即便自己刚才在玩耍，也会马上想，不如自己也来做题好了。可到大学里以后，不知道别人在干什么。"这给了他一种失落感和孤单感——"顶多晚上睡觉时能看到（他们），还有很多人不在宿舍里，有时候宿舍里就我一个人，我感觉大一的时候挺孤独的"。

没有统一的节奏，一切变得不可预测，这让吕程感觉失去了学习坐标和生活秩序。考试大概是个最好的例子，他提到："高中考试的时候，是因为你已经知道试卷是什么了，你知道大题的第一道是解三角形，第二道是空间立体几何，第三道是一个应用题，第四道是一个数列，什么都已经知道了。前面有十四道填空题，第一道是几何，最后一道比较难，看能不能做，不能做就放弃。大学考试是，这次考试什么题型啊？哪章不考、哪章考啊？"这一切带来"一种未知的慌张"。

吕程深思道："我感觉就是，大学没有人管你，整个人会有一种惰性，高中的时候我会把很多精力都压在学习上，感觉自己被压榨干了一样，到大学以后变懒了。"他分不清自己到底是"对专业不是很感兴趣，还是说本来就很懒"。这种感觉困扰了他许久，"上课的时候，听着听着，就不想再听了"。

"失去坐标"

紧凑的日程安排和不断的竞争塑造出独特的生存心态，其渴望肉眼可见的即时产出。要求能够观察到即时产出，是因为个体要时时刻刻了解时间投入的效果，了解自己在激烈的竞争中所处的位置，并根据它们调整策略。迈克尔·桑德尔在《精英的傲慢：好的社会该如何定义成功？》一书中提出，学业竞争往往身披贤能主义的外衣——个体的成功由他们的智力和努力决定，但也往往会带来"优绩强迫症"——无止境地追求高分、更好和更成功，因为能够证明智力和努力的无非是业已获得的业绩。[29] 托马斯·柯伦和安德鲁·希尔说这容易导致"完美主义病"。所谓的"完美主义病"是指在个人的有用性和自我价值由自身的表现、地位和形象所定义的社会中，对完美自我的非理性追求。[30] 当然，对于判断是否完美而言，可见的即时产出非常重要。而在学校，产出主要由测试和成绩来衡量。

但在大学，再无像高中一样见缝插针的考试和每周甚至每天可见的投入-产出反馈，也意味着再无周期性地确认自我位置的依托。当旧的考试节奏消失殆尽，自我也就失去了坐标。汉江大学的向思在访谈时即反复提及，她适应了的东西——考试——消失了，而"这种感觉很不好"。她回忆说，第一个学期结束的时候发现"没有中段考，就只有期终考试"。这样的学习方式让她很难判断自己到底是学好了还是没有学好。她认定这是"到期末了，一考定终身"。向思说她还是适应高中的情形——一个阶段一个阶段地学习，再一个阶段一个阶段地考试。这样，假如"这阶段没学好、考差了，就补"。访谈时她用双手轻轻地在桌子上方的空气中比画道："这样，我就一层一层垒上去。"

问题是，大学再没有这个节奏的考试，而好像要一次性给你下一个定义——"没学好"，这让向思觉得迷茫。另外，向思还发现，在大学中，考试也并非评价和确认自我的唯一方式，大学的考核制度有着更加丰富的内涵，隐性又难以捉摸——"真刀真枪的考试没有了，有的只是其他的考验，另外，成绩变得不再那么重要"。她提到："我们系是不公布成绩的，甚至谁是第一名，谁是第二名，很多时候都不知道。"这样，又如何有一个认定自我的标准？

紧凑的日程安排和不断的竞争塑造出独特的主体性。它们赋予被塑造的个体明确的奋斗目标——不断地完善自我、提升成绩，也赋予它们对外在的约束和关注的依赖。回忆起刚入大一的状态，南山大学的陈意馨就感慨道："不知道自己在干吗，我觉得每天都很忙，可是不知道在忙什么。"她觉得"有的人很早就有计划，很清楚自己要干什么"，但她又"偏不是这类人"——少了外在的约束和关注，让她充满迷茫与困惑。

意馨家住广东省北部，父母都在小镇上的一所中学执教，爷爷和奶奶生活在小镇附近的一个村子里。回忆起个人的学校生涯，她提到，自己"最初是在乡镇的一所小学就读"，但等到小升初，父母觉得自己所在的镇上唯一的中学师资"还不够理想"，"就想办法"把她送到了县城的一所初中就读。像不少在乡镇中学执教的老师一样，意馨的父母虽然在镇上的中学工作，却在县城购置了一套房。这为照顾她提供了不少便利——"爷爷奶奶在高考前一直住在县城陪读"，直到她读完高中，"使命"完成后再回到村里居住。意馨所上的高中也是县里最好的中学。

像上文中记录的其他受访者一样，意馨在谈到高中时代的学业时，印象最深刻的自然也是"当时日程紧，任务重"。但她提到，一到大学，感觉就完全不一样："觉得高中是一直是被老师管着的，就是你要干什么，老师都会给你一个比较明确的方向。"但上了大学以后，一下子离开了各种约束，"完全是自主了，学习不学习没有人会去强迫你。像作业什么的，要抄很简单，宿舍里有谁做完了，问他一拿就可以做完了。（当然）也有认真学习的人，就是我觉得少了一种约束"。

布尔迪厄说，我们的生存心态被社会结构所框定，其外在表现是社会化的身体——外表、姿态、倾向等等。[31]身心一旦被赋予一种节奏，便难以摆脱。当外在的社会结构突然消失，摆脱是必然的结果时，便可能意味着迷茫。意馨声称，少了约束给她"一种很迷茫的感觉，就是不知道自己在干吗"。和管束一起消失的，是老师的关注。意馨觉得自己在高中阶段很受关注，但是现在"默默无闻"，这给她一种心理落差。

对外在约束和关注的依赖，反映的是高中阶段教育中师生关系模式的显著特征。它像极了海姆·吉诺特在《父母和青少年》一书中针对父母与孩子的关系所使用的隐喻——"妈妈像直升机一样在我身边盘旋"。[32]福斯特·克莱恩和吉姆·费伊将这种现象概括为"直升机父母"，并声称这类父母的显著特点是对孩子的教育、经历和问题过度关注，像直升机一样时刻盘旋在孩子周围。[33]玛格丽特·K. 纳尔逊在《失控的养育：不确定时代的焦虑父母》一书中对其加以提炼和总结，说这种养育的特征是"盘旋"和"亲密"。[34]

意馨所提的教师的约束和关注显然有着"盘旋"和"亲密"的特点——像直升机一样保持距离，但要确保只是指导和塑造学生的行为轮廓，而不是亲自下手直接干预他们的行为。如果用米歇尔·福柯的社会学理论加以理解，她所经历的师生关系模式又有着显著的"弹性约束"和"隐蔽监视"特质。[35] 之所以说是"弹性约束"，是因为它并不依赖教师对学生直接的行为干预，而要刻意保持距离，意在让学生能够"自我规训"。说是"隐蔽监视"，是因为此刻的师生关系像极了监狱的全景敞视结构。在这一结构中，作为守卫的教师虽不必时刻监督学生，但他们与学生之间的亲密关系即可保证学生时刻感到被关注。而学生的"自律"即从这种亲密关系中浮现出来。它在学生内心中催生了一种强制力，即按照规定"做正确的事"，从而产生"自我规训"。

到了大学，再无高中教师的直升机式"盘旋"和"亲密"，这自然给意馨带来了不少困扰，使她失掉了在合适的时间做正确的事的动力。她提到："晚上不会再有人强迫你去晚修，没有人强迫你在一个课室里面去学习。没有人告诉你时间分配管理上怎么才比较合理。感觉一开始自己调整不过来，比较放纵。"不同的社会场景可能需要不同的节奏，大学和高中本是两个不同的文化世界，但她觉得自己没能把握住大学这个文化世界的节奏——"一开始的时候就没有搞好、把握好大学的节奏"。和大部分接受访谈的人一样，她也提到自己高中时的班主任，戏谑地说，感觉被他骗了，自己"太笨了"。意馨提到，高中的时候他反复说："大学超好的，超轻松的，上完课就回宿舍，考试就随便考。"所以在大一结束、高中同学聚会时，她还专门找到班主任，告诉他："你说的只有一句话是对的——时间过得很快，但其他都不对。"

"人情变冷"

初到海一大学,河南的宋子朗也一直在将高中的老师和大学的老师做比较,有时候还会心生一丝失望。提到高中时代的老师,他回忆道:"高中老师跟你交流比较多,能关注你各种各样的东西——不仅关注学习,还关注状态和生活……但大学老师非常不一样。"子朗意识到,"大学的老师分工更细,每位老师负责的内容都不一样"。他的困惑是:"要怎么样找到一个可以交流的人?"回忆起第一次和大学老师交流的经历,子朗久久难以平静:"这堂课上有道题目不会,就去问另外一个老师,但那个老师说,你不要问我,我跟你们老师说的不一样,那你怎么办呢?你去找你的老师吧!"但他回忆说:"高中就不一样,在高中如果遇到题不会做,去找老师,这一科的老师不在,就会问其他科目的老师,他们都非常乐意给你解答。"这个小挫折让子朗意识到,在大学"一个人要撑起自己的天,不能再靠别人(老师)"。他笑着评价自己是小强式的人物,"什么环境都能接受",但在刚意识到再无人可以依赖的时候,"还是会抑郁,比高中抑郁得多,因为自己要独立处理的事情太多了"。他觉得那个时候"身边的事情总会有一些不如意,不如高中那样单纯"。

"不再单纯"描述的不仅是人际,更是每个人的小世界。在备战式的高中世界,一切都指向高考,每个人都被捆绑在同一辆战车上,这给了这个世界一种特有的机械团结感——法国社会学家涂尔干所定义的。相同的目标、共同的节奏造就了许多彼此相似的个体,也造就了一种强烈的认同和归属感[36],集体感往往淹没个人主义——一种独特的生存心态。

但到了大学，共同的目标消失了，每个人开始被期待有自己的独立追求，不再有高度的统合，联系每个人的纽带也变得松散。在子朗看来，这是"人情变冷"。人情变冷显然暗含了一种参照，参照的既是过往高中的生活，也是过去习惯的世俗人情。

初入大学时，贺之一也总是觉得"和现在的同学聊不深""和老师交流变少"。他来自广东东部某县，父亲常年在外做建筑工人，母亲全职在家。接受访谈时，之一一直强调家庭"经济状况一般、偏差"。他看重家庭责任，说自己还有弟弟妹妹，他"作为家中长子"，大学期间经济上要尽力做到"基本生活费用自给自足"，学习上能"抗压"。但即便如此独立，大学的"人际关系"还是让他感觉受到一些"冲击"。访谈时，他反复比较高中和大学人际的不同："高中的朋友感觉会聊得比大学的朋友深。……我会跟一些高中的朋友说一些更加深入的话题，可是我不一定会跟大学的朋友说。"

这些不同在很大程度上是由学习活动组织模式的变化所致。例如，之一强调说，到了大学，"班级"的内涵已经变得非常不同。在高中阶段，它还是组织学习和生活的基本单位——用之一的话来说，是"大家一起整天待在一个课室里面，朝夕都相对着"。但到了大学，班级蜕变为简单的编制模式，不再承载过去的组织功能和情感联系，这让之一觉得一时难以适应——"现在在大学里，班里面的同学感觉上完课就走了，然后也没有很积极地去彼此联络，可能这也是我们彼此不会聊那么深的一个原因"。

交流和感情总是彼此促进，制度化的交流难以保障，感情变淡也自然不可避免。谈及老师，之一提到，"大学老师不怎么管"，但高中的时候老师"管得狠"。之一所说的"管"字显然不只是管理，而是有着多重含义。他说高中老师"迟到了管,做的作业不好管,然后考试考得怎么样也跟你聊一下"。显然,"管"有着管理、督促等多重含义,它暗含了组织方式、生活模式,也包含了关怀等情感意义。但到了大学,则完全是另一幅图景——之一提到,"现在老师上完课就走了"。情感纽带变弱,交流自然也难以维系。因为缺乏鼓励和其他课后渠道,之一说他也不会"主动"地去找老师聊天,但高中的时候就"经常会问老师"。

之一显然花了不少时间慢慢适应新的学习和生活组织方式、情感联系。适应背后体现的既是高中和大学的文化差异,也是之一身后的乡土世界与眼前的城市世界之间的差异。城市相较乡土总显得更加工具理性。初次访谈时,之一不时地将大学的生活所透露的人情与过去生活中包含的人情味做比较,而生活中的点滴困扰则是两个世界遭遇的结果:

> 有一次,我跟同学一起去办事,我骑自行车载他——刚好顺路。我打算到公交站一起和他等公交。到了公交站,我在停车的时候,按照我们家那边的观念,他理所应当地要等我一下,我们一起上车。但他就很自然,没有等我,就先上了车。那时候,我挺郁闷的。后来又觉得,其实他背后是一种和我不同的生活方式。

之一试着适应和慢慢地接纳这种不同的观念:

> 如果我坚持我的想法,就算他不等我,我也会等他。但慢慢我也觉得,我可以不等了,很坦然地就走掉了。因为从他的价值

观念来说，走掉没有什么，就是没有什么不正常的。这也许是城市与乡镇地区的一种观念的交换，大家都会接受。

人情变冷也绝不只是因为两个世界的不同，另一个重要的原因是进入大学，人们的追求变得更加多元。当所有人生活在一个统一的目标之下且全力朝这个目标迈进时，集体归属感很容易生产出来。但当追求变得多元时，集体便很难再生产出一种归属感，让人彼此觉得亲近。一年级末接受访谈时，性格内向、访谈时略显腼腆的吴星同在描述自己和同学的关系时，用的是"相安无事"这个词。在他看来，高中环境是个简单的几何图形——圆，圆内外的世界界限清晰。他连珠炮似的抛出三个词来描述圆内的一切——"象牙塔""与世隔绝""单纯"，但大学让人摸不到边界——"开放""可以与社会接触"。大学内部也非常异质——同学"各个专业都有"，他们来自"五湖四海"，来自"各种文化"。

高中的几何图形"圆"落在社会层面便象征着规矩——"管束比较多"，限制了"学生的自由"，将所有人集中在一个目标下——高考。但大学的开放和多样则象征了个体的"自由"和追求的"多元"。星同在日常生活中体验着这份自由，提到"选修课增多了""连上不上课都有自由——你可以选择去上课或者不去上课，不去上课对你的惩罚是很小的"。"怎么上课"则更加自由——"上课可以听也可以不听，可以玩手机！"课业之外的生活更是少了规矩——"在寝室的话，你可以选择在任何一个时间去睡觉"。这给了每位同学创造自己独特生活模式的机会，每个人都可以"选择自己与众不同的生活方式"。但星同觉得自己不知道该选择什么样的路、什么样的生活方式、什么样的学习方式、过什么样的大学生活。他提到：

上了大学之后就没有了集体归属感，一个班级，大家都从不同的地方来，思想不一样，所追求的东西也不一样，目标也不一样。很迷惘，不知道自己要干什么。高中的时候认为上了大学是真的跟老师说的一样——从地狱到了天堂，但是上了大学之后，感觉这个天堂并不是那种……就是很迷茫——我的天堂是为了什么，我到天堂来为的是什么？

尤其是当人生目标变化，其他人都看似有所追求、忙忙碌碌时，谁又来告诉他该如何去超越长久以来的人生目标——高考成功？

📖 分裂——忘却过去的自我再教育

"一点点地分离"

法国哲学家、社会学家、《米歇尔·福柯传》的作者迪迪埃·埃里蓬曾在《回归故里》一书中提到自己的求学经历。他说对自己而言：

学习校园文化秩序是一个漫长而混乱的过程，一个自然人绝对无法满足它对于身体和精神的约束和训练，如果人们没有机会自童年开始就进行相关训练，甚至意识不到这一规则的存在，那么要获得这种纪律性就需要一定的时间。

我们可以将迪迪埃·埃里蓬提到的"漫长而混乱"的过程看作是家庭和学校的文化距离带来的结果。要克服这段文化距离、适应学校的环境，就意味着要有一次"忘却过去的自我再教育"、一次"苦行"。[37]

但唯芷、吕程、意馨、子朗、之一等人的"苦行"不止一段。三年的高中校园文化秩序造就的是一种特殊的生存心态。正如上小节"错配"中所言，这种生存心态显然与大学的校园文化秩序不符。在精神层面，旧的生存心态与新的环境不符的结果常是所谓的"生存心态分裂"（habitus clivé）。分裂的一面是指旧的心态"延滞"（hysteresis），另一面是指"双向疏离"（double isolation）——既不能告别过去，又不能拥抱现在。

埃里蓬说，自我再教育通常意味着我必须与"我的故地"——身后的世界——一点一点地分离。"一点一点地分离"当然首先意味着在旧的世界所养成的生存心态尚未消散或说难以消散——在抽象的理论世界，用布尔迪厄的话来说即是所谓的旧生存心态的"延滞"。在具体的感官层面，用海一大学的韩志高的话来说，就是"状态调整不过来"。提及大一的经历时，志高时常觉得有点后悔，他说自己"大一的时候挖的坑太深了，现在怎么填也填不回去，结果束缚住了自己的发展"，而这些都是自己"状态调整不过来"的结果。

志高来自四川西北部某县，从小在农村长大。访谈中，他回忆起儿时经历，把父母和自己戏称为"失地农民"，提到家乡"因为搞经济开发，把所有居民统一规划到一块居住，其他地方成了工业区。由于政府的拆迁补贴，当地居民的生活富有了一点，但也没有多少人有工作，结果父亲成了自由职业者——自己经商，收入不固定，多的时候每年可以上万，收入少的时候也可以很少"。志高性格内向、腼腆，至于父亲收入最差的时候可以低到多少，他没有再继续说下去。只说父亲的工作比较轻松，母亲"比较刻苦"。但母亲又"没有特殊的手艺，早些年只能在服装厂之类的劳动密集型工厂打工，工作耗费了身体，再工作就吃不消了，只能主要负责家里的事"。

志高也顺着"村小—镇中—县中"这样的升学路线一路所向披靡，进入了当地最好的高中学习。由于成绩出色，他还被安排进"最好的班级"。对于自己的学习能力，志高一直很自信，认为"高中三年在学习上比较任性"。高中生活给他留下特别印象的是自己的"小圈子"——优秀班的优秀生结成的小集体。这个小圈子里的同学成绩优秀，学习上挺用功，但又都活泼——"每天早中晚都会打球，排球、羽毛球，各种球"。按照志高的回忆，高中还有另一个小圈子——"用功！就是上体育课，有空都会回到班级再做一会儿作业"。

志高显然更喜欢自己"比较活泼"的那个小圈子，"比较活泼"的潜台词是不用那么刻苦，也能搞好学习，"没有被学习束缚住，还能想干什么事儿就干什么事儿"。接受访谈时，志高不无自豪地说道："比如说我自己进教室，永远是进去最晚的，带了几个包子在教室里边看书边吃，晚自习也经常一个人溜到外面去，和几个同学一起聊会儿天。"刻苦可能只能从回宿舍后的时光算起——"回到寝室之后，大家打着灯在寝室学习一会儿"。但他自己又觉得这样"死学"没有多大用，"最重要的是效率"。

无疑，志高善于学习，尤其善于做题和以考试为指向的学习。他认为自己和室友很大的不同是"学习效率挺高，比较善于思考一些东西，会想方设法来提高自己的学习效率"。他谦虚地说到当时自己的出类拔萃："所以我会做出很多别人感觉很奇怪的事情，比如说我记的笔记，别人看的话不一定能看得懂，但是我自己看的话就比较喜欢。"他尤为自豪自己的笔记本功夫："比如我的语文笔记本，我很会抓住一些考试的东西，就是特别容易提升分数的地方。语文其实不容易提高分数，但我会抓住一些特别规律性的东西，并把它们总结出来。"

志高提到："高三经常考试，我们班的同学都会借我的笔记本来看。最后的作文题，我看了一下，他们有二分之一的人用的是我总结的题目和写作模式。像我这种没有文科思维的，写文章都是靠套模块，但我觉得自己的优势就是会把一些文科的东西当作理科来学，像这样写作文效率会提高很多。"志高总结道，这是"学习上会抓重点"。这让他有种独特的优势，高三晚自习的时间甚至可以翘课，"到外面逛逛"。

但志高的自信和优势，到了大学便眼见着变了味道。大二接受访谈时，他回忆道："整个大一感觉自己没有调整过来，一直想做调整，但一直没有调整过来。"之所以感觉需要调整，是因为旧的生存心态再也无法让他在大学复制高中时的受欢迎和成功，"新的环境看重的好似不再是考试、做题和应试技巧"。

当旧的生存心态无法再有效指导新环境中的行动但又"尚未消散"或说"难以消散"时，其带来的通常是所谓的迷茫。大二时的志高，显然正经历着这种迷茫。一方面，他"怀疑"过去的成功经验，另一方面，他又"陷在"过去中，难以找到新的出路。例如，志高把自己曾引以为傲的做题能力描述成了"钻空子"："我觉得自己在学习上会努力地钻那些空子，单纯地把成绩拉上去，通常在期末复习、突击。"

他苦笑道，这样期末就会过得"苦逼"——因为"要从头来预习，先预习再复习，还要刷题"。但他又觉得已经适应这样所谓的"集约式"学习方式，也不想做出改变。在他看来，至少这种模式"在学习上，在成绩上，不会拖后腿"。不过，志高又隐约觉得这样的大学生活是"没抓住重点"——"感觉不用付出特别多，也能够把学习应付上去"，但这又是没有"把课程当作一种有用的东西在学"。

迷茫之外，碰壁是旧的生存心态延滞的另一自然后果。等到大二，志高发现自己大一的时候靠旧手段应付掉的许多课程其实是很有用的，又不得不去重新学习。这导致志高觉得自己的大一"挺虚度的"。接受访谈时，他反复提到，当他意识到这个问题的时候，其实已经"有点晚了，感觉大一挖的坑太深了，现在填不回去了"。志高说希望自己能保研，但"成绩比较好"是个前提。问题是应付下来的学业，"成绩过不去，保研希望渺茫"，他说"现在想起来挺后悔的，有点被现实束缚住了——束缚住了自己的发展"。

当初的热情逐渐在生活中隐退，他说："我觉得大学里如果能有高中学习的一半的用心程度，或者是热情的话，就能学得很好，但实际情况是，大一我感觉没怎么学一样，成绩（在）中下游水平。"自信也逐渐消失——"我一直觉得自己的天赋是挺高的，但是实际上最近我意识到自己的天赋并没有多高"。志高口中的"学霸"不再是自己，而是别人，学习则成了应付，做题的能力不再对应成就感，而成了应付的代名词。他提到："我一直的想法就是学习上平时没必要花太多的时间，期末的时候学一学。""期末的时候学一学"显然是指应付考试。志高说："我更适应这种模式，那个时候感觉课的话就是可上可不上，翘一翘也没问题，所以经常翘点课。"他特别提到游戏："我觉得自己陷入很多，各种游戏都玩，感觉游戏是一个像毒品一样的东西，会消磨一个人的毅力和斗志。"

双向疏离

志高口中的"虚度"既是对大学生活怎么过的一种反思，也暗含了对习惯的学习模式的初步反思——刚入大学，长久养成的做题能力可以帮助应付一些初步的挑战，但难以继续保证成功。而对于高中训练出来的做题能力在大学中意味着什么，吕程隐约觉得，答案是一种辩证法——可以帮助考得不错，但无助深度学习。他暗自觉得大学课程本身其实也蕴含着一些另类的辩证法：

> 看起来无用，实则有用——"大学里很多的课，假如你去听课的话，觉得并没有什么用；但将来找工作的时候又怕专业不是特别擅长"。
>
> 此刻懂了，但下一刻又会不懂——"听懂了是听懂了，但是过了一天，再上这堂课，你就不知道他说的什么东西了"。

这些辩证法让高中的做题技巧显得用处不大，甚至对于学习这一门课有用，对于学习另一门课就变得毫无用途。这种不确定性让吕程觉得刚开始的学习有点吃力。而在漫长的学业生涯当中，志高也第一次觉得自己是"属于学习比较差的"。

吕程的辩证法反映的是布尔迪厄口中的"双向疏离"——自我的

分裂。[38]他试图去拥抱新的环境，但又不能轻易地告别旧的心态，他试图去告别旧的心态，却又不能轻易地拥抱新的环境。高中与大学课程的学习有着巨大差异。大学的本质之一是高深知识的学习与传授的场所，这显然对大学中的教与学都提出了不一样的要求。从学的角度而言，光做题拿成绩恐怕也还未能触及高深知识学习的本质，无法在精神上真正拥抱大学。一年的大学时光给了吕程，也给了许许多多有着同样背景的同学一些深刻的感性认识。例如，历史专业的向思大二接受访谈时提到自己的感触：大学老师不是让你去记，而是让你去理解。但她说大一时，自己一直按照高中的习惯在学习，导致没有调整好，"学习没有搞好"。

回忆起高中的情形，向思说在学业上应该和其他学校没什么两样——紧张，但又很庆幸没有那种"生死搏斗"。向思心中的"生死搏斗"，是高三时，老师为了鼓励他们拼一拼而放的一部纪录片里记载的情形——"有个《南方日报》的记者去采访江西省一所高中，记录他们高三一年奋战的情形，我觉得他们好辛苦"。但她所在的高中，虽然老师们也"都希望学生们要考好，但没有真的把人逼到绝路"。向思所谓的"逼到绝路"是指学生"每天好像生不如死，要保持一种会做题的感觉"。

但即便如此，做题也不可避免："一个学期有四次比较大型的考试——中段跟期末，然后中间间隔两次月考。""考完会把排名贴出来，大家会去看，看自己是掉队了还是进步了，每周还会有轮流考，比如这周考语文，下周考数学，下下周考英语。"在向思看来，其目的也还是帮同学们保持"会做题的感觉"。但这同时也让学习失去了一些意义，多了一些机械训练的味道。例如学历史，"答题的时候，要记住标准答法，假如用自己的话答题，老师就瞄一眼，就不给你分"。到最后，学习"就变成了还是要背书"。向思总结说："这样，有个条理清晰的逻辑去串联所有的知识就变得很重要，高中老师也会把所需（逻辑）条理清晰地告诉学生。"

大学的课程学习显然不同，回忆起大一历史学习的情形，向思提到，老师更多的是讲授某一领域的研究成果，这背后的知识结构（她将其和高中老师提供的逻辑和条理做类比）需要自己下功夫学，高深知识的学习显然更强调"理解"。向思反思说，她一开始"比较盲目地去记，根本就没有尝试过去理解"。她还留意到，大学课程真正用于上课的时间比较少，老师授课时重在引导，在某些方面做大概阐述，"一节课可能要讲几十页的内容，'嗖'地一下子就过去了"，这样就对课后阅读有了更多的要求，一要读课本，二要做相关延伸阅读。她举例说，学明清史的时候，老师曾讲授有关屯田的内容，考试的时候也考到了相关知识。但从考试的题目来看，老师已不再让学生"简单地去理解屯田是什么，而是鼓励去理解当初为什么会有这个制度"。这就意味着当初学习的时候"要去溯源了"。向思强调，"但可能高中的时候，你只要记住有这个制度就可以了。……另外，老师会条理清晰地告诉你，这个要记，这个要考"。

大学的学习变得如此不同，以至于她第一学期的时候"真的很懵，什么都不懂"。显然，应付考试和考好是两回事——倘若不能够把握大学学习的本质特征，也许可以"考试拿个成绩，却未必能保证好成绩"。但向思的反思不止于此，她说"考高分和学好"是两回事。

同在南山大学的赵若华就读于工科专业，他说自己也有一样的感受。若华来自广东西南，回忆起家的样子，他做了个简单的总结："海边的村庄，与海南隔海相望。"若华的升学路径既是家庭策略的结果，也得益于持续的城镇化进程。他小学一、二年级就读于当地村小，但到三年级时父母"都觉得那里的教育环境不是很好"——"教育资源匮乏，比方说没人教英语，而县城的学校有"。父母反复权衡，另加家庭相对殷实，若华最终被送到县城的小学，一直读到六年级，其间则一直住在姨妈家，由其照顾。若华无疑是幸运的，由于成绩出色，他小学毕业后进入了所在市最好的完全中学[39]读书。回忆起高中的学习情形，若华说："其实要比县中的情况好，虽然在那边可能会感到很多很多竞争压力，但我们（中学）都没有这种感觉。"不过，完中的日程也比较紧凑，工作日"上午五节课，下午三节课，然后晚上两节自习课"，高三时除工作日外，周六也要上课，另外"刷题是必须的"。若华认为自己其实题做得不算多——"看课本比较多，比较注重于理解知识点，但总体来说也的确刷了一点"，他认为这样可以训练对题目的反应速度。

初入大学，若华便觉察了大学学习与高中的差异："有太多不同，想要学好其实比高中还辛苦。"他解释说，高中的知识相对有限，"看熟课本就行"，但大学的知识则需要"更加深刻的理解"。此时，学习本身显然有另一番意义，而他想去追寻这层意义："大学如果只像高中那样追求考高分的话，我个人觉得是可以的。但是如果只这样——像高中那样，学的意义就不大了。"他反思大学教育的弊端，指出大学的课程和考试都有点"水"："对于我们学院的考试，比较实在一点说，平时听下课，考前再看下课本复习一下，考个八十多分没问题。"

但更加重要的是，学习显然超出了背诵本身——若华说需要自己去领悟，深刻和透彻地理解所学内容，再超出课本对其加以应用。基础性的知识随便看一看，考试就能得到分，但如果知识学得不透，考试的时候那些深层次的内容便答不出来。不止如此，若华说他也不知道该如何将其应用到日常生活当中。他说自己所在的专业，部分考试完全不考理论，但极具挑战性，例如"让学生利用所学专业知识现场做设计图，在这种情况下，开卷拿着书本都没有用"，最根本的还是要"学精"和"吃透"。他觉得自己不算是"学得好"的，"高中的时候养成的习惯是看课本看得很快——主要是抓住主干看"，要学精和吃透可能就要多实践——但摸索到这一点的时候已经比较晚了。

英国学者山姆·弗里德曼曾援引布尔迪厄在《世界的重量：当代社会的社会疾苦》一书中的观点说，长程的社会流动给跨越两个社会世界的人的独特馈赠通常是，他们拥有独特的反思和自我分析能力。[40]向思和若华大学一年级末的谈话显然暗含了对过去学习经历的深刻反思。高中和之前漫长的学习生涯中，学校教育的筛选功能被过度看重，而考试又是筛选的主要决定机制，这貌似在学习和考试之间画上了一个约等于号。但大学的学习显然不同——这是他们通过漫长的摸索得出的结论——需要对所学知识有更深刻的理解，能够加以应用。在学习上，大学好似另一个时区，长久的机械训练显然让向思和若华在进入大学这个新的时区时难以倒好时差。他们试图去拥抱新的环境，但又不能轻易地告别在高中期间养成的旧的生存心态。

这些反思并不孤立——几乎所有接受访谈的同学都或多或少地提及。像向思所说的"考高分和学好是两回事"，在海一大学的赵安然口中便是"考试没问题，学好不容易！"安然来自甘肃，和大部分进入海一大学的同学不同——他毕业的高中并不是当地最好的。安然提到："我们县有三所高中：一中、二中还有我们中学。在三所中学里，它是最差的一个。因为离家近，我才报考了这所高中。"安然家位置偏远，学校师资和学习环境又不理想，结果每年"考上顶尖'985'大学的，一个县也没有多少"。而安然所在的学校，情况则更要糟糕。在他看来，直接的原因是生源不理想："中考时全县考完，名次一出来，一中先挑，然后我们中学和二中两个一起挑——但前600名已经没了。"到高考的时候，"我们学校考'211''985'的基本上没有"。

安然觉得自己能上海一大学是个小概率事件——因为学校"很差"，这当然也意味着他要付出异于常人的努力。回忆起高中的学习，他的印象是：除紧凑的日程安排外，就是大量地做题、做题。安然强调说高中的学习，尤其是高三后半段的学习就是在"训练做题机器人"。进入大学后，情形显然非常不同——他反复提及"大学比高中更自由，但学习的内容要比高中复杂得多"，尤其是"高中的时候，对一个知识可以大量地练习，基本上每一门课都有很多的资料，让你完全地把这个知识点掌握，但是大学不会。老师基本上就是讲课本，其他东西都需要自己去学"。

这既暗含了安然对高中和大学学习内容差异的观察，也掺杂了对高中和大学学习方式差异的初步思考。高中学习的内容是有边界的，内容上局限于老师讲授的知识点，目的上局限于考试；大学学习的内容则是没有边界的，老师讲授的知识点只是进一步学习的基础，目的也看上去"没有那么功利"。这决定着高中和大学学习在学习方式上的重要差异，他强调说："高中更多的是反复练习，即使这个知识点没有掌握，但是依然可以做一些资料题，例如做十道同类型的题也就掌握了，但在大学想进一步掌握的话，就需要去图书馆查资料……"当然，这同时也就暗含了一层意思——不可能再以旧的学习方法去应对新的内容了。

安然试图告别在高中的环境中生成的心态，但他发现拥抱新的环境并不轻松。访谈时，他提高声调说："用高中的那一套应付大学的话，你没有那么多时间啊——高中都是反复的练习，大学要反复练习的话，时间就是一个问题！"但他一开始显然认识不足，提到自己"在学习上，不适应这种氛围"，习惯了高中时候老师的灌输，而较少意识到自学的重要性。对于大学课堂上老师讲的内容，则局限在课堂所听的内容，并不懂课后要多查一些资料，"刚开始进来的时候也就随便学，没有下那么多功夫……结果第一学期考得不太理想"。

上下不得

南山大学的周禾也有同感——旧的心态难以告别，新的环境也难以拥抱，如同卡在两个世界之间，上下不得。例如，在接受访谈时，周禾认为，大学学习在学习方式上最重要的一个特征是"学生主体"，而这就要求学生在学习上更加"主动"。周禾来自广西东南部，家中有三兄妹，他自己之外，"哥哥也上了大学"。接受访谈时，周禾提到，他的"父母正在城市做建筑工"。家境大概给了他一份独特的学习动力——父母"勉强支撑"，哥哥"做了榜样"。周禾自幼努力，学业一路顺畅，初中毕业升到了县里最好的高中。而此允诺了他与父母不一样的人生——"高中是当地最好的中学，学生毕业了基本上都能上个本科"。不过，周禾成长的时代恰好是"县中塌陷"开始的时代。2000年左右，由于民办学校或民办公助办学模式的兴起，重金挖学生之风流行，一般的县中难以招架，生源流失，再也招不到可与既往相媲美

的学生，这样能升学顶尖名校的学生自然减少了。周禾直观的感受是
"去'清北'的同学少，偶尔有一个"。但他最终上了海一大学这样的
顶尖名校。

薄弱高中和顶尖名校之间的巨大沟壑，显然要交给异乎寻常的刻
苦学习和训练去填充。回忆起高中的学习，周禾直接的回答是"很紧
张"——但它给人一种异乎寻常的充实感。周禾介绍说，自己当时学
习的节奏大概是"早上6点起床，上十来节课，到睡觉已经晚上12点
多了"。在学习上，他比较依赖老师讲课，所在高中的老师也比较传
统——"属于那种填鸭式不停讲题的"。他熟悉了这种节奏和学习方
式——生理上和心理上都是如此。

等到切换成大学的节奏时，周禾显然经历了一段稍费心力的适应
期。长久以来的学校教育，其目标是培养得高分的能力，反复的机械
训练和考试共同构成特殊的规训技术，催生了一种特殊的生理节奏和
内在强制力，即按照学校的安排"做合时正确的事"——得到更好的
分数，而主体性和独立性都不是学校教育的首要目标。一旦进入大学，
当考试变得相对不重要，分数目标被从生活中抽离时，机械训练消失，
身体的失调和心理的迷茫都变得不可避免。周禾回忆说："在高中虽然
6点起床，晚上12点睡觉，但是感觉还好，而到了大学再用这个节奏
的时候，即便睡得早，第二天也不一定起得来，经常是莫名的困。""至
于学习，大学不同的方面很多，在学习方式上，最直接的体会是大学
一般都是自己学——什么都是。老师讲的好像也没多大用。"

当我要他解释什么是"没多大用"的时候，周禾稍作沉思，说大
学的时候"一般老师都是照着课本念一遍，或照PPT念一遍……回去
还是得自己看，还是得靠自己"，但"高中的话，老师一般就都给讲懂

了"。"念一遍"和"讲懂了"之间的距离显然喻示着不同的主观能动性。在大学要学好，显然要更加积极主动。周禾读的是文科，在聊天的时候，他把所有课程分成两类，一类是"要背"的，另一类是"要理解"的。要背的诸如"管理学""人力资源管理"——"为了考试，也没办法，背还是要背"。要理解的则是"像高等数学、商业统计"——需要在课堂之外，再继续自学。初次访谈时，他显然还在继续适应，说过去养成的习惯依然部分地牵扯他的思维和策略。谈及如何自学时，他说主要还是"看书、做题"——"要么在图书馆，要么在宿舍"。

初入大学，同样觉得卡在两个世界之间难以前行的还有海一大学的黎志安。志安认为，大学学习在学习方式上另一个重要的特征是"合作"，但第一次访谈时，他说自己还没有掌握合作学习的要领。讨论到最近的小组作业，他深有感慨，说"凡事到最后还是得靠自己"。志安来自陕西东南，"家在山边，交通不发达，属于典型的农村"。学生时代即遇上轰轰烈烈的农村学校撤点并校，小学就读的是邻村的一所学校，初一刚读完就遇上全县整合教育资源，初二、初三在县里的一所中学读完。这段经历也给了他特殊的人生机遇——县里的教育资源不错，他又"成绩还好"，得以考进县城里唯一的一所高中。上高中前，他和家人也曾有过短暂犹豫——以他的成绩可以去市里更好的中学就读，但由于经济条件不足，只好在县城就读。

高中期间，志安就读的是县中的快班，即便如此，升学率也不是特别理想，由于当时悄然出现的县域优质生源流失现象，因此能够升入一流大学的学生数实际上在逐步减少——从"有清华北大"变成"偶尔有一个"。他回忆说，升学前一年，县中"考入北大的学生其实是贫困专项录取"的，而第二年他进入海一大学时，已经是凭借着"考了县中最优异的高考成绩"。但这个成绩拿得并不轻松——"高三之后补习了一年，第二年才考上"。

回忆起高中的学习方式，志安脱口而出的词是"重复"——"我觉得高中的知识……基本上就那么多，这样，最重要的学习方式就是对那些知识的重复学习。例如做题，一直练，一直不停地练，然后尽量避免和减少错误"。练和考总是相伴相生——"每月都有月考，基本上每周都有考试，考完试看成绩排名"。练考结合导致了一种特殊的学生文化——共同的目标促成了一种团结感，但团结感的产生更多是基于共同的压力和目标，而非对彼此间需要的认识。志安说更显而易见的是"竞争"——"每个人之间都有些竞争"。如此，就很难推动合作——况且此时，教育者们甚或可能觉得竞争而非合作才更有助于产出高分，因而合作也不是需要加以重点培养的精神和能力。

在总结大一学习上的变化时，志安说"竞争变得隐形"，外在的标志是"基本有一次期末考试，有时候有一次期中考试"。当肉眼不可见竞争，也再没有像过去那么明确的目标时，"学习的动力便也减了大半……同学之间讨论最多的是不挂科……大学……学习不重要了，不挂科就行！"这促成了一种关于各课程的特殊认识论，这种认识论将学习视作个人性的事务，以是否需要背和记来衡量其相对重要性和自己所需投入精力的多少。"大学的有些课程需要背诵，而有些你知道有这个东西就行了，你并不需要记下它。再有些，比如说思想概论课，学校的考核要求就更低了——直接开卷考试，甚至我们有些专业课也那样，考试的时候你可以把公式写在一张 A4 纸上。"

"需要背和记"以及"不需要背和记"显然成了方法论连续体的两端，越是在需要背和记这一端的，过去机械训练积累的经验越是有效，而越是在不需要背和记的那一端的，则越是远离过去的经验。不过，旧有的学习动力消散后，应用过去的经验时就不免疲敝，志安说"大一上学期时是按高中的方法学了一段时间，但最后发现这需要投入大量的时间和精力，所以没能坚持下来"。通过逐渐地摸索，他觉得自己找到了大学学习的规律——不是所有的科目都要这么办，有些学科"考前一个月好好复习一下也能考得不错"。这意味着不必再靠过去吃力的方法就能应付学业。既然调节背和记的程度是应付学业的主要策略，那么学习就依然是更为个人性的事务——"静下来学习"。

中学期间少有合作学习的体验，竞争性的文化也并不鼓励合作，背和记的方式更多的是一种基于个体的策略，当面对小组合作性质的学习任务时，个体未免心存疑惑和手忙脚乱。第一次接受访谈时，志安反复提及"喜欢自己干，不太擅长和他人分工合作"。在他的印象里，当老师布置了小组任务后，自己所在的小组一般只有"分工"，没有"合作"，"比方说一个小组四个人，做一个PPT，（我）就把工分好"，但到最后"就有人偏不做"。合作精神的缺乏让他觉得总是"关键的时候被坑"。在经历过几次类似的教训后，他干脆觉得"还是靠自己比较好一点，免得最后坏事"。

要怎么和过去道别呢？唯芷、吕程、向思、意馨、子朗、之一、志高、若华、安然、周禾、志安，显然都还没有找到道别的方式。假如过去像布尔迪厄所说的那样，以生存心态的方式嵌入身体里，我们便断然不能轻松地与它作别。于此，安妮特·拉鲁在《不平等的童年：阶级、种族与家庭生活》[41]一书中援引C.赖特·米尔斯的话，指出：社会结构与个人经历之间存在着交互关系，个人的社会位置和社会化经历在很大程度上影响着他们应对外界环境的方式。我们的身心是被社会化的。埃里蓬在《回归故里》中声称，我们的生活不单单被未来所笼罩，也被过去的历史所纠缠。唯芷和志安们的苦恼在于要告别的是在流行学业锦标赛的高中养成的身心——正像他们有意无意透露的，它阻碍着他们拥抱新的世界。更令人苦恼的是，它又是来时的路——正是凭借它，他们才走到现在。假如拥抱现在要以否定过去和来时的路为代价，它必然带来痛苦与迷茫。

第二章

象牙塔里的陌生人

"那时候，甚至还以为大学就跟高中差不多，只不过上课的方式不一样而已。当时在心里把大学生活简单化了，对它完全不了解。上了大学之后才发现，一切完全是重新开始，好像进入了一个完全陌生的新世界。"

第一节　萌新：踏入文化新世界

📖 不同——城乡家庭的两个文化世界

布尔迪厄与《不平等的童年》

前章第二节描述了农村和小镇青年所体验到的埃里蓬式的"漫长而混乱"的"苦行"，但前述这段苦行所涉及的，还仅仅是因他们的高中与精英大学的校园文化之间的距离而产生的困扰——带着在流行学业锦标赛的高中里养成的心态进入精英大学，注定要遭遇错配并产生分裂感。不过，正如社会学家所观察到的，在精英大学中更艰难的苦行往往植根于家庭与精英环境之间的文化距离。[42]

1981 年，布尔迪厄进入法兰西学院执掌社会学教席。在《自我分析纲要》一书中，他回顾了为这一生学术生涯巅峰的就职致辞做准备的过程，说它让自己想起植根于内心的一种深刻冲突。[43] 他出身于小乡村贝亚恩，父亲是名邮差，跨越社会出身和生涯终点的社会阶梯显然要比跨越比利牛斯山脉与塞纳河畔的物理距离来得艰难。他声称，在自己的高学术成就和出身之间始终存在一种分裂，而他内心无时无刻不体会着"撕裂感"。由于学校的挑选作用，他中学时代的寄宿学校中实际上簇拥着相当同质的上流人群，而大学时代就读的巴黎高师又保持着与世界的"社会和精神距离"，无论在哪里自己都是"文化上的外来者"。

对陌生文化环境在心理上的"距离感"往往意味着意识到自己的"不同"，意味着意识到另一方拥有而自己没有，意味着意识到另一方拥有的多一些而自己拥有的少一些。文化上的"距离"与"不同"是含混而抽象的，布尔迪厄漫长的职业生涯中最重要的理论贡献之一便是尝试结合文化资本概念去把握这种抽象。他借助资本隐喻将文化视为一种可以用于投资并能得到回报的资源。在《自我分析纲要》一书中，他试图用其来理解家庭出身文化的特殊性所造成的自身对精英机构反应型的、有时"纯粹习惯性的违反"与"社会性疏离"。

他说，"我对学校世界的非常矛盾的心绪也许植根于这种发现，即对学校明亮和相当可敬的一面之称颂，是以其阴暗的反面之卑下为代价的，这种卑下体现在走读生对住宿生和小村镇儿童的文化歧视上"，而自己被夹在"两个空间及不可调和的价值之间……在某些未知的文化现象面前感到不安和恐慌"。[44]

对于来自小村镇的儿童而言，那种让人不安而又陌生、明亮而又可敬，并且未知的文化是什么？在布尔迪厄提出文化资本概念之后，相当长的一段时期内，研究人员对文化资本概念进行实际应用时，一般将其视作与高雅文化（highbrow aesthetic culture，例如对艺术品和古典音乐的欣赏）有关的认识和才能，并将其与德国社会学家马克斯·韦伯"精英地位文化"的观点结合到一起，将其定义为个体所习得的中上层独有的文化特质、品味和风格。[45] 在社会学家看来，文化如同其他类型的资源一样，在某些条件下可以被父辈传递给下一代，并成为获得稀有类型回报的基础，对特定群体尤其是优势群体，文化特质、品味和风格的认识和掌握可能会带来竞争优势，增加向上的社会流动机会，有独特的资本价值。

以此推论，正如"资本"一词本身所隐喻的，倘若要为子女赢得将来的竞争优势，父母们就需要针对特定类型的文化活动开展投资，以帮助他们尽早地认识中上社会阶层的文化生活内容，为将来适应中上层的文化生活做好准备。不过，对于是否需要和如何开展文化资本投资，不同社会阶层家庭的父母往往认识不同、实践不同，而此往往带来不同的教育结果和人生际遇。

拉鲁在《不平等的童年》中曾以文化资本概念为基础考察美国贫困家庭、工人阶层家庭、中产阶层家庭及富有家庭的孩子在学校和家里的生活，展示了日常生活中不同背景父母养育子女的点滴如何对孩子获得更高的社会地位产生具体影响。她对 88 个孩子的父母的养育风格进行了归纳，在此基础上指出，家长的教育参与行为可以分别归纳为"协作式培养"和"任其自然生长"两种类型。[46] 来自中上层家庭的父母强调孩子日常活动结构性的安排（例如课后时间的有计划安排等），重视他们在家中语言和推理能力的发展，并积极介入学校事务；来自工人阶层和低收入家庭的父母则强调子女对指令的服从，认为家庭的首要角色在于提供子女一个可以自然生长的安全环境，他们对子女的学业和生活安排不具结构性——由于不用参加那些组织化的活动，因此这些家庭的子女有更多的时间可以与朋友玩耍。在《一激到底：在竞争环境中抚养孩子》一书中，希拉里·弗里德曼用通俗的话总结了拉鲁比较不同社会阶层的家长养育子女风格差异的发现：中产阶层孩子们的生活被成年人安排的活动填得满满当当，而工人阶层和贫困的儿童则通过看电视和玩耍来打发时间。[47]

拉鲁对文化资本理论的一个重要贡献是，她将特定类型的家庭养育风格及其文化资本价值联系到了一起，指出协作式培养更有助于子女获得教育上的成功，因为它有助于中产阶层将自身的文化传递给子女——在学校中占据主导地位的文化往往是中产性质的，这有助于熟悉这种文化的孩子在进入学校后如鱼得水。拉鲁指出，协作式培养是父母文化资本投资的重要途径，它的结果是该策略指导下的孩子在教育机构中获得了一种表层上的优越感，而采用另一种培养策略的家长，他们的孩子在教育机构中体验到一种形成中的疏远感、不信任感和局促感。[48]教育研究者指出，协作式培养可从如下三个方面来加以衡量：一是家长介入的学校事务，二是孩子的文化活动（家庭的阅读，舞蹈和艺术课程的学习等），三是物质资源（主要是指藏书）。[49]其中最有文化资本投资价值的是第二和第三个方面。

拉鲁对布尔迪厄文化资本概念的另一个重要扩充是，个体应用知识、技能和才能的基本目的在于满足特定机构的评价标准，并使自身获得竞争优势。从这个角度来说，文化资本就不再局限于与高雅文化有关的认识和才能，它可以指涉被相关机构（正式或非正式地）认可的、能够为个体带来竞争优势的任何文化品味、实践与技能。这等于扩展了文化资本投资的内容。有研究者长期观察中国家长的养育实践，指出父母针对孩子的文化资本投资多可用文化场所（例如博物馆、科技馆等）的参观状况、家长和孩子的阅读状况、一起旅游的状况、舞蹈等兴趣班的参与状况等来衡量。[50]这些常见的文化投资活动可能正是不同社会背景学生认知和非认知能力发展差异的重要解释性因素。而此正是本节关注的核心，正如后文将要展示的，它们关系到农村和小镇青年感知到的与精英大学的"文化距离"和在其间的"游戏感"。

文化资本投资的城乡差异

参观科技馆、动植物园是城市家庭休闲的重要方式，亦可视为一类重要的文化资本投资。当被问及家人或监护人带去参观科技馆的情况时，无论是在小学、初中还是在高中阶段，被调查的农村籍学生回答从来没有的比例都要显著高于城市籍学生，回答经常去的比例也要显著低于后者。例如，在小学阶段，农村籍学生回答从来没有去过的比例要显著高于城市籍学生——为后者的近 3 倍，而回答有时去科技馆的城市籍学生其比例为农村籍学生的近 4 倍，回答经常去科技馆的城市籍学生其比例为农村籍学生的 5.5 倍。在初中阶段，农村籍学生回答从来没有去过科技馆的比例也要显著高于城市籍学生，为后者的 2 倍，而回答有时去科技馆的城市籍学生其比例为农村籍学生的近 4 倍，回答经常去科技馆的城市籍学生其比例为农村籍学生的近 3 倍。在高中阶段，农村籍学生回答从来没有去过科技馆的比例也要显著高于城市籍学生，为后者的 1.5 倍，而回答有时去科技馆的城市籍学生其比例为农村籍学生的 3 倍，回答经常去科技馆的城市籍学生其比例为农村籍学生的 2.8 倍。（见表 2-1）

表 2-1　家人或监护人带去科技馆的频率

		农村籍	城市籍
小学时	从来没有	68.3%	23.6%
	很少	21.4%	33.5%
	有时	7.8%	29.6%
	经常	1.9%	10.5%
	非常频繁	0.6%	2.8%
初中时	从来没有	75.4%	36.9%
	很少	17.5%	36.3%
	有时	4.8%	19.0%
	经常	2.1%	6.2%
	非常频繁	0.2%	1.6%
高中时	从来没有	78.0%	50.8%
	很少	17.4%	33.6%
	有时	3.6%	11.8%
	经常	1.0%	2.8%
	非常频繁	0.0%	1.0%

　　调查数据同样显示，无论是在小学、初中还是高中阶段，被调查的农村籍学生回答从来没有去过动物园或植物园的比例都要显著高于城市籍学生。例如，在小学、初中和高中阶段，农村籍学生回答从来没有去过动物园或植物园的比例分别为后者的 5.1 倍、2.3 倍和 1.5 倍，而回答有时去动物园或植物园的城市籍学生其比例在这三个阶段都约为农村籍学生的 2 倍，回答经常去动物园或植物园的城市籍学生其比例则分别约为农村籍学生的 4.7 倍、4.4 倍和 3 倍。（见表 2-2）

表2-2 家人或监护人带去动物园或植物园的频率

		农村籍	城市籍
小学时	从来没有	50.2%	9.8%
	很少	25.2%	25.5%
	有时	18.9%	38.6%
	经常	4.6%	21.4%
	非常频繁	1.1%	4.7%
初中时	从来没有	64.5%	27.6%
	很少	21.4%	36.7%
	有时	11.8%	25.1%
	经常	1.9%	8.3%
	非常频繁	0.4%	2.3%
高中时	从来没有	69.9%	46.4%
	很少	20.9%	32.9%
	有时	7.7%	15.4%
	经常	1.5%	4.1%
	非常频繁	0.0%	1.2%

　　旅游是另一种受认可的家庭休闲，也可被视为一类重要的文化资本投资。我们调查了在小学、初中以及高中这三个不同的阶段，城市和农村籍学生国内和国外旅游的基本情况。调查数据同样显示，无论是在小学、初中还是高中阶段，被调查的农村籍学生回答从来没有过国内旅游或国外旅游的比例都要高于城市籍学生。例如，在小学、初中和高中阶段，农村籍学生回答从来没有过国内旅游的比例分别为城市籍学生的 4.5 倍、3.8 倍和 2.3 倍，而回答有时去国内旅游的城市籍学生其比例在这三个阶段都约为农村籍学生的 2 倍，回答经常去国内

旅游的城市籍学生其比例则分别为农村籍学生的 4.5 倍、5.7 倍和 3.3 倍。国外旅游显然需要更多的财力支持，无论是农村籍学生还是城市籍学生，有国外旅游经历的情况普遍都偏低，但即便如此，前者回答有过国外旅游经历的比例都远远低于城市籍学生，在小学、初中和高中阶段，农村籍学生回答从来没有过国外旅游的比例都约为城市籍学生的 1.2 倍。（见表 2-3）

表 2-3　国内外旅游的频率

		国内		国外	
		农村籍	城市籍	农村籍	城市籍
小学时	从来没有	56.5%	12.6%	91.0%	78.3%
	很少	19.7%	19.8%	7.3%	12.0%
	有时	16.9%	35.0%	1.0%	6.2%
	经常	5.4%	24.3%	0.3%	2.6%
	非常频繁	1.5%	8.3%	0.4%	0.9%
初中时	从来没有	60.3%	16.0%	93.3%	78.5%
	很少	18.9%	26.1%	4.8%	11.8%
	有时	17.0%	34.4%	1.5%	6.5%
	经常	3.2%	18.1%	0.4%	2.4%
	非常频繁	0.6%	5.4%	0.0%	0.8%
高中时	从来没有	60.0%	25.8%	92.9%	76.1%
	很少	19.9%	29.7%	4.4%	13.4%
	有时	16.3%	29.6%	2.3%	6.6%
	经常	3.4%	11.2%	0.2%	3.0%
	非常频繁	0.4%	3.7%	0.2%	0.9%

看运动赛事也是家庭休闲的重要内容之一。调查数据同样显示，无论是在小学、初中还是高中阶段，被调查的农村籍学生回答从来没有与家人一起看过运动赛事的比例都要高于城市籍学生。例如，初中和高中阶段，农村籍学生回答从来没有的比例分别为城市籍学生的1.7倍和1.5倍，而回答有时与家人一起看运动赛事的城市籍学生其比例在这两个阶段分别约为农村籍学生的3.7倍和2.4倍，回答经常与家人一起看运动赛事的城市籍学生其比例则分别为农村籍学生的4.5倍和3.9倍。（见表2-4）

表2-4　看运动赛事的频率

		农村籍	城市籍
初中时	从来没有	77.5%	45.5%
	很少	16.4%	30.5%
	有时	4.8%	17.6%
	经常	1.1%	5.0%
	非常频繁	0.2%	1.4%
高中时	从来没有	79.3%	54.6%
	很少	14.5%	27.5%
	有时	5.2%	12.6%
	经常	1.0%	3.9%
	非常频繁	0.0%	1.4%

如果说各类文化休闲活动是稍隐性（间接）的文化资本投资活动，那么针对诸如舞蹈、美术等艺能类型培训班或各类夏令营的投入则是更加显性的文化资本投资。由于各类艺能培训往往由市场供给，所以

或因为培训机构的地理局限（大多坐落在城市），或因为经济压力，农村籍学生接受各类艺能训练的机会也往往低于城市籍学生。当被问及在不同学习阶段参加艺能训练班的情况时，被调查的农村籍学生回答没有的比例都要显著高于城市籍学生。例如，在小学阶段回答没有参加过舞蹈等类型兴趣班的农村籍学生其比例高达近82%，而城市籍学生比例仅为逾30%。（见表2-5）

值得注意的是，从小学至高中，回答参加过各类艺能训练的学生的比例持续降低[51]，其原因可能为：一是持续的学业压力，让普通家庭在学科类培训上投入更多，学生参加艺能训练的比例自然减少；二是如果走非艺术类的职业发展道路，各类考级已经到头，再无投资艺能训练的必要。不过，即便如此，城乡家庭开展艺能训练投资的差异依然存在。例如，在初中阶段回答没有参加过舞蹈等类型兴趣班的农村籍学生其比例高达90%，城市籍学生的比例为62%；在高中阶段回答没有参加过舞蹈等类型兴趣班的农村籍学生其比例高达近95%，城市籍学生的比例为81%。（见表2-5）

表2-5　学习舞蹈或其他兴趣班的情况

		农村籍	城市籍
小学时	否	81.9%	30.5%
	是	18.1%	69.5%
初中时	否	90.4%	62.1%
	是	9.6%	37.9%
高中时	否	94.8%	81.0%
	是	5.2%	19.0%

此外，在参加夏令营方面，被调查的农村籍学生回答没有的比例也要显著高于城市籍学生。例如，在小学阶段回答没有参加过夏令营的农村籍学生其比例高达91%，而城市籍学生比例仅为近64%；在初中阶段回答没有参加过夏令营的农村籍学生其比例高达89%，城市籍学生的比例为近75%；在高中阶段回答没有参加过夏令营的农村籍学生其比例高达84%，城市籍学生的比例为近75%。（见表2-6）

表2-6　暑期参加过夏令营的情况

		农村籍	城市籍
小学时	否	91.0%	63.5%
	是	9.0%	36.5%
初中时	否	89.1%	74.7%
	是	10.9%	25.3%
高中时	否	84.0%	74.5%
	是	16.0%	25.5%

参观博物馆、听音乐会或者观看话剧等高雅艺术类消费活动也是家庭文化资本投资的重要方面。当被问及参观艺术博物馆的情形时，无论是在小学、初中还是高中阶段，被调查的农村籍学生回答从来没有的比例都要显著高于城市籍学生，回答经常去的比例也要显著低于后者。例如，在小学阶段，农村籍学生回答从来没有的比例要显著高于城市籍学生，为后者的2.6倍，而回答有时去艺术博物馆的城市籍学生其比例为农村籍学生的3.7倍，回答经常去艺术博物馆的城市籍学生其比例为农村籍学生的5.4倍。读初中阶段，农村籍学生回答从来没有去过博物馆的比例也要显著高于城市籍学生，为后者的2倍，而回答

有时去艺术博物馆的城市籍学生其比例为农村籍学生的 3.3 倍，回答经常去艺术博物馆的城市籍学生其比例为农村籍学生的 5.7 倍。虽然随着升学压力越来越大，去艺术博物馆的学生总体比例一直在下降，但城乡学生去艺术博物馆的差距一直延续到高中阶段。在这一阶段，农村籍学生回答从来没有去过艺术博物馆的比例显著高于城市籍学生，为后者的 1.6 倍，而回答有时去艺术博物馆的城市籍学生其比例为农村籍学生的 2.3 倍，回答经常去艺术博物馆的城市籍学生其比例为农村籍学生的 3.5 倍。（见表 2-7）

表 2-7　家人或监护人带去艺术博物馆的频率

		农村籍	城市籍
小学时	从来没有	65.3%	25.0%
	很少	25.3%	37.9%
	有时	7.1%	26.5%
	经常	1.5%	8.1%
	非常频繁	0.8%	2.5%
初中时	从来没有	75.0%	36.2%
	很少	17.9%	37.1%
	有时	5.8%	18.6%
	经常	1.1%	6.3%
	非常频繁	0.2%	1.8%
高中时	从来没有	78.2%	49.6%
	很少	15.5%	33.9%
	有时	5.0%	11.8%
	经常	1.1%	3.8%
	非常频繁	0.2%	0.9%

当被问及听音乐会或者观看话剧等类型的文化消费活动时，调查数据同样显示，无论是在小学、初中还是高中阶段，被调查的农村籍学生回答从来没有的比例都要高于城市籍学生。例如，在小学、初中和高中阶段，农村籍学生回答从来没有去听过音乐会或者观看过话剧的比例分别为城市籍学生的1.8倍、1.6倍和1.5倍，而回答有时听音乐会或观看话剧的城市籍学生其比例在这三个阶段分别为农村籍学生的5.9倍、4.8倍和5.7倍，回答在小学和高中阶段经常去听音乐会或者观看话剧的城市籍学生其比例分别为农村籍学生的5.2倍和4倍。（见表2-8）

表2-8 家人或监护人带去听音乐会／观看话剧演出的频率

		农村籍	城市籍
	从来没有	80.0%	44.0%
	很少	16.0%	31.7%
小学时	有时	2.8%	16.5%
	经常	1.0%	5.2%
	非常频繁	0.2%	2.6%
	从来没有	86.2%	55.0%
	很少	11.1%	27.8%
初中时	有时	2.5%	11.9%
	经常	0.0%	3.7%
	非常频繁	0.2%	1.6%
	从来没有	85.4%	58.2%
	很少	11.9%	26.4%
高中时	有时	1.9%	10.9%
	经常	0.8%	3.2%
	非常频繁	0.0%	1.3%

实际上，研究人员在对文化资本概念进行实际应用时有过不少分歧。例如，美国社会学家保罗·迪马乔认为，布尔迪厄在使用文化资本概念时，受法国社会崇尚高雅文化审美的影响，关心的是与高雅文化有关的认识和才能的获得，因而家庭文化资本投资的核心也应当是高雅文化消费，如参观博物馆、听音乐会、阅读经典等，这些活动可以帮助子女习得中上社会阶层特有的文化特质、品味和风格。[52] 但美国社会学家拉鲁在对教育研究中的文化资本概念进行系统梳理的过程中指出，这种认识方法实际上窄化了布尔迪厄对文化资本概念的界定。她洞悉了美国社会的大众特质，指出像美国这样一个特殊的社会环境——种族多元、政治分权、大众传媒发达——一种稳定且小众的高雅文化，其合法性可能难以长期维持。一方面，她肯定既有研究对文化作为一种资源和代际优势传递手段的认识；另一方面，她又认为文化资本的定义应当不局限于与高雅文化有关的认识和才能，它可以指涉被相关机构（正式或非正式地）认可，能够为个体带来竞争优势的文化品味、实践与技能。这样，家庭文化资本投资的内容就要更加广泛。[53]

上述分析实际上为理解城市家庭针对子女的文化资本投资提供了一个框架。我们的数据显示，城市籍学生家庭早期的文化资本投资有其显著特征——既重视其子女参与高雅文化消费活动（例如参观艺术博物馆、听音乐会和看话剧表演），也包含了一般性的文化休闲活动（参观科技馆、游览动植物园和旅游）以及针对子女的个人才艺训练（诸如为他们报名舞蹈等各类兴趣班）。

本书中提到的这种文化资本投资策略，可被归纳为"总体性文化资本投资"，意指为了让子女获得竞争优势，有经济能力的城市家长不仅针对一般性文化消费活动开展投资，也针对高雅文化活动进行投资。

在当前，针对子女文化资本积累的总体性投资可能源于如下两个原因：一是城市中上层群体的文化偏好与实践依然未成形，尽管作为文化机构的学校对其文化偏好和实践有所肯定，但究竟哪类文化资本投资实践更有价值，未有定论。对于每个家庭来说，多方位的文化资本投资实践是确保子女将来获得竞争力的理性安排。二是城市家庭的追求和焦虑情绪。对于城市中产阶层而言，有效地捍卫自身及其子女的社会地位，可能意味着处于该阶层的家庭会有意地让其子女参与大量拓展式的课外教育活动，并与他人之间设置一道有效的文化藩篱。[54] 正像米切尔·史蒂文斯十多年前在《阶层的养成：大学招录和精英教育》一书中观察到的，我们已然生活在一个兰德尔·柯林斯所称的"文凭社会"当中。在这个社会中，理想的养育目标和标准是精英大学的招录标准：可测量的学术能力、可证明的艺术才能、可被认可的社会服务经验。[55] 这种总体性的文化资本投资是指向但同时也远远超出这些标准的。当然，社会分化广泛存在，上面的数字揭示的主要是城乡分化。

📖 有趣的童年，匮乏感与隔阂

有趣的童年

童年是一种社会建构，它由家庭生活的质量和社会文化所塑造，对它文化（投资）内核的描述，似乎应当突出故事而非单纯的数字以及讲述这段差异之于个体的意义。因为正是一些具体而感性的体验而非抽象的数字才是我们读懂不一样的童年的关键。这份具体和感性往往在农村籍学生跨越文化边界时一股脑地涌现。正如吴星同在描述自己刚进大学时所提到的：

> 在中学阶段根本完全不了解大学，我们所想的大学完全是自己想象的大学，真的就不知道大学校园这么大。那时候，甚至还以为大学就跟高中差不多，只不过上课的方式不一样而已。当时在心里把大学生活简单化了，对它完全不了解。上了大学之后才发现，一切完全是重新开始，好像进入了一个完全陌生的新世界。

而此往往触及农村和小镇学生对自己与城市同学"不同"的思考。考虑到自己童年的不同时，汉江大学吴名的第一反应是"我总觉得他们接触的东西多一些"。吴名来自吉林省南部，第一次接受访谈时，她特别提及自己来自农村。当问她是什么意义上的农村时，吴名回忆起儿时的生活，觉得"生活也不是特别特别差，还蛮有趣的"。闪烁的眼神似乎暗示她的思绪飘得很远。她说想起上小学时冬天需要取暖，但因为学校偏远、经费不足，所以没有集中供暖，"老师就会要求每个人拿几块砖、几块黄泥，找家长砌个暖炕"。她笑着接着回忆："我们会在上面烤地瓜吃。……还有的同学家住得远，就会带饭，然后放在上面热了吃。"另外，"小学的时候每个学生都要去送柴火，每过一定的时间都要去送"。

吴名关于童年的美好回忆最终消失在轰轰烈烈的乡村学校撤点并校运动中——"学校已经黄了，并到镇里边去了——小学和初中合在了一起"。上初中时，她开始到镇上的中学上学。吴名说镇上的中学其实离家并不远——"从家骑自行车十分钟就到了"。她说自己学业一直不错，这大体得益于三个方面的原因：首先，她天性要强——"家里有三个孩子，我觉得自己应该强一点，要好好学习。……记得上高中的时候做不出一道数学题，我都会被气哭"；其次，母亲虽然没有读过书，但对吴名的管束尤为严格——"我妈有点暴力，我不好好学习的时候就会打我"；最后，比较懂事——"看到我妈妈比较累的时候，尤其是去地里面干活，起早贪黑的样子……我就觉得应该好好学习"。

由于学业优秀，吴名考进了县城一所升学率还不错的高中，并顺利进入"加强班"。对她而言，这就等于进了一个小保险箱——因为当时全年级一共两个加强班，"这两个班的所有学生最后只有三个人没有考上一本"。从这个意义上来说，吴名无疑是幸运的，因为按照她的回忆，当年升学时全校的一本达线率其实只有16%。

不过，得到也总意味着付出——"加强班"的另一面是"半封闭"的军事化管理以及不停地"刷题"。关于高中生活，吴名最深刻的记忆是："我那个班主任是个女老师，特别有人格魅力，她能调动起全班的积极性，那时候我们都会早上三点就起来学习。"高中的时间全部献给了学习，而没有留给其他——这貌似是成功叩响大学校门必须付出的代价。

吴名关于学生时代最美好的回忆则全部停留在小学和初中："我觉得如果你在城镇上学，就有很多接触不到的在村子里才有的乐趣。比方说，我记得那个时候，有个男孩子经常欺负我，但他也经常领我去玩儿。在学校后面的小河里捞青蛙卵，让我放在罐子里，再后来去看的时候都长成青蛙了。……还有人喜欢往女生的书包里塞鞭炮，炸她们的书包……"

没有去过博物馆、动物园，也没有上过培训班……吴名童年的生活内容与她城市的同学有着巨大的差异，这或许正应了布尔迪厄在《继承人：大学生与文化》一书中的判断："一些人的社会出身决定了他们只能接受学校传授的文化，而不能接受其他文化。"[56] 这让吴名觉得自己和大学的同学颇为不同——"我就觉得他们接触的东西多一些"。"多"字显然内在地包含了一种评价，也包含着一种对"匮乏"的认识。假如学校中更受认可的是城市家庭的文化实践，那么当以其为标准来衡量农村生活的文化内容时，后者则不免代表着某种"欠缺"和"匮乏"。对其最温情或善意的评价也只能是"那时候是种单纯的快乐""我现在觉得还蛮好玩的"——因为对于适应精英的环境而言，它更像是一种来自过去的牵扯而非通往未来的阶梯。

"匮乏感"与"隔阂"

显然，吴名感受到的宰制性标准是城市的。也正因此，就不难理解为何吴名在接受访谈时，会把农村籍学生和城市籍学生做比较，并一直提及前者从小教育资源少一些，知识面和技能方面均匮乏一点——"比如说城里的他们可能很小的时候就有人陪着上那些艺术辅导课，学舞蹈或者是学乐器，农村应该很少"。几乎所有农村籍受访者都提到与吴名类似的感受——自身"教育资源匮乏"，但城市籍学生"兴趣爱好广泛""有特长""视野开阔"。

海一大学的志安在接受访谈时反复提到自己的不同："我就说一点吧，大学以前我是没有出过我们市的。"

照理，学校教育应当帮他克服因家庭出身而导致的文化资源不足的问题，帮他补足所谓的文化短板，让他尽早看见更加广阔的世界，不再局限于那个在儿时曾被洪水冲走一切的村落——正如社会学家所期待的那样，学校教育应该为弱势群体习得被主流文化机构认可的文化提供机会，以帮助他们顺利融入中上层社会。[57]但志安不无失落地提到，整个中小学阶段的学习貌似都在服务考试和升学，内容有限，形式机械。"知识，知识……高中和高中以前的知识……学的东西基本上就是那么多，我觉得最多就是对那些知识的重复，一直练，一直不停地练，然后尽量避免错误。"

当只身来到海一大学后，志安才陡然意识到自己和城市同学的巨大差异。他回忆刚入校时的情形："我身边的跟我一样从农村出来的孩子，从成绩上来说，来的时候都差不了多少……"但在文化知识和艺术特长方面有着"很大的差别"。志安提到的差别，首先是英语。

社会学家认为对知识的功利性态度和超功利性态度背后反映了不同社会阶层生存心态上的差异。上层社会常对知识持非功利的态度，而中下层却相反，尤为重视其帮助自己实现社会流动的可能性——这也许能够解释，为什么研究人员和名人传记作者反复指出，像美国前总统小布什这样含着金汤匙出身的上流人士子弟倾向于就读文史哲政治法律类专业，而出身贫寒的学生往往会选择理工类专业。[58]

对于知识的态度不仅体现在重视哪些类型的知识上，更体现在以哪种方式学习上。志安所在的学校，有着无可厚非的重要使命——帮助学生顺利升学。在学习英语时，语法、读写这些能够迅速拿分的内容在重要性上显然要超过听说——尤其是说（往往不在考核范围内），通过机械训练获得应试能力的重要性自然也要超过学习相关的语言、社会和文化背景。志安回忆说，来到海一大学时，为了贴补生活，他找了一份三年级小学生的英语家教来做，但感觉自己当年初中的英语水平只和这名小学生相仿，这让他颇受震撼。另一件事也让他很受震动：海一大学为了更好地帮助学生学习英语，会在新生入学时对他们进行英语分级测验，并以其作为英语分班学习的基础。志安回忆说："我所在的地区一共输送了三十多人到海一大学，但英语分级考试后，最终过线的只有三个人，而当年班上的上海同学，基本上都过了。"

在志安看来，在英语学习上自身虽然有欠缺，但好在英语依然是过去学校课程体系的一部分，他与城市同学的差距也只是"好"与"不好"的程度差异。而那些不在过去课程体系当中、其重要性又在新的环境中逐步显露的，自己与同学的差异则只能用"有"与"没有"的两分法来衡量了。这个非此即彼的割裂一部分体现为课外知识，另一部分则体现为课外生活技能和艺能。在课外知识方面，志安认为城市同伴的视野更加开阔——因为他们看到的"不仅仅局限于成绩"，而是"读书多""见识多""懂的很多"。

这内在地包含了两个方面的引申义：一是类似汉江大学吴名回忆中美好的农村生活内容肯定不算精英大学中被重视的"见识"，这就是为何虽然童年的回忆浪漫而有趣，却带来了匮乏感和隔阂；二是为应试教育而付出的代价是沉重的。用他自己的话来说就是，漫长的中小学生涯，尤其是高中生涯，课外生活的很多时间都被用来"不停地做作业"，以致"基本没有时间"去涉猎其他内容。

课外生活技能和艺能方面的有无更是直击人心，志安说道：

我发现很多上海的同学都（有特长），比如说弹钢琴啊，跳舞啊，游泳啊什么的。就是很多平时看上去跟你差不多的同学，也会偶然发现他们在哪些方面做得特别特别好。反观自身，我们从农村出来的，除了学习，其他这些技能基本上都没有。

"爱好吧，"他苦笑着打趣，"比如说弄点题做做什么的还可以！"
　　志安慢慢地体味自己与其他同学的不同，一年级刚入校的直观冲击颠覆了他相当长一段时间内所持的看法：

　　上海本地生源招的人特别多。我刚来的时候觉得他们人多，质量应该会差一点。最后，我发现其实他们比我们强，从综合素质上来说是比我们强的。

　　一年的生活和持续的文化冲击让志安还隐约洞悉了新的文化环境对知识的非功利态度，例如，他认为自己"高中阶段读的那些书，基本上都是必须学的内容，对人生有启示的东西很少"。但到了大学"则要根据自己的兴趣去读一些比较经典的东西，并和书中的思想进行交流"，而城市同学从高中阶段就已经如此读书。和早期经历相伴的独特的缺失感让他觉得有必要赶紧补缺补漏——"大一花了不少时间借书读书"，而且"基本上借的书都是人文类和社科类的，大都是一些或有哲理或有意义的小说"。
　　志安所说的"有哲理""有意义"包含了一种对知识的非功利态度——知识不是争取什么的手段，而是能够帮助自己在新的环境或面向将来的生活时获得"自洽"的一条道路。接受访谈时，他并不清晰地记得自己读的每本书的名字，但说内容上多是关于"人为什么活着"。他提到最近看到了"佛学的答案是什么"，并援引佛学家的话说"快乐的开始是痛苦"。

这也许在某种程度上映射了他此阶段人生的"困惑"。在开启一段新的人生历程之前，总要面对一些困惑，他需要理解这些困惑，更需要找到答案。答案或正如社会学家反复强调的那样，一方面隐藏在早期的生活经历中——当早期生活中的文化内容已难在精英环境中觅得半点蛛丝马迹，它势必引起迷茫与困惑；一方面藏在大学的隐性课程里，寓于大学生活的各个角落——正是校园中日常展现的各种主流的文化内容、生活方式、社会互动揭示了另一种文化图景。它们正是两种文化短兵相接之处。回忆起自己在精英寄宿学校的生活经历时，布尔迪厄提到他那暗含上流世界文化魅影的宿舍——一座 17 世纪的古老建筑，一座宏伟的有着宽阔走廊、白色墙壁和巨大石阶的宿舍。他说记忆中的这座建筑没有给他任何与自己的群体相称的东西，没有为他的孤独（我猜是文化意义上的）留任何隐蔽的角落、避难所和缓冲[59]，志安的感受或许正类似。

米切尔·史蒂文斯在《阶层的养成：大学招录和精英教育》一书中说道，正是这些角落（而非仅仅是课室）——卧室、运动场、聚会地点——是社会再生产发生、优势社会群体的优势再生的地方。[60] 显性的课程（正式的安排的课程体系）显然没有考虑到志安的需要——"我们学校就是偏重工科嘛，基本上没有文学的必修课，大学都没有什么语文课，所以就没什么机会去接触不一样的内容"。

带着在一个文化世界中形成的认知图式进入另一个文化世界，结果必然带来对自身不同的感性认识，也不免带来距离感。正如浙江的孙何吾在初次接受访谈时反复提及的"与城市同学有差距",这种差距"不是好,也不是坏",却让自己在心理上与城市的同学有一层"隔阂"。小时候的人生经历如此不同,以至于没有太多能聊得来的话题,也难以玩到一起——"他们去打球、听音乐、K歌,我不喜欢去KTV,基本上不唱歌,五音不全嘛"。这些隔阂的社会后果及其发生机制正是后文所要关注的全部内容。

第二节　文化上的外来者

📖 学生组织参与——天堂里的陌生人

《人间天堂》里的"陌生人"

F.S. 菲茨杰拉德曾在他的长篇小说《人间天堂》中以普林斯顿大学为蓝本描述了20世纪20年代美国精英大学的校园文化：披星戴月纵情狂欢的大学联谊会、等级分明的学生会体系、边界清晰的朋友圈——这既反映在公共食堂就餐区域的物理分隔上，也反映在下馆子的偏好上，还反映在高贵和势利的常春藤俱乐部上。大学校园生活不局限于课堂和图书馆，正是多彩的课外生活赋予了普林斯顿独特的精英面貌。菲茨杰拉德关注的是主人公艾莫里·布莱恩的迷惘和成长。不过，陷在对一个人精神世界的描述里，便可能很难留意到精神世界的多样性——不同群体的学生所经历的大学可能是不同意义上的世界。当然，《人间天堂》不是旨在揭示这些，菲茨杰拉德也不是社会学家。

当下中国精英大学显然有着不同的文化内容。正如北京大学的刘云杉老师提到的，课堂之内"绩点为王"或许是种重要解读——大学组织的"考试评价不仅考查学生对知识的掌握，更要评价学生在群体学习中的相对位置"，结果考试演变成同辈间的竞争，分数成了未来竞争的工具。"要获胜，只能寻找窍门，不断加码。"[61]课堂之外，则是一幅稍复杂的图景。在大一和大二，各级各类学生组织，包括学生会、团委，各类公益和兴趣以及职业发展类社团依然是有组织的学生课外活动的中心内容。此外，则是更个人性的文化休闲活动，像运动、听音乐和参加聚会等。不过，不像菲茨杰拉德在《人间天堂》中的努力——素描似的勾勒出一个关于精英大学学生文化特征的整体图景，本书留意的是城乡群体学生社会生活的不同。

剑桥大学的社会学家戴安·雷伊长期关注英国工人阶层子弟在精英大学的学习和生活状况。深受布尔迪厄在《继承人》一书中提到的优势社会阶层出身的学生在大学中"游戏感""如鱼得水"的启发，她提到，工人阶层子弟在进入精英大学之后常会有"如鱼离水"的感觉。[62]"如鱼离水"是一种绝佳的文化隐喻——我们长期在一种文化中长大，离开这片文化水域之前，便如鱼儿意识不到它的存在；而一旦离开水，陌生感或窒息感就随之而来。雷伊说，精英大学或的确如天堂，但天堂之中，这些工人阶层子弟是文化上的"外来者"和"陌生人"。

"陌生人"既有学术上的也有社会生活上的隐喻。在社会生活方面的隐喻是，来自弱势社会群体的大学生和来自中上层社会背景的大学生有着不同的文化偏好与追求。这不仅仅指前者在大学校园中较少地参与较为高阶的学生文化活动，例如舞会、喜剧、艺术与音乐课等，也指他们对于是否参与那些有助于积累社会和文化资本的课外活动有着不同的态度。传统上，大学教育即为精英教育，政策制定者以及大众都期望大学生们能够在智力的发展与社会成就的获得方面齐头并进，以便在将来担当起社会领袖的角色。而在高等教育阶段，积极地参与社团、俱乐部、社区、学生会等组织则是人们对于精英大学学生的期待。但是，对于这些活动，来自工人阶层的学生和来自中上层社会背景的学生有着不同的态度。在倾向上，来自弱势背景的学生并不看重或者了解这些社会活动的意义，或者认为这些活动没有价值。例如，珍妮·M.施图贝尔的研究显示，来自中上层社会背景的学生在踏入精英环境的那一刻起，就会积极地参与到各类学生俱乐部和组织活动中，而来自工人阶层的子女则不会。[63]

本节的后半段将关注城乡群体学生在精英大学中大一和大二阶段社会生活方面的不同；本章的第三节（游戏感）和第三章的第一节（自我低估与自我设限）关注的则是为何如此。

城乡差异

在对城乡学生大一和大二阶段社会生活的分析中，有几条规律清晰可见。首先，较之于城市籍学生，被调查的农村籍学生参与半官方学生组织的比例稍低，这在担任班委成员、参与校院两级学生会和团委等组织方面都有体现。

正如前文所指出的，大学的班级和中小学阶段的班级无论是在组织模式还是在功能上都有着许多不同——它不再是最重要的正式的集体生活的组织形式，而是在结构上更加松散，维系集体情感的功能也更弱。不过，总体上，它依然是学生进入大学所面对的第一个由同辈结成的组织，是他们在大学构建社交网络的第一步。正如罗伯特·米歇尔斯在分析结构稍松散类型的组织时所发现的，班级更为紧密的部分由其核心——班委——组成，班委成员之间有更多的互动，他们被管理者赋予制订和执行学校或学院各项计划的权力并履行义务。[64] 不少同学对大学社会生活的探索都是由参与班委工作开始的。不过，追踪调查数据显示，在刚踏入大学校门时，相较于城市籍学生，农村籍学生参与班委工作的情况更少。例如，在大一结束接受问卷调查时，当被问及是否为班委成员，有近 25% 的城市籍同学回答为是，而农村籍同学回答为是的比例为近 18%，差异显著。

如果在正式的学生组织方面再做探索，触角一般会延伸到学院中的两类半官方学生组织——团委（辅助团委老师工作）和学生会。之所以称为"半官方"，是因为它们既是学生自己的群众性组织，也是学校中受到认可、需要注册的正式组织，受党组织、团委指导。既然是学校联系学生的桥梁和纽带，它们就必然提供了嵌入更大的社会网络的机会——既包括纵向的跨年级社交网，也包括横向的跨专业社交网，甚至包括更多的接触教师、学校和学院管理人员的机会。而类科层制的组织设计（包含主席团、学习部、组织部、办公室、外联部、宣传部、策划部、财务部、网络信息部、文艺部、卫生部、体育部）也自然提供了熟悉科层制工作文化的机会。正如社会学家韦伯所说的，在现代社会，组织管理的科层制已经透到社会生活的每一个方面——这体现了社会生活的理性化。如此，深度参与这些部门的工作，也就意味着为熟悉校园管理文化，甚至为熟悉校园外部白领世界的工作文化做了一点准备。另外，由于各校学生综合评价体系设计的缘故（给学生工作经历一定的权重），在各类评优评先以及入党名额分配上，进入两类学生组织并担任管理职务的学生享有一定的优势。

探索这两类组织的第一步是成为各部门的干事。总体来看，在所调查的四所学校中，受调查者参与团委工作的比例并不高——为近11.2%。参与比例偏低或许和团组织服务对象和招募的规模都比较小有关。不过，如果对比城市和农村籍学生的情况就会发现，两个群体之间还是存在着显著差异。例如，后者成为团支部干事、参与团组织工作的比例为7.3%，而前者的比例为12.7%。院学生会的参与规律也一致，虽然院学生会的招募规模显然更大。在接受调查的学生当中，汇报大一时担任过院学生会干事的比例高达三分之一，而城市籍和农村籍学生之间也存在着显著差异，前者回答是的比例近37%，而后者回答是的比例为24%。（见表2-9）

表2-9　大一时担任班委成员和学院、校学生会或团委等组织干事的情况

		农村籍	城市籍
班委成员	否	81.6%	75.4%
	是	18.4%	24.6%
学院团支部干事	否	92.7%	87.3%
	是	7.3%	12.7%
院学生会干事	否	75.8%	63.1%
	是	24.2%	36.9%
校学生会干事	否	95.2%	91.1%
	是	4.8%	8.9%
校团委干事	否	97.8%	89.8%
	是	2.2%	10.2%

大学的团委和学生会有一个完整的金字塔体系，在院级团委和学生会之上是校级团委和学生会。当然，"之上"并不意味着校院两级是

绝对的上下级关系，具体的情形要视学校传统与专任指导教师的工作分配。在不少情况下，两级的工作相互关联又彼此独立。但对于学生而言，它们也同样提供了嵌入更大的社会网络的机会——既包括纵向的跨年级社交网，也包括横向的跨院系社交网，还包括接触校级行政管理人员的机会。而类科层制的组织设计同样提供了熟悉科层制工作文化的机会。另外，校级学生组织通常还涉及各类大型活动组织策划工作，这也直接提供了培养活动策划能力、接触外界社会网络的机会。不过，或由于校级学生组织的规模总体有限，或由于其有专门的招聘路径，因此报名参与校学生会或团委工作的学生数量更少。例如，在调查的学生当中，高达92%和94%的学生都说大一时没有在校学生会或校团委担任干事的经历。参与调查的城市籍学生和农村籍学生之间依然存在显著的差异。例如，在参与调查的农村籍学生中，仅有约4.8%的学生回答说在大一是校学生会干事，而城市籍学生回答是的比例为近9%，城市籍学生在大一成为校学生会干事的比例是农村籍学生比例的近2倍。在校团委工作的参与上，农村籍和城市籍学生之间也存在着显著差异，例如，当被问及大一时是否为校团委的干事时，农村籍学生中仅有2%的学生回答有此经历，而城市籍学生中，有超过10%的人回答有此经历。（见表2-9）

社会经历当然不能完全化约为抽象的数字，但数字本身可能有助于把握学生社会活动经历的一些结构性特征。上述数字大体显示，相较于城市籍学生，被调查的农村籍学生参与校园半官方学生组织的比例稍低。另一个值得关注的情况时，两组学生参与学生活动的体验也颇为不同。例如，在所有学生结束大二的学习，追问他们参与学生组织工作、获得职务晋升——担任学院和学校学生会和团委管理性岗

位——的情形时，数据同样显示在城市籍学生和农村籍学生之间存在着显著差异。（见表2-10）

表2-10　大二时担任半官方学生组织职务的情况

		农村籍 （483）	城市籍 （1146）
大二时担任校级 学生组织职务	学生会（副）主席	0	13
	团委（副）书记	1	20
	党支部（副）书记	0	20
	学生会（副）部长	4	28
	团委（副）部长	5	28
大二时担任院级 学生组织职务	学生会（副）主席	2	28
	团委（副）书记	6	43
	学生党支部（副）书记	3	31
	学生会（副）部长	37	130
	团支部（副）部长	43	152

例如，当被问及在大二时是否为校学生会主席或副主席的情况时，参与调查的483位农村籍学生中，没有人的答案为是，而参与调查的1146位城市籍学生中，回答为是的有13位，比例超过1%。当再被问及在大二时是否为校团委书记或副书记的情况时，参与调查的所有农村籍学生中，仅有1人回答为是，而参与调查的所有城市籍学生中，回答为是的有20位。当被问及在大二时是否担任校党支部书记或副书记的情况时，参与调查的农村籍学生中，没有人回答为是，而参与调查的城市籍学生中，回答为是的有20位。分析结果还显示，在校级学生组织中，城市籍学生在大二学年时担任各部门部长或副部长的比例

也远高于农村籍学生。例如，当被问及在大二时是否为校学生会各部门部长或副部长以及校团委各部门部长或副部长的情况时，参与调查的所有农村籍学生中，回答为是的学生分别只有 4 位和 5 位，而参与调查的城市籍学生中，回答为是的都是 28 位，上述差异在统计学意义上都显著。（见表 2-10）

在学院一级学生组织管理性职位的获取上，规律也基本相似。当被问及在大二时是否为院学生会主席或副主席、团委书记或副书记以及学生党支部书记或副书记的情况时，参与调查的 483 位农村籍学生中，回答为是的分别有 2 位、6 位和 3 位，而参与调查的 1146 位城市籍学生中，回答为是的分别有 28 位、43 位和 31 位。当被问及在大二时是否为院学生会各部门部长或副部长、院团支部各部门部长或副部长的情况时，参与调查的农村籍学生中，回答为是的分别有 37 位和 43 位，而参与调查的城市籍学生中，回答为是的则分别有 130 位和 152 位。（见表 2-10）

学院级别与学校级别数据的对比揭示了两条规律：一、级别越高的学生组织中，城市籍学生越有优势；二、级别越高的管理性质学生岗位中，城市籍学生越有优势。而在竞争性稍弱的管理性质岗位中，农村籍学生则并未处在明显劣势的位置。关于城乡学生在班级组织中担任班长或副班长情况的数据或许能够提供另一种佐证。例如，统计数据显示，无论是在大一还是在大二，城市籍学生和农村籍学生在班级组织中担任班长和副班长职位的比例基本相当。虽然在大一刚入学时，城市籍学生较农村籍学生更多地加入班委工作，但到大二时，两个群体的学生在参与班委工作的比例方面已经基本相同，都分别为近 23%。这一规律在校园内各类社团和协会的参与上也有体现。

各类社团和协会是由学生自愿组成的、按照其章程开展活动的群众性学生组织。与半官方学生组织不同，各类社团和协会虽然也接受学校指导，但它们更多是为了满足个人兴趣爱好。相较于团委和学生会这两类组织，其总体参与度更高，例如在所调查的四所高校中，有高达52%的学生注册成了各个学生社团和学会的普通会员；正式参与各个社团和学会工作、成为普通干事的学生也高达近48%。

表 2-11　大一时担任社团 / 协会会员和干事的情况

		农村籍	城市籍
社团 / 协会会员	否	45.8%	48.5%
	是	54.2%	51.5%
社团 / 协会干事	否	55.2%	54.0%
	是	44.8%	46.0%

在完全基于兴趣、参与度高的社会生活领域，城乡学生的数据对比揭示出稍不一样的规律：无论是在社团，还是各类协会的参与上，城市籍学生和农村籍学生的参与率都基本相当。例如，当被问及大一是否为学校各类社团或协会的会员时，回答为是的农村籍学生有54.2%，回答为是的城市籍学生有51.5%，虽然农村籍学生参与各类社团和协会的比例略高于城市籍学生，但两者的差异在统计学意义上不显著。当被问及大一是否为学校各类社团或协会的干事时，回答为是的农村籍学生其比例为近45%，城市籍学生其比例为近46%，农村与城市籍学生之间不存在显著差异。（见表2-11）

需要指出的是，报名参与的比例并不能和参与的过程与质量画上等号，更重要的差异往往体现在后者上——不少学生出于好奇报名参加社团和协会，却较少参加它们的活动，因而收获寥寥。为了更准确地反映参与过程和质量上的差异，下一节将再比较城乡学生参与各类学生组织活动的时间。此外，还将比较两组学生在其他社会活动上时间的分配差异，目的是了解他们在社会生活上的不同。

📖 工作、休闲与社交——时间的社会结构

时间的社会结构

大学是参加各种社会活动和追求兴趣的时期，每项活动都需要时间，学生既需要把时间花在学术活动上（包括参加讲座、做作业、学习和写论文），也要为非学术活动腾出时间（包括有偿兼职、学生活动、休闲和社交活动）。不过，研究指出，有些时间的使用比其他时间的使用更有价值。例如，学者亚历山大·W.奥斯汀指出，学生的活动只有指向提升大学体验时才会对个人发展产生积极影响。[65]

不同类型活动的不同价值意味着学生需要制订计划、合理安排优先事项、做好自我调节，进而保持学业表现。但来自不同社会群体的学生往往对不同类型的活动有着不同认识，在制订计划、安排优先事项的能力上也往往存在差异。英美不少学者关注到了大学生时间使用上的族裔差异，如史蒂文·布林特和艾利森·M.坎特韦尔围绕美国加州大学本科生时间使用的三个维度——学习活动/非学习活动、主动活动（如锻炼、社交、志愿服务等）/被动活动（如通勤、看电视、使

用电脑等）、与校园生活相联系的活动（如参与学生俱乐部等）/与校园生活相分离的活动（如处理家庭事务等）——结合使用时间的风格，将学生分为"学者""活跃分子""工作者"和"被动者"四类。"学者"是指在课内和课外都花了大量时间学习、关注学业的人，"活跃分子"是指花费大量时间在校园课外活动上（例如运动、社交、志愿服务等）的人，"工作者"是指花费大量时间兼职打工的人，"被动者"是指花费大量时间用于往返交通、看电视、使用电脑和玩的人。研究指出，非洲裔学生在时间使用风格上呈现"学者"或"活跃分子"特征的可能性并不低，但更容易成为"工作者"；亚裔学生则更可能成为"学者"或"被动者"，而不太可能成为"活跃分子"或"工作者"；男性学生更容易成为"被动者"而非"学者"；第一代大学生（父母均没有接受过或完成过高等教育的大学生）则不太可能成为"活跃分子"或"学者"。[66] 一项针对大学新生的研究也发现，相对于白人学生，非洲裔学生更少分配时间参与学生活动、志愿者活动和学生组织。[67] 另外，在休闲娱乐活动的时间方面，非洲裔青少年相较其他族裔学生少 18%—23%；在培养技术能力方面，亚裔群体相较其他族裔而言投入最多，非洲裔最少；在社交活动方面，亚裔群体投入的时间最少。[68]

不少学者还较为关注学生在时间投入方面的社会经济背景和性别差异，如伊丽莎白·阿姆斯特朗等人指出，社会经济背景较高的学生可能会将更多时间投入于休闲活动。[69] 针对美国和澳大利亚学生的研究也发现，出身工薪阶层家庭的学生在大学中的社会融合程度往往低于出身于中产阶层的学生，这主要体现在前者的时间分配上——他们参与学校的正式活动（如俱乐部、社团等）和非正式社会活动（如聚会）都相对更少，同时也更少参与学术活动。[70]

城乡差异 [71]

本书将学生在大学课余的活动分为两类，一类为学习活动，另一类为非学习活动。考虑到中国学生学习的特点，在比较城乡学生课余活动时间分配的规律时，学习活动主要以自习衡量，非学习活动则包括参加各类学生团体组织的学生活动，做志愿服务、听音乐、看视频、打游戏、运动等个人休闲和锻炼活动，参加聚会社交活动以及兼职打工等。

数据分析显示，农村籍学生与城市籍学生在学习活动上所花时间差异并不显著。（见表 2-12 和表 2-13）例如，假如将周一到周五以及周六、日的情况综合考虑，回答自习时间在"平均每天 1 小时以内""平均每天 1—3 小时""平均每天 3 小时以上"的两个群体大学生比例大致相当，这或许能部分地印证本书的观点——"做题家"并非实指农村籍学生较城市籍学生更善于做题或花了更多时间在学习上，它更多描述的是农村籍学生特殊的主观感受。该观点将在结尾展开说明。

另外，数据也显示，假如将周一到周五以及周六、日的情况综合考虑，农村籍学生与城市籍学生在听音乐、看视频、体育活动、志愿活动上所花的平均时间差异并不显著。（见表 2-12 和表 2-13）特别需要指出的是，就游戏的时间投入而言，农村籍学生显著少于城市籍学生。例如，回答在周一至周五用于打游戏的时间为每天平均 1 小时以内的农村籍学生占比为 77%，城市籍学生为 67%；每天 1—3 小时的城市籍学生为 27%，农村籍学生为 18%。周六、日游戏时间的分配规律也基本相似。这或许有助于我们破除早先媒体报道中关于农村籍学生的刻板印象——沉迷游戏以致辍学。

表 2-12　周一至周五的时间分配

		农村籍	城市籍
自习	平均每天 1 小时以内	32%	29%
	平均每天 1—3 小时	49%	52%
	平均每天 3 小时以上	19%	19%
班委 / 学生会 / 团委 / 社团联合会工作	平均每天 1 小时以内	69%	64%
	平均每天 1—3 小时	25%	29%
	平均每天 3 小时以上	6%	7%
学生社团活动	平均每天 1 小时以内	69%	66%
	平均每天 1—3 小时	25%	28%
	平均每天 3 小时以上	6%	6%
勤工助学（含助管）或打工赚钱	平均每天 1 小时以内	73%	84%
	平均每天 1—3 小时	21%	12%
	平均每天 3 小时以上	6%	4%
看视频 / 听音乐	平均每天 1 小时以内	41%	37%
	平均每天 1—3 小时	46%	48%
	平均每天 3 小时以上	13%	15%
打游戏	平均每天 1 小时以内	77%	67%
	平均每天 1—3 小时	18%	27%
	平均每天 3 小时以上	5%	6%
锻炼或者运动	平均每天 1 小时以内	71%	68%
	平均每天 1—3 小时	26%	28%
	平均每天 3 小时以上	3%	4%

表 2-13　周六、日的时间分配

		农村籍	城市籍
自习	平均每天 1 小时以内	20%	21%
	平均每天 1—3 小时	42%	39%
	平均每天 3 小时以上	38%	40%
班委 / 学生会 / 团委 / 社团联合会工作	平均每天 1 小时以内	67%	59%
	平均每天 1—3 小时	25%	31%
	平均每天 3 小时以上	8%	10%
学生社团活动	平均每天 1 小时以内	57%	55%
	平均每天 1—3 小时	33%	33%
	平均每天 3 小时以上	10%	12%
勤工助学（含助管）或打工赚钱	平均每天 1 小时以内	66%	78%
	平均每天 1—3 小时	23%	15%
	平均每天 3 小时以上	11%	7%
看视频 / 听音乐	平均每天 1 小时以内	24%	19%
	平均每天 1—3 小时	43%	47%
	平均每天 3 小时以上	33%	34%
打游戏	平均每天 1 小时以内	67%	56%
	平均每天 1—3 小时	20%	25%
	平均每天 3 小时以上	13%	19%
锻炼或者运动	平均每天 1 小时以内	64%	63%
	平均每天 1—3 小时	30%	33%
	平均每天 3 小时以上	6%	4%
参加体育比赛	平均每天 1 小时以内	86%	86%
	平均每天 1—3 小时	11%	11%
	平均每天 3 小时以上	3%	3%

		农村籍	城市籍
参加聚会	平均每天 1 小时以内	66%	59%
	平均每天 1—3 小时	28%	32%
	平均每天 3 小时以上	6%	9%
（聚会外）与朋友的其他社交活动	平均每天 1 小时以内	59%	47%
	平均每天 1—3 小时	33%	41%
	平均每天 3 小时以上	8%	12%
做志愿者工作	平均每天 1 小时以内	71%	71%
	平均每天 1—3 小时	25%	24%
	平均每天 3 小时以上	4%	5%

农村籍学生相较于城市籍学生的确投入了更多的时间用于兼职打工（其中缘由不言自明——即使各校已经提供了覆盖面较广的各种奖助学金，农村籍学生也依然强烈地感受到经济上的不安全感，有经济压力）。回答在周一至周五用于勤工助学或兼职打工的时间为每天平均1 小时以内的农村籍学生占比为 84%，城市籍学生为 73%；每天 1—3 小时的城市籍学生为 12%，农村籍学生为 21%；每天 3 小时以上的城市籍学生为 4%，农村籍学生为 6%。周六、日用于勤工助学或兼职打工的时间分配规律也基本相似，每天平均 1 小时以内的农村籍学生占比为 66%，城市籍学生为 78%；每天 1—3 小时的城市籍学生为 15%，农村籍学生为 23%；每天 3 小时以上的城市籍学生为 7%，农村籍学生为 11%。（见表 2-12 和表 2-13）

我们尤为关注农村籍学生在社交性质的活动上所花的时间与城市籍学生的相比有何特征。数据显示，与后者相比，前者的确更少地将时间投入学校各类学生团体组织的学生活动、聚会以及聚会之外与朋友的其他类型社交活动上。（见表 2-12 和表 2-13）例如，回答在周一至周五用于班委 / 学生会 / 团委 / 社团联合会工作的时间为每天平均 1 小时以内的农村籍学生占比为 69%，城市籍学生为 64%；每天 1—3 小时的城市籍学生为 29%，农村籍学生为 25%；每天 3 小时以上的城市籍学生为 7%，农村籍学生为 6%。周六、日用丁班委 / 学生会 / 团委 / 社团联合会工作的时间分配规律也基本相似，每天平均 1 小时以内的农村籍学生占比为 67%，城市籍学生为 59%；每天 1—3 小时的城市籍学生为 31%，农村籍学生为 25%；每天 3 小时以上的城市籍学生为 10%，农村籍学生为 8%。回答周六、日用于参加聚会的时间每天平均 1 小时以内的农村籍学生占比为 66%，城市籍学生为 59%；每天 1—3 小时的城市籍学生为 32%，农村籍学生为 28%；每天 3 小时以上的城市籍学生为 9%，农村籍学生为 6%。回答周六、日参加（聚会外）与朋友的其他社交活动的时间，每天平均 1 小时以内的农村籍学生占比为 59%，城市籍学生为 47%；每天 1—3 小时的城市籍学生为 41%，农村籍学生为 33%；每天 3 小时以上的城市籍学生为 12%，农村籍学生为 8%。

第三节　游戏感

📖 童年的味蕾与游戏感

童年的味蕾

20 世纪 90 年代某个夏天的晌午，我和母亲一起走在离家大概四公里外的小镇上。她怕我太热又知道我嘴馋，便在临街的店铺里买了一根五角钱的冷食给我吃。回村的路上，我急不可耐地拆开，想要尝一尝味道。那个时候最普通的绿豆冰棒一角钱一根。我后来想，这五倍的价格多少代表了母亲的溺爱。那个时候，它自然也激发了无数关于味道的想象。入口的那一刻，我愣住了，问："是不是它坏了（变质了）？有点苦！"母亲也觉得奇怪："怎么会？"她拿过去尝了一口，也紧皱眉头，说："肯定坏了！"我带着无比失望的心情，把冷食扔到路边的一条河里，它被清澈的激流带进一处涵洞口草丛的那一刻，是我童年最鲜明的记忆……几年以后，上大学的哥哥从城市带回来一盒巧克力。尝到巧克力的那一刻，我顿时明白，原来儿时被我扔掉的冷食是巧克力的味道。

三十多年后，我常想起这段童年经历。我的味蕾是被我童年的社会化经历所塑造的，它是我认识和品尝所有新鲜食物的基础。家乡的味觉世界只有酸甜苦辣，且都有它实在的外在关联物和事件。例如，姨母来访时带的梨常是酸的，生病时才能喝到的糖水是甜的，半生的萝卜和刚摘下的辣椒是辣的，坏掉的西红柿才会苦。我成长的过程，是个逐步走向城市的过程，也是个不断探索味觉世界的过程。而我总是带着童年的记忆、被乡土社会化过的味蕾来品尝我不断遭遇的新世界。在相当长的一段时间里，我只尝试我熟悉的味道，拒绝一切典型的酸甜苦辣之外的其他味道，时常带着家乡的味觉与城市世界的味道做斗争。例如，我至今不喜欢吃巧克力，很难接受咸水条形肉粽——家乡只有三棱锥体甜粽……或正如杰克·古迪所说的，社会地位的等级制有着烹饪和味觉的形式，它暗含了各种冲突和张力。[72]

阿尔贝·加缪说："我们所理解的世界无非是我们事先赋予它的各种形象与图景。"[73] 埃里蓬在《回归故里》一书中所描述的下流社会的童年和上流社会的成年之间难以调和的关系也正是由此而生。正是早期社会化过程中获得的各种深藏已久的条条框框束缚了我们怎样去面对新的世界，亦如旧的味蕾对熟悉的味道的依恋和面对新的味道时的局促、不安，甚至拒绝。

游戏感

本书的第一章曾描述到，由中学进入大学后，无论是在学业还是在社会生活方面，进入精英环境的学生都感受到了巨大的不同。无论是城市籍受访者还是农村籍受访者，在初次接受访谈时都会提及"灵活""选择"和"自由"。问题是，在面对一个更为灵活、有更多选择的新世界时，究竟要如何品尝这份自由？雷伊在针对英国精英大学工人阶层子弟的适应状况的研究中，引述布尔迪厄的话，认为这意味着需具备一份"游戏感"。[74]布尔迪厄说游戏感是一种在给定情形中做合适的事的感觉，它意味着了解和熟悉游戏规则。[75]

由于学校场域中流行的往往是中上阶层的文化，因此想在学校中获得竞争力，就意味着要尽早地习得该类文化，开展有助于获得该类文化的投资。父母所采用的教养方式自然是个人获得文化资本的重要路径，拉鲁指出，有效的文化资本投资可以为子女在学校期间的竞争力提供支持，她认为协作式培养是美国中产家庭采用的主导型的教养逻辑，其为该类家庭子女获得文化资本和在学校中的优势创造了有利条件。她的分析对于我们理解城乡家庭的文化资本投资差异所可能带来的后果（本章第二节所描述的）有一定价值。在拉鲁看来，协作式培养的逻辑与当代的职业体系及其知识基础有着内在的一致性，也是教师和其他在学校中工作的专业人员所采用的教养方式的认识来源。因此，协作式培养方式将文化资本转化成子女在学校期间的竞争力的第一条途径在于，它让置身于学校环境中的中上阶层背景学生油然而生一种所谓的归属感（a sense of entitlement）。这种归属感的成因在于他们的家庭文化与学校文化之间的交融性及对精英文化的认知；而来自工人和低收入阶层家庭背景的学生，自然缺乏这种认知和因之而产生的态度。协作式培养方式将文化资本转化成子女在学校期间的竞争力的第二条路径在于，中上阶层家庭更有可能将那些"合适"的文化技能传递给子女，让他们能够有效地在教育机构中探索与发展。例如，在面对中上层的专业人士时，他们不会觉得紧张，有足够的自信同代表权威的教师打交道，协商权利，争取个人权益。而来自工人和低收入阶层家庭背景的学生由于没有办法习得学校认可的文化技能——他们探索学校环境、争取有利于自身发展条件的基础——很容易产生所谓的"束缚感"。

本章的第三节将结合对拉鲁作品的理解，将第一节和第二节所描述的现象关联起来，分析农村籍学生独特的社会化经历和文化资本投资状况对于他们在精英大学社会活动领域"游戏感"的影响，以揭示为何农村籍学生和城市籍学生在社会生活方面存在差异。

📖 可欲

过去的图式

踏入新的社会空间首先意味着理解它并逐步书写人生意义，书写的空间则在于自中学转入大学后学业和社会生活方面所发生的改变。但在大一初次接受访谈时，农村籍受访者在谈及社会生活和课外活动时普遍提到"我当时不知道"。他们所提及的"不知道"有两个层次的含义：第一层含义为他们需要时间去理解进入大学到底意味着什么，学业和学业之外需要怎样的安排，可自由支配的大量时间可以用来做什么。在结束一切都被安排、竞争相对激烈的高中生活之后，新的社会空间里所拥有的"空闲""自由"和"选择"往往转化为不小的压力——他们缺乏一个"有准备"的认知图式以指导行动。"不知道"的第二层含义为，他们对如何安排自己的课外活动尚没有系统认识——尤其是在刚入学时对是否参与、如何参与以及参与各类学生组织和社会活动的意义都没有清晰认知。

初到南山大学，何再君显然觉得自己最熟悉的还是"搞学习"。再君的成长伴随着广东飞速的工业化进程，对此，他的直观感受是：出生的时候居住地还只是个小镇，后来因为经济开发，建造起各种商品房，居住地被命名为"街道"。再君的家庭也因之受到影响，他的父亲先是从种地转行开制鞋厂，后来又因为生意不好改行做司机。母亲则一直是全职主妇。

回忆起自己的高中生活，再君略带自豪，说他上的高中"算是市里数一数二的重点高中"。但当谈到学校坐落的区域，他的感觉又"复杂"起来，说学校所处的地方虽然是城市，可"城市是发展起来了，但人没有发展起来的样子"。当我追问这句话是什么意思时，再君提到城市发展的硬指标——"车流量非常大，学校附近还有大型医院、大型商场，还有一个大的家具批发市场"，但问题是"那个地区外来的流动人口很多，学校附近的治安也不太好，我上公交车的时候就被人偷了"。"人没有发展起来"有着浓重的教育隐喻，为再君评价自己的高中生活埋下了一点伏笔。提到自己所在的高中，他的感觉是比较严苛而单调——"统一的校服、统一的鞋子，还有发型也有严格的规定"，再有就是统一的学习步骤——高一高二把课上完，高三复习考试，不停地考试、做题。唯一可支配的时间只有"晚上的自习时间"，当然，就是这么点可支配的时间，"到高三的时候，也被分割给各科老师了"。

高中严苛的时间安排没有给学业之外的生活预留任何余地。再君提到，自己在学校的所有行动方案都是老师给的——到什么时间做什么事，在规定的时间完成规定的事。但到了大学，这些安排陡然消失。当回忆一年级上半年的情形时，他深有感触地说："到了大学之后，我觉得唯一没有变的地方就是吃食堂，然后住宿舍，其他地方变化很大。"最大的变化是时间和事件不再有直接的对应关系："每天的时间不是按照过去（高中）的做法（几乎全用来）安排上课，再没有到了一定时间一定要出勤的概念。"另一项重大的变化是，学业不再被学校和老师绝对支配，例如："多了选修课，课时可以凭自己去选择，爱上不上，而不像高中的那个时候一定得上课。"学业之外的变化更是重大："自主支配的时间变得非常多，自主支配的时间可以分给很多其他方面，如个人兴趣。"

在一个自主性更强的社会空间，行动的有效性显然更加依赖行动者能否洞悉那些没有言明的文化规范和实践，依赖它们去解读不同的社会事物被赋予的意义。对于"自主支配的时间"，再君的理解和解读有着过去的影子——他"习惯了在学习上多花点时间"。在过去漫长的学业竞争生涯中，再君觉得自己养成了一个非常好的学习习惯——"自学"，无论是在可支配还是不可支配的时间里，"自学都是可以的，从高中到大学我都喜欢自学，都不喜欢听老师讲……无论老师说到哪里，我都要去找找。如果我自己看书的话，我会看得很专注，从高中到大学都是这样子"。

所以，当踏入大学，过去的生活节奏不再，新的时间框架出现真空时，再君的第一反应是"可以多分配点时间给自学"。而当以旧的图式解决新的问题而问题又能够部分解决时——"学业没什么挑战"——便意味着较为舒缓的"舒适区"。所以当被问及刚入学有没有一个适应过程时，再君的反应是"记忆中是没有刻意去改变自己的一个阶段"。

这当然意味着不必大费周章去思考那些新的事物——大学社会生活中不断涌现的新鲜事物。谈到学生组织，再君直言不讳地提到："既无兴趣，也无必要。"

像再君一样，在面对一个相对自由的社会空间和时间框架时，远在武汉汉江大学的尹星也选择了按过去习惯的图式办事。她来自湖北，儿时有过相当长时间的留守经历。回忆起儿时的经历，尹星怅然若失："小时候，父母外出打工，我跟爷爷一起生活，家里有三个孩子，都住在村里。"她说自己变为留守儿童部分地出于偶然："小时候爸爸在家附近做工，妈妈还在家里，但后来因为爸爸被拖欠工资，整个家庭生存压力太大，父亲和母亲便一起出去做事了——如果再不出去，家里就不能维持了。"独特的成长经历让尹星觉得自己"懂事早"，也磨炼出了独立生活的能力："我们家三个孩子，可以相互照料。……我哥以前挺不懂事，因为他是男孩子，正好也很喜欢玩嘛，就不爱做家务什么的，（家务）都是我跟我妹在做。"

大二初次接受访谈时，谈到大学和高中的不同，尹星若有所思，"觉得整体上是一样的，我好像没有做什么调整……慢慢就适应了"。她判断是否一样的方式很简单——最基本的教学组织方式"都一样，老师讲，学生在下边听，老师布置作业，学生在下边做"。当然，尹星也察觉了不少差异，例如，同样是在教学组织方式上，由于身在师范专业，"老师会要求学生上台讲课"，另外，大学课堂讨论的成分无一例外地变多了。在新知识的学习上，尹星认为高中和大学最大的差异是，高中的学习是注重知识点，而大学的学习是注重知识面——"高中会注重知识点，一定要把学习的某个知识点搞懂，到了大学则会给你介绍很多新的知识"。

但期末考核的时候又一样——"还是要考试"。尹星说，为了让大家期末的时候能考好，自己所在学院的传统是请"学习委员发一堆卷子"，让大家"好好学习"，"应付"好期末考试。从这个意义上来说，她认为大学和高中"总体上又是一样的，学习还是学习……"，所以自己没有花特别多的时间去调整。尹星的"学习还是学习"有两个方面的含义：一是她所认识的大学学习和高中学习没有本质上的差异，由于考核方式基本相同，她甚至认为"应付起来游刃有余……感觉自己大一那样就过来了"。二是初入大学，她所了解的大学生活其绝大部分内容还是学习。她独立生活能力强，加上又有高中的住校经历，所以进入大学后很快就较好地融入了宿舍生活。尹星表示："生活上我也不会有很多烦恼，比如说跟室友有矛盾啦，吵啊，或者是烦这烦那，我觉得还好，也没什么烦恼。"这让她觉得自己"分心挺少"，"大学生活的中轴还是学习"。

不过，这并非说尹星在学习上全然没有遇到问题。她说自己由于不了解大学的课程体系，"大一上半年的时候，必修的课程——马列毛概（马克思主义基本原理、毛泽东思想概论）、现代史，都没选，后来大一下学期才选，一下就都选上了"。这导致她大一下学期的生活异常繁忙。初次接受访谈时恰逢大二刚刚开始，她苦笑着说道："就我都选上了，选上我就去上，所以课很多，周六也要上一天，只有周日跟室友出去玩一下，有时候就在寝室，就这样过来了。"

学习充实了生活，也占据了生活，这甚至影响了尹星关于自己擅长做什么、应该做什么的判断。访谈时，她提起学校正在组织的"文明寝室测评"：

学校要求以四种形式中的一种申报，因为它有四个形式嘛，学习型、科研型、社会实践型什么的。我觉得其他的三个都太不符合（我们自己的情况），然后我们就报了学习型寝室……

但生活中只有学习显然是不够的。就大学学业而言，只有学习也是不够的。尹星说到了大一期末，学院开始评奖学金，由于她只有"成绩"，"没有参加过学生工作"，结果"拿不了奖"：

大一整体只看学习成绩的话，排第十，但是我没有参加学生工作，综合排名排到了十六，就拿不了奖学金了。

对在大学的相对成功而言，"只有成绩显然不够"，但尹星过往的人生阅历和教育经历都没有让她为新环境中的游戏规则做好准备。布尔迪厄指出，这种社会背景和成长经历与现在的社会行动之间被一种特殊的心理构造——生存心态——所联结。有准备的认知图式是一种特殊的生存心态，它意味着尹星要熟悉新的精英大学的环境，对在其中如何行事心知肚明。只有如此，她才能做出合理的选择。问题是，选择虽是一门创造人生的技艺，但同时又是生存心态的产物，选择的范围是被后者框定的。尹星所需的特殊的生存心态诞生于其家庭中，受其早期教育经历——在她的成长过程中，父母或学校教过的关于新环境的知识、给予她的文化资本——影响。对她而言，在漫长的成长历程中，"学业"可能是她被教会最多的关于新环境的知识，这影响了她的"游戏感"——想做什么和可以做什么的判断——也影响了行动的结果。当尹星来到大学这个新的文化世界时，在学业的评价标准变得更加多样，且非学习成绩性质的社会活动经历也成为个人成就的评价指标时，"没有准备好"、按照过去的认知图式行动则不免碰壁。

"拙劣的摸底"

"没有准备好"与"碰壁"不代表持续的探索不存在——即便这些探索时常被部分受访者自嘲为"拙劣的摸底"。回忆起大一时的情形，汉江大学的吴名一股脑地提到自己的迷茫："（有）好多新奇的事情，但不知道大学生活应该是什么样的，一上学就遇到各种社团活动和类似学生会这样的学生组织。"吴名还提到学习上的迷茫："学习方法或者是教学方式都会有改变。"当请她介绍一下在面对这些新奇的事情时自己都是怎么办的时候，吴名稍加思索，说她"进度慢"，整个大一都好像"在摸底"。

显然，摸底的时间漫长，结果又了无新意。吴名笑着说道："反正我觉得大学学习挺没意思的。"当请她解释"挺没意思"的时候，她提到，自己初入学时尝试摸索"老师讲课的方法和高中会有什么不同"。但最终发现，她所在的专业，成功秘诀是"考前突击"，"真是特别枯燥"，学习方式基本上都是"狂背"知识点。这让她觉得大学的学业变得"空洞"。"空洞"形容的既是没有意义的学习，也是个人学习动力的缺乏——"大一的时候还会经常去图书馆，但现在很少去了，觉得学不学也就那样，走一点捷径，或者是考前突击一下"。

于吴名而言，考前"突击"抽走了大学的意义和学习的动机，它只带来一种似曾相识的紧张而非充实感，激发了她对高中阶段熟悉的学习方法的回忆——"我可能在学习方面的记忆力还稍微好一些，考试前记一记，基本上可以应付过去"。大学教育在考核方式上对"应试能力"的挽留，显然激发了她旧的认知图式。背诵和记忆是颠扑不破的应付考试的法宝，但同时也是吴名"空洞"情绪的来源——"这样，在大学里学不学也就那样"。诉诸背诵和记忆显然代表着学业探索的停顿，吴名笑着说自己常被称为"学霸"，但她觉得这样的学霸"也无意义"。在大二结束接受访谈时，她直言不讳地说："上大学两年了，我什么专业知识都没学到。"学习变成了背诵，而背诵的作用则在于"背了之后，可能以后在用的时候会比之前根本没学过的捡起来快一点"。知识的意义则要留待日后观察，由于个人只是"容器"——知识或进或出，或存或流——短期内知识与个人心智和专业发展关联不大。

这样，大学的学习也就失去了其本来应该有的意义。皮之不存，毛将焉附？吴名提到大学课堂形式上的创新："学习靠自己，讨论课什么的用处不是特别大，老师讲的学生都不听，学生上去讲，其他学生更不听了。"这样，她心中留存的关于学业的神话与闲话，渐渐地只剩下与学生怎么学有关的，而非与教师怎么教有关的那些：

> 可能是我们专业的问题——反正别的专业也是这样，就是专业课有很多就不听老师讲，因为听了也听不进去，就是都靠考前突击，看资料。我们寝室有一个数学与统计学院（的室友），她是从我们学院转到数统，她上课就不听……课后找视频自己学。
> 我说我上课都不怎么听，有时就玩手机。他们就说，大学都不管吗？他们感觉特别惊奇。我有同学也是学霸级别的，他每次都坐在第一排第二排的位子，上课特别认真。不管是什么课，比如什么近代史、马基毛概（马克思主义基本原理、毛泽东思想概

论），他都会特别认真地做笔记。有的时候我不是特别能理解。

这些都是吴名决心做一点"其他方面探索"的原因。但对于如何安排自己大学生活的"其他方面"——课外活动——她又没有特别系统的认识。谈起一年级刚入学时的情形，吴名记忆深刻：

> 当时说要加入一些"会"，有好多部门，像什么组织部，乱七八糟的。其实，我这个人比较喜欢交朋友，而且喜欢帮助别人。……其实有的时候还蛮好玩的，比如那个时候大周末的去街道上义卖报纸，我觉得蛮好玩的。

"乱七八糟""交朋友""喜欢帮助别人""蛮好玩"大约拼凑出与吴名背景相似的学生在大一时对大学社会生活和课外活动的认知地图和探索结果——多少带点直觉依赖的性质。郑雅君在《金榜题名之后：大学生出路分化之谜》一书中提到，大学既是象牙塔，更是竞技场，精英大学的学生"上大学"有两种实践模式，一种是"掌控模式"，另一种是"直觉依赖模式"。凭借着直觉、依循旧有习惯而没有行动目标，难以收获好的行动结果。[76]

如鱼离水

一个人在特定社会空间里用何种方式看待社会事务、该如何就特定情形做何种反应，深受其早期社会化经历（家庭教育和早期学校教育）的影响。当进入的下一个社会空间属于另一个文化意义上的世界时，基于过去的理解而形成的看待社会事务的方式和反应倾向，自然难以有效指导在新空间中的行动。[77] 因为即便事务可能是相同的，其意义也可能早已发生变化。例如，当进入精英大学，学习"成绩"也许依然重要，也有着相似的外表——分数与等级，但它可能不再是学业生涯的全部、人生的重心。

更关键的是，在这个陌生的社会空间中，相当多的事物或许完全是新的，凭借过去的认知图式当然难以把握其究竟有何意义。正如社会学家柯林斯在《发现社会：西方社会学思想述评》一书中所提到的："一个事物除非有一个名称，否则我们不会注意到它。"[78] 以过去的认知图式搜索新社会地图，那些未被命名的部分自然易被忽视，由其指导新的行动必然会导致迷茫、碰壁和无力。

回忆起大学头两年的情形时，南山大学的郑莫茫一直心存些许遗憾。她说自己"前两年适应得特别不好，尤其是大一的时候"，觉得自己真正的适应实际上是从大三开始的，"之前好像和大学一直是脱节的"。莫茫之所以觉得大学的头两年与环境有脱节，原因之一是学习。访谈时，她提到自己高中时是理科生，但到了大学学习的是管理专业——"从一个理科生突然变成背东西，觉得非常不适应"。身份认同关系到我们在特定的结构中如何定位自己，这种定位既影响着我们该如何组织自己的行动，又影响着我们的态度和偏好。[79] 莫茫提到，她作为一个理科生，"不是很喜欢现在的专业，反而更喜欢数学、化学这类学科"。她觉得脱节的另一方面原因是自己几乎没有课外活动——"大一的时候没有参加社团，整天窝在宿舍，沉浸在高中的那种感觉中，到大学有点约束不住自己，整天玩电脑看剧"。

莫茫的老家在南山大学一千六百多公里之外的河南。提到家乡，她用了一个连串的递进："就是一个比较贫穷的市里面一个比较贫穷的县里面一个比较贫穷的乡。"教育显然极大地改变了莫茫的命运，她提到："我觉得教育能够改变命运是正确的！好像我从小的时候到现在，一直在改变。"但又正如她所提到的，改变总是渐进的，精神版图的改变尤其缓慢。从小学到高中，身体所及的空间局限给精神版图设置了一道无形的屏障。莫茫说："我小时候基本上所有的生活都局限于那个村子——我没有出过村子。"到了"初中和高中，也一直都是在学校内"，上学和放学"那条路"将家和学校统合进一个小小的世界，"我只知道这个村子，甚至都不知道中国，不知道地球什么的，一直等上了高中之后才知道这些"。

她自谦地说："我初中时成绩中等，但侥幸顺利考上高中。高中时除政治外，其他各科都学得不错，所以等到高二分班，政治不再拖后腿，成绩能排到班上前五。"这是她最终能在高考大省河南通过高考进入南山大学的前提。莫茫说自己一直喜欢学习，不爱交往，又"偏向于自学"，时常"拿题目自己琢磨"。回忆起高中做题的经历，她提到"那个时候会自己找历年的试题来做，做完之后就会觉得特别兴奋，很享受那种做题的感觉"，但"在大学已经找不到高中学习的那种感觉了"。

"找不到感觉"是一种混杂的感受，既包含着由高压的高中学习环境所塑造的看似主动实则被动的"伪高学习动机"——高中不同于大学，"在大学更需要自己去鞭策自己"——也包含着因及时的成绩反馈而带来的"成就感"。但莫茫提到这种感受在大学里再难以找到："现在想想，高中很多时候——学习的时候，我会比较开心，有那种兴奋的感觉，就是在大学之后怎么都找不到了。"

对莫茫而言，刚进入大学时面临的问题不仅仅在于"找不到感觉"，而且还在于这种感觉的后遗症——"孤独和自我封闭"。她"怀念高中的那种感觉"，"高中的时候就很封闭，也不用自己管自己，到大学就需要如此，但有点约束不住自己，整天窝在宿舍，整天地玩电脑，整天地看剧"，这限制了她去探索更为广阔的天地。

大三接受访谈时，莫茫一阵伤感，说："现在已经有点后悔了。觉得如果可能——当然这是不可能的——重来一次，从大一开始就计划好人生，计划好大学生活要做什么，也不至于现在大三想做都觉得毫无条理。"她说："觉得自己要做的事情好多，可是都不知道要怎么样去做。"要是可以重新开始，大一的时候"首先就是参加一个社团，因为参加了社团会认识比较多的人，就会改变我原来那种遇到事情就往后缩的劲头"。

但不可改变的现实状况是，莫茫大一的时候的确没有什么丰富的课外活动经历，因为"当时自己什么也不知道"。她提到刚进大学校门，同学们时常在耳边提到"百团大战"——她所在大学的社团招新活动——"甚至有师姐当时跟我们说过"，但她自己"没有了解百团大战是什么，也并不知道参加社团到底是为什么"。

要融入新生活显然意味着要先理解新生活，问题是大学的新生活与过去的生活世界之间显然缺乏一条连接彼此的道路。"从家可以走到小学"——短暂的物理距离隐喻着文化上的亲近。但从家到大学则不是走着就能到达——这喻示了新生活与旧世界之间的割裂。莫茫又缺乏克服这种割裂的手段，她提到：

我上大学之前从来没有摸过手机，对所有的消息全都不知道。就是我不会用手机，没有消息来源，我室友她们都知道什么时候选课，她们都有QQ。我上大学之后才有了QQ，但是从来没用过。然后买了这款手机，我妈不让我安卡，所以我也不知道怎么用。手机是上了大学之后才开始摸索，我也不知道微信是什么东西。室友嘛，你问她们太多也不太好。她们会说："我不想告诉你呀，你怎么不自己去查呢？"她们说你应该自己去做，就是这样子。

但她"当时真的电脑、手机全部不会用，外界信息也都不知道，选课都差不多错过"，自然更没有办法去了解关于社团的信息。

同在南山大学的王唯芷此刻也正在探索大学环境，当说到大一的学业和课外活动经历时，她提到"慌"，说自己在大一的时候没平衡好时间，除了班级、社团的事情，"还有勤工俭学的工作"，结果一下子把自己的日程填得太满，没有办法实现"新突破"。唯芷所提的"新突破"是个综合概念："学得扎实"，能"平衡好课外活动"。新突破有赖于对新环境的熟悉程度，但她回忆说初入大学"一下子有很多东西其实都不知道"，"不知道从哪里下手，就会感觉比较乱"。

"乱"是从学业开始的。唯芷举例说，大学的课程进度很快——一学期一门课，"一周上一次"，"不像高中一步一步学完了，然后才学下面"。知识面又很广，"越学越觉得自己需要再看别的东西"，这给她一种独特的压力。压力源主要是"老师给你的只是一部分（知识）"，更大的知识图景，则需要花很多时间去自学。唯芷入学时，恰逢博雅教育在中国精英大学复兴，南山大学为探索高等教育大众化时代的精英教育模式而设计的博雅教育课程"不分专业、跨领域、跨学科"。对此，唯芷的主观体验是"大一接触的课程面广，涉及文史哲方面"，每门课又有大量的阅读和作业，这让她"整天都有一种很忙，但又不知道自己在忙什么的感觉"。唯芷深知早期教育经历的重要性，认为"博雅类的课程其实需要比较长时间的积累"，但儿时缺乏家庭文化熏陶、阅读量少，高中时的精力又几乎全部奉献给应试教育，这样，到了大学，短期的课程设置"很难一下子让你掌握更多东西"，学习就变成走马观花式地"听过去"，"感觉很多东西没有抓住"。

唯芷此处所提的"感觉"，可以用布尔迪厄所提的"游戏感"来理解。当人们进入一个熟悉的社会空间时，对这一空间中游戏规则的熟悉，能让他们在开展社会行动时"游刃有余"。不同的社会群体往往占据着不同的社会空间，而每个社会空间都有特定的游戏规则，当进入一个陌生的社会空间时，由于不熟悉行动规则，我们往往会"如鱼离水""无所适从"。学习是游戏感的重要方面，博雅教育历史悠久，它强调学习古典科目，希望借此实现对学生的人格教化与思想塑造，致力于将学生培养成具有优美情感与高尚精神的人。但古典科目的学习依赖家庭的早期熏陶——经年累月的阅读和对课本之外知识的关注。长期的中小学教育强调的是于考试有用的知识和学习，而非对"无用"知识的欣赏。当无用的博雅教育成为学业的重要内容时，背景性知识的匮乏难免带来心理上的震荡。

无论是从普遍性而言，还是从独特性而言，唯芷都觉得自己在大学一定会经历这样的过程。她提到，所有的同学都觉得"慌"，但她的独特性在于"适应得尤其慢"，行动总是在认识之后。在大三接受访谈的时候，回忆起大一的经历，她还反复强调："我觉得，实际上也不能说自己就适应了大学，我适应得比较慢……实际的行动没有完全跟上认识，现在已经大三了，从我掌握的知识、我的经历来看，觉得自己没有完全跟上应该有的那个节奏。"

对唯芷而言，抓不住"感觉"、需要更多知识储备、没有新突破的领域当然还有课外活动。唯芷说，学习上的"乱"导致自己没有把握好大学的节奏："老师讲得特别快，我性格又比较慢，有点钻牛角尖，学东西的时候又要把前面的学好了，才有办法往后学。"前面没有学懂的往往成为后面学习的障碍，经常是"前面放不下"，又要学后面，学习的节奏被搅乱了。学习的事又和其他事"挤"到一起——大一"经常处于这样的状态"。唯芷回忆说，所谓的其他事，是自己"大一时是班长，又参加了一个社团，并做了一些勤工助学的工作"。

学习的节奏已然把握不住，工作和学习的压力交织到一起，导致唯芷始终觉得无法平衡好时间。时间上的平衡感来源于对日常生活诸项事务的掌控，意味着熟悉各项事务以及各项事务的游戏规则，意味着熟稔各项事务的重要性和优先性并按照这两者排列议程。父母都没有接受过高等教育，对于如何处理大学生活中的诸项事务及它们之间的关系无法给出哪怕是初步的建议。对于唯芷而言，这就意味着，一切都是新的，都要慢慢"摸索"。

有些摸索是被动的——比方说，唯芷大一时因为刚入学被老师选为联络员，而后在开学初的班干部选举中又被推选做了班长；有些摸索是主动的——比方说，唯芷回忆说自己加入的唯一社团是合唱团，加入的原因是她觉得从小没有上过文艺课，也没有办法接触到兴趣班，只有应试教育；有些摸索则是主动地解决因为生活而带来的被动问题——比方说刚入学新生军训时，考虑到家里的经济负担，她就报名了勤工助学：

> 我来上大学的时候就没有想过再跟家里要生活费，所以进来之后最开始一两个星期我在犹豫是在外面找兼职还是在校内勤工助学。校内报酬很低，但是外面我怕会有安全问题，家里也会比较担心。我想先试一下校内勤工助学，就去面试了，后来在里面工作也挺好的，便一直做了下去。

不过，大三访谈时，唯芷对大一时摸索的结论是"一下子把自己的事情排得太满"。访谈时，她和我一起计算这几项事务占据的时间，讨论因其而来的"挤压"感：

> 勤工助学是三个半天，合唱团（社团）是两个晚上，班长（职务占用时间）的话就很难讲，因为它的事情很零散。大一是我觉得最忙的时候，因为我们学院在新校区，而主要行政单位都在这边（旧校区），新校区其实是什么也没有。也就是说除了一个辅导员，没有别的领导，也没有管理的老师。这样对班长的要求就比较多，比方说经常要求我们组织一些班级活动，对班会的频率都提出了要求。那个时候团委和学生会要办各种活动都是通过班长来协调的，而这些都落到了我头上。

各项事务带来的挤压感其影响是全方位的，一方面，唯芷觉得自己的大学学习和生活安排比较"忙""乱"，应当用于学习的时间不够——"把自己的时间安排其他事情太多了，会对学习有一个时间上的占用，我现在觉得实际上还是应该把更多的时间放在学习上"；另一方面，她也再无心力去探索更为广阔的天地。唯芷提到大一担任班长时的困扰：

> 他们推我当班长的时候，我在想它会占用时间，但是我当时没有想到后面会占用那么多时间，没有想到大学的班长会那么忙。大学的班级又很难组织——特别是我们院。我们班只是一个行政班——同一个班的同学其实都没有在一起上过课，这样带来的问题是班上的同学到现在很多还不认识，大半个学期之后相互之间也没有什么感情。这样要办活动的话就很难把大家聚到一起——感觉大家积极性都不太高。班级的凝聚力很小，最开始的时候很多挫败感都来自那里。

这些挫败感、投入的心力以及合唱团和勤工助学所投入的时间，都让她再无精力探索学院、校级学生会或团委以及其他超出学院范畴的学生组织与活动的可能。用她自己的话来说即为"基本上再没有往那方面去想，对于其他组织和活动就是一个念头，也没有很向往"。

不少研究精英大学弱势群体学生的学者指出，像唯芷这样出身弱势群体、踏入精英大学的学生，会较为强烈地感受到自己文化上的"外来者"身份。在研究学校中的工人阶层子弟时，保罗·威利斯指出，他们与中产阶层价值观迥异，由于洞察了学校再生产他们命运的宿命，就会"抵制"与在校成功相关的一切尝试。[80]施图贝尔在研究美国高校的工人阶层子弟时指出，对于那些能够有助于积累文化和社会资本且将来可被填上简历的学生活动，他们往往抱持"反感"和"愤世嫉俗"的态度。[81]

唯芷的"没有向往"并非来源于这样的态度，而是在很大程度上来源于她所提的忙乱。金林大学的吴强也提到对学生会和学生社团"没有向往"，但他的"没有向往"显然包含了不少"失望"和"反感"的成分。回忆起自己单调的大一生活，他说：

> （当时）没有报名学生会或者团委（这类组织），原因是自己对于学生会没有太多感觉，就是在我看来，学生会其实是有一些跟利益挂钩的东西，我并不是很喜欢。

吴强提到的"利益挂钩"，是指为了鼓励学生更多地拓展课外活动，学校对于参与学生组织的行为会"在综合评价中有所体现，给予加分"。而他自己则在情感上对此有抵触，对学习和生活中看似纯兴趣的环节加以理性计算显然不是他习惯的。吴强说参与学生组织或社团，"不应是为了功利的目的，而应当出于兴趣"，但他可能对当代大学生活的理性和功利转向并不知情。21 世纪以来，我们一方面见证了高等教育持续的大众化、普及化，也见证了精英教育的重新定义。在本科教育阶段，传统精英教育模式——博雅教育——又重新受到精英大学的推崇。[82] 在课业之外，精英大学期待为学生创造一个不一样的校园氛围——学生可以积极地参加各类学生会、社团、俱乐部，甚或从事社区服务和参与实习工作。

与传统博雅教育的不同之处在于，新时代的博雅教育深受经济学思维的影响——促进就业，为将来的发展蓄积优势。施图贝尔在《象牙塔内》一书中指出，学生在大学中学习和活动的宗旨好像都变成了帮助学生积累文化和社会资本。[83]田园诗般的象牙塔精神已经隐退，已经让位给每一步都需要加以算计的具体生活，我们不妨将这一转变称为"大学生活的理性化"。

吴强并不熟悉也不喜欢这种转向，他提到自己"不喜欢"大学中的某些社会活动的"功利部分"，这又降低了他参与这些社会活动的欲望。当然他的"不喜欢功利"有两个方面的含义：一方面，正如上文中所提及的，他不太喜欢参加部分课外活动时的目的论取向——获取综合评价积分、提升排名；另一方面，他不太习惯各类学生组织的工作文化。在访谈时，当提到学生会等组织中的工作文化时，吴强提及感到其"官僚""势利"与"功利"。他口中所言的"功利"，更多的是与现代工作场合科层制结构的特性相联系的。参与学校各级学生会和校团委等半官方类学生组织就意味着初步接触科层制的工作文化，而这些组织的事务安排更多地切事而非基于个人感情，理性计算常常超过感性归属。于此，吴强表示不太习惯，甚至在情感上有抵触。

我们总被过去的生活打上烙印，理解现在并诉诸行动的尝试总是立足过去的认知图式——到底如何识读各类事物与社会活动，又该如何行事。对于处于社会流动进程中的人而言，极易遇到的挑战不仅仅体现在我们时常困在过去、难以接受现在，而且还体现在我们时常难以意识到自己为过去已经形成的认识所困，以过去的认知判断是否和如何接受现在。基于过去的生活所形成的认知图式极有可能成为走向新生活的无形障碍，它形塑了我们在新世界的"欲望"。

📖 可能

"排除法"

在大学中的日常互动很大程度上决定了学生能否在精英环境中取得成功，倘若一个学生在大学校园中没有游戏感，甚至觉得不自在、格格不入，那么通常也就不能够合理地使用学校中的资源。[84] 本小节的上半部分将通过案例说明，来自农村和小镇的学生，在刚进入精英环境时，"不知道"学业和学业之外需要怎样的安排，也"不知道"校园的各类社会活动之于个人的意义。他们基于"过去的图式"探索新的环境，但其往往意味着碰壁，这导致他们对在大学社会生活领域的探索少了"向往"。"不知道""过去的图式"以及"少了向往"构成了他们在大学社会生活领域中"可欲"的底色。这是布尔迪厄所说的"游戏感"的一个方面。游戏感是一种在给定情形中做合适的事的感觉，它意味着了解和熟悉游戏规则。但了解和熟悉显然不仅意味着知道游戏是什么，还意味着知道如何玩游戏。在社会学家这里，前者意味着文化知识，后者意味着文化技能。本小节的后半部分关注的是后者——是否掌握大学所需的文化技能对农村籍学生参与校园的各类社会活动的影响。

本小节要讲的第一个故事，主人公是刘心，来自重庆西部。第一次访谈时，她回忆说读小学时正值农村学校撤点并校，"村里的小学都关闭了，所有孩子都去镇上的中心小学读书，我也是"。这段特殊的求学历程使得她有机会进入县里的一所私立初中就读，而后再以优异的成绩考进县里的重点高中读书。她笑着说自己能进入海一大学完全是偶然，因为就读的是家乡最好的中学，"发挥失误，才考进海一"。

对高中同学，刘心记忆深刻——"超过60%的应该都是村里来的"，"比较穷"。刘心所说的"穷"应该不仅仅是物质上的，更有精神上的隐喻。她回忆说，那个时候"每一天的课都排得满满的"，而她很少关注学生活动，"学校也没有社团和学生会"。她记忆深刻的一次集体活动是"老师曾组织参加当地的"文化节"，另一次是"有一年下雪——那是第一次看到下雪，而且雪下得比较大——班主任组织大家一起出去看雪"。但大学的活动就要丰富得多，刘心觉得应接不暇。访谈时，她曾比较高中和大学的不同，提到："我们高中没有什么学生会、社团之类的，但是大学有。在大学要花更多时间在学习之外。我们学校还规定学生必须完成一定的志愿服务。这样，时间就不仅要花在学习上，还要花在其他地方。"

但怎么"花时间在其他地方"对刘心来讲"始终是个问题"。她回忆说一年级的时候，学院和学校的学生组织开始招新，但校级的学生组织该如何报名则无从知晓，刘心"根本不知道报名表在哪里交"，后来才发现报名表其实夹在海一大学的录取通知里，"只是自己压根没有关注到"。不过，她又提到，"所在的学院，辅导员和书记都非常积极地动员学生报名参加学院的学生组织——入学军训的头一天，晚上集会，辅导员和学院书记便组织发报名表，每个人都有一张"。刘心反复权衡，最终报了院学生会的生活部，"晚上填表，第二天交"。

刘心报名参加生活部时用的是排除法。前一晚填表的时候她想到高中时有一次"班上组织元旦晚会，我没有才艺，只能在后台帮忙放音响、抱衣服、给别人买东西"，而生活部"应该也是幕后工作"。这样她应该能够完全胜任生活部的工作，但其他部门就"完全不行"。访谈时，她使用了一系列的"否定"：

> 文艺部需要才艺，宣传部也需要一定的才艺。当时我想我文艺不行，高中的时候又很少接触电脑（没办法搞宣传），这两个部门，我就打消了念头。其他的部门相比之下，我更喜欢生活部……像组织部之类的，还是需要一定的口才，但是我口才不行。

刘心用排除法时考虑的是自己的基础——才艺和经验，于是早期艺能训练和中小学学生活动经验的匮乏让她将种种可能——否定。这一系列的否定显然又框定了她尝试的范围，也框定了她尝试的深度。大二访谈时，她提到，由于觉得在生活部锻炼机会不多，便趁着"换届的时候，不干了"。这又让她回到刚入学时的原点，要再考虑"学习之外的时间怎么花？"

最后，刘心的生活又只剩下了学习，但这又导致一种特殊的处境。按照她的说法，海一大学的年度评优，70% 由学业成绩决定，剩余的30% 则由参与学生工作或志愿服务的情况决定。"学生干部如果做得好，会有证书，证书是专门的，校级证书会加分，院级证书会加分——不同类型的组织分开计算。"而刘心"不干了"的决定，显然让她自己只剩下 70% 的奋斗空间。访谈时，她稍无奈地提到"只有千方百计把学习搞好，才会弥补没有参加学生工作而带来的不足。……如果学习上不争取的话，就不可能（评）优了"。

然而不断增加对学习的投入和从非学业领域撤退又易导致一种关于自身能力的认识论——"擅长学习，不适合学生工作"，而此又极易框定新尝试的范围。一年级初次访谈时，刘心提到自己"不敢在别人面前讲话，一讲话就发抖"，当时去院学生会生活部的愿望是"多改变一下自己，锻炼一下自己"。行动是认识的产物，行动的结果又塑造了新的认识。由于认为学生工作带来的收获不多，因此一年后的访谈中她提到：

> 我觉得我比较内向，城里的孩子，像学生工作做得好的，都属于很善于交际、比较外向的。因为是干部，他们擅长说话，而我不太爱说话，所以就不太适合学生工作，我更适合学习。

"受打击"

刘心报名学生组织时使用的排除法，同在南山大学的余毅在访谈时也曾提及。余毅说自己"几乎没有"学生工作经验，访谈时，他细述了两段"有点受打击的"尝试：

> 一年级入学的时候，想竞选班长，当时大家都刚来，都不太熟，就看你说话怎么样，长得怎么样……当时觉得很好玩，就上去（参选）了，也不是想蒙一把，我真的想当一个班长，如果有人选就选（上）了，（如果）没有人选（我），我就当班委，权当认识一下大家。后来另一个女生选上了班长，因为她有当班长的经验。

余毅后来再报名院学生会，他回忆说报名的过程非常偶然，因为

"路过学院的宣传栏，看到有宣传单，就报名了"，当时觉得学生会还蛮有意思，就报了生活部。当被问及为何报名学生会生活部时，余毅回答说这个部门和自己的生活"很贴近"。他说的"与自己的生活很贴近"指的是技能准备。余毅解释说，当时学院学生会"好像四五个部门"在招人——有宣传部、生活部、公关部、服务部、港澳台部。但自己"没有宣传才能，不会电脑PS技术，不会做海报"，"宣传部就不再考虑"，另外，"公关部是拉赞助的，我也不擅长，很难说服人家掏出钱来"，而"港澳台部又要求会粤语"。

在一连串的排除之后，余毅说自己还是适合生活部，"因为以服务别人的姿态接触人比较好"。当然"服务别人"本身意味着不需要任何才艺，"最好混"。可惜的是，由于面试没通过，他还是"没能进去"，因为填表的时候，自己"笼统地认为生活部就是服务大家的"，而面试的时候还是不可避免地被问及特长——"你的兴趣爱好是什么？"

兴趣爱好由家庭及教育经历决定。家长和学校参与行动、带领或指导孩子开展的文化活动（诸如家庭阅读、舞蹈和艺术课程的学习等）都可以算是有效的文化资本投资，都有助于他们发展特定的兴趣爱好与才艺。余毅说他出生在江西一个比较闭塞的小县城里的城中村，所谓的文化资本投资自然不太可能。访谈时，他简略地介绍自己的家庭史——其不可避免地和更广范围内的城镇化进程联系到一起：父母都是农民，遇上县城开发，"没办法再耕地"，"先是依赖手艺做点副食品买卖"，后来因经营不善，无法支撑下去，再转行做搬运工。余毅提到，实际上，他家所在的整个生产队，所有人基本如此，"土地被卖给了开发商"后，全部人要么外出打工，要么做点小买卖。在这样的环境中长大，当然没有办法学习什么"兴趣爱好"、发展什么才艺——"父母是初中和小学文凭，教不了什么"，而他的两位兄长"也在初中毕业或没读完高中的情况下辍学，外出打工，做生意"。

回忆起中小学的教育经历，余毅说他几乎没有接受过任何才艺训练，也没有兴趣爱好。"从小学读到高中，我的成绩一直不错，就是学习，也没有（接触过）其他类型的课程"——"我们那里是国家贫困县，那种环境，不可能接触到那些东西"，即使后来上了高中，到"县城里学习，接触的东西也是很一般的"。再加上高中的学习模式特殊，他也几乎没有时间去接触高考科目之外的东西。余毅回忆道："高中的时候很紧张——高一的时候就很累，一上学就比较紧张。""早上7点开始上课，早自习到8点，有时候还要做早操，8点开始上课，上四节课，到12点。下午2点20分又开始上课，上到6点。7点又要上晚自习，上到9点半。我高一高二的时候，都是11点半或者12点睡觉，高三的时候，有时候会熬到1点钟。"

紧张的日程没有给兴趣班或才艺训练留下任何时间上的可能，而学校也根本无此打算。毕竟，所有处于类似境地的县中，获得社会认可的唯一方式就是让更多的学生获得更高的分数、进入更好的大学。结果，余毅每日学习的所有内容"差不多就是讲解，做题再讲，做题再讲"。他回忆说，高三尤其如此，"以致到了高三，很多老师不用书都可以讲课"，因为课堂中的所有活动都变成了"学生做题，教师讲题"，而一些老师已经讲了很多年题，"积累了很多经验"。

课堂被题目占据，这是一元化生活的基本格调，唯一的亮点变成了考试。在余毅看来，做题构成了学习的全部内容，考试则变成了休息："考试的时候不用正常上课，会休息。比方说上午考一场，剩下的时间都空着，那就可以玩，考试其实也是一种休息。"

但精英大学生活中的"空着"和"闲暇"有着不同的文化含义。在余毅看来，"高中生活就一套，一天下来早7点到晚9点半，经常在学校里待着，就是做题"，但"大学就比较宽泛，有一些搞社团，有一些想当干部，还有一些在外面做家教、走入社会的，在图书馆的也有"。余毅描述的显然是他对精英环境中学生文化的初步认识，但漫长的中小学教育生涯没有为他融入这样的环境打下基础，没有让他有足够的"文化技能"储备。他提到报名参加学生组织和社团时的文化障碍："报名学生会的具体部门或者参加社团的时候，总是碰到专业技能上的问题，有些时候会被问球打得怎么样、书法好不好。"而余毅的反应只能是："我就说什么我都不擅长，什么都不会！"

这些文化技能上的障碍既限定了余毅探索校园生活的范畴，也限定了他的生活圈，以至于大三访谈的时候，他不无遗憾地提到，大学的学生组织参与和课余生活"没有想象的那么丰富，我的社会性事务比较少……对社团接触不太多，即使是一些小众的比赛活动，像诗词朗诵之类的，我一般也不参加……不具备那些知识储备"。谈到社交时，余毅也觉得自己处在一个相对边缘的状态，他特别提到自己没有什么兴趣爱好，在"聚餐之类的社交场合"和别人"玩不到"一起。

余毅所说的兴趣爱好，其实是融入大学社交圈所需的另一类文化知识与技能。正如前文中的数据所揭示的，所调查的几所高校中，中上层背景的学生占了大多数，他们在日常生活、消费、娱乐等方面的文化版图和余毅的不同。倘若没有掌握这些，当然会在融入以他们为主的社交圈时存在一点看不见的障碍。余毅提到："聚餐的时候，可以和同学聊足球，但我又不喜欢，（我也）不爱玩游戏，没办法聊到一块去。"他怕自己太边缘化，所以"又想融入，想找家的感觉"，但总"打不开局面，"因为确实和同学"玩不到一块"。他感叹道："就别玩了，你不能压迫自己，你自己压迫自己，别人看你也不太好。"所以只能选择"学会孤独，适应孤独"，"选择在有限的交际圈里，维持一下关系"。

在文化学家安·斯威德勒看来，人们的日常行为是一连串的行动链条，而行动链中的一个个单元行动都不是一时的决定，它们由文化所塑造。[85]问题是，不同的社会群体分享着不同的文化，在进入另一个文化意义上的世界时，对该世界规范了解上的不足和社交技能掌握上的不足都极有可能导致行动者无法有效地开展探索，因为过去的文化显然已经无法构成新环境中理所当然的行动逻辑。新的行动需要以新的文化逻辑串联起来。但由于成长环境的缘故，刘心和余毅都没有办法学习到在精英大学的环境中参加特定类型学生组织和与同学开展某些类型社交时所需的文化技能，这就影响了他们有效地在各自所在的大学成功开展某些社交与社会活动、融入特定社交圈、参与特定类型课外活动的可能。而社交圈与社会活动又是他们在大学积累文化和文化资本的重要一步。

实际上，对于精英大学文化规范了解的不足不仅影响了他们与同学的互动，而且影响了他们与教师的互动。余毅在访谈时就反复提到，虽然他"平时问题比较多"，但是"一般不当面找老师"，一个原因是老师平时都搞科研，"比较忙，不好意思打搅"，另一个重要的原因是他"不知道怎么当面（与老师）交流"，"怕自己问不好问题"。"问不好问题"包含着他对在新的环境中如何与教师打交道的疑惑。而此前的教育经历告诉他，"好像是（只有）犯错误了，才去办公室（找老师）"——他笑着说"这是小学时代留下来的毛病"。余毅面对的情形，正如《寒门子弟上大学》一书所描述的：在精英大学，教师一般会安排特定的 office hour（师生交流时间），敞开大门，专门用来接待学生，但那些来自工人阶层的初代大学生认为，教授们在门上挂上"office hour"的招牌是在提醒学生，此时正是教师的工作时间，请勿打搅。正是对精英环境文化的不了解才导致他们错失与教师交流的机会。

"被刷"

对于新生而言，尽早地了解和熟悉精英大学中的文化规范有其特殊价值——这有助于他们在新的环境中自如地展开探索、积累各类资源。一方面，这意味着某些类型的文化知识和技能有特殊投资价值，可以在精英环境中获得回报——这是布尔迪厄文化资本概念的核心要义之一。另一方面，这意味着精英环境中占据主导地位的是特殊类型（通常是中上层）的文化。当原生家庭所处的阶层文化与精英大学的阶层文化一致时，在家庭中习得的文化知识与技能即可保证在精英环境中进行有效探索，但当两者的文化不一致时，则很难保证成功。

特定类型的文化知识和技能之所以在特定的社会空间中能够被称为"文化资本"，其原因就在于它们满足了特定社会机构的评价标准，能够受到认可，有助于拥有者获得竞争优势。[86] 在上文中，农村籍受访者提及没有"兴趣爱好""才艺"等，因而无法有效与同学进行社交或被某些学生组织排除在外的情形，在很大程度上能够以这种理论来解释。只不过，上文所提的"排除在外"是隐性的，是缺乏特定文化知识和技能的学生在洞悉了可能的知识和技能要求之后，自己"主动"选择站在某些社交圈外，在自己的生活中"排除"掉某些课外活动、某些类型的学生组织或学生组织中的某些部门的。在研究的过程中，还有另一类情形——"被动排除"。

"被动排除"的经验往往与特定类型学生组织的面试有关，例如上文中提到的余毅就曾细数自己"面试被刷"的经历。

余毅谈到的第一次"被刷"发生在他刚入学报名参加院学生会生活部的时候。面试当天，"学生会的工作人员在教室讲台的前方摆了几张桌子，每张桌子一个部门，每个部门安排几名学生干部面试，采用多对一的形式，让报名的学生先做自我介绍，谈对生活部有什么看法，认为其宗旨是什么"。余毅回忆说自己在第一轮就被淘汰了，因为面试的时候"太过紧张，当时是第一次——我很少参加面试"。余毅唯一一点关于面试的技巧是参加高校自主招生培训的时候了解到的。他虽然成绩优秀，"但直接考进'清北'的概率还是不高"，为了给他增加一种可能，老师鼓励他的父亲在高考前花了些钱让他参加校外的自主招生面试培训。但余毅说培训"很水，参加的人太多，培训效果不好"。所以，在后来的学生会面试中，他也没有办法完全应用"所学"。他说自己抱着"试一试"和"学习"的心态，"把学生会的面试当成一个培训的机会，就是实在'面'不过也'面'一场，学习一些技巧"。但真到了现场，余毅觉得自己还是"有一点胡说八道"，被淘汰也正常。说到此处，余毅不经意地面露稍许失落。据他回忆，面试其实不难："后来我听同学说，参加面试很容易，部门喜欢招大一的新生，因为大一新生时间多，能干事。只要在面试的时候表现出热情、很愿意干事就行了。"

余毅的第二次被刷是在报名参加学校的一个公益组织时。他说自己闯过了第一关，"一面过了"，但"二面刷了"。他回忆两次面试的不同，说："'一面'的时候，一大堆人，一屋子的人，当时我把整个教室的人都逗乐了，后来就过了。"在"二面"的时候他想套用"一面"时的成功经验，但失败了——"我说错话了，就不让过了"。"说错话"的情形是，当时有个学生考官问他："你怎么看我们这些面试官？"余毅脱口而出："你这个发型不太好看！"他说，虽然面试官们都"（被）逗乐了，哄堂大笑"，但主持面试的学姐"很生气"，"可能因为这个原因，我就被刷了吧！"余毅反思说，可能"'一面'的时候玩笑开得还可以，但'二面'的玩笑就没有注意分寸"。

余毅的经历涉及另一类特殊的需要"文化技能"的场景。在不少学生组织中，部分热门部门竞争激烈，通常需要经历好几轮面试方能入选。但面试是比较结构化的社会活动，往往只存在于党政机关以及企事业单位等类型的科层制组织当中，服务于人员筛选与晋升。面试既是技术意义上的，也是文化意义上的。技术意义上的面试意味着面试者要按照具体工作的技术要求甄别筛选被面试者，并确定选中拥有特定技能的人；文化意义上的面试意味着面试者和被面试者通常要完成服务于筛选而开展的一系列仪式。这意味着面试双方都需要识读与理解相关信息——面试流程如何，该如何表现、如何交流——并标准和合法化地完成指定任务。而对这两重意义，余毅既没有充分认识，也没有掌握足够的文化技能以有效应对。

"紧张"

对于面试，像余毅一样的农村籍受访者往往提及自己感到陌生、"从没有经历过"。在漫长的成长过程中，也没有谁偶或和他们聊起过相关经验。对于这些较为结构化的社会活动，他们缺乏必要的准备。结构性越强——越是符合工业科层制结构逻辑（切事和等级制），越是需要表演职场逻辑（理性和上下级关系）——的面试，越是能够激起紧张的情绪。余毅反复提到，在面试前，他对面试流程并不知晓，导致在面试时充满紧张情绪，随之产生"盲目"态度——"面试不过，就算了"。

余毅所说的"紧张"，海一大学的戴傅一也有提及。傅一来自江苏中部，"出生时老家还是农村"。按照他的回忆，随着江苏经济的快速发展，他所生活的村子逐步变成小镇，父母在镇上的一个小厂"有份工作"，但好景不长，工厂倒闭，他们便改行做点"小生意"。傅一上大学前一直没有离开自己所在的小镇。他在镇上的幼儿园、小学、初中、高中完成自己大学前的学业。傅一关于高中的最鲜明的记忆是每天的"紧张""满"和"苦"——虽然镇上的高中是省重点，本科率很高，但像他这样进入海一大学的学生也还是少数。傅一回忆说："好几个班才偶然出一个顶级'985'，比例不是很高，绝大部分学生都是一本线上下。"为了考个好大学，在必然中争取一些偶然，同学们都是"从早到晚一直不停地学，老师也在不停地教，并总会抽一点时间说高考的重要性——考一个好大学将来的路会好走一点"。傅一评价道："老师们也蛮苦的，学生就跟着老师后面一起苦。"在高中，"学业是生活的中心"，这一状况也带来一种特殊的心理地理。例如，在介绍他读书的高中时，傅一说："记得高中是一切的中心，我生活的全部，小镇都是围绕这所高中建起来的。"

进入大学后，傅一说觉得空余时间明显"特别多"。进大学的第一天，有学长开始"扫楼"——在宿舍楼逐间给新生发传单和报名表，鼓励他们参加学生组织并多开展课外活动。傅一回忆说，学生会的不同部门是"分开来扫的"，"每个部门两个人"，每个小组都准备了传单介绍各自的部门并附上报名表。傅一领了一份，"想要试试"其中一个。访谈的时候，他说自己已经记不清这个部门的名字是什么，但看传单的时候发现该部门注明工作的内容之一是拍宣传片，而他又想学拍短视频，就问来"扫楼"的学长是否可以报名——"如果不会摄影可不可以学？"在得到肯定的答复后提交了报名表。

傅一回忆说，等到面试那天，自己"三分钟"就被刷了。面试的问题，直到接受访谈时都还没有"想清答案"。他记得面试当天，学生会的几个部门集中在一间教室组织面试，参加面试的所有新生被安排在隔壁教室等叫号。每位被面试的新生要同时面对好几位学长考官，而且每个部门的面试题目都不一样。轮到自己时，考官提供了一幅画，并请他描述这幅画讲了什么。

在正式讲述之前，傅一就已经非常紧张了。他说自己只在高中阶段做过某门学科的学习委员，而且工作任务异常简单——就是收发作业，任命也异常简单——"老师决定就行了"。这次，刚进大学就要为进一个具体的部门进行面试，探索自己的机遇，他"紧张到手发抖"。在匆忙看了看"黑板上画的那张图"以后，傅一就写下了他看到的——"照实写下来，然后就交过去，面试时间不到三分钟"。

傅一说自己还报名了团委的两个部门，同样的面试，同样的紧张，同样的被刷。他苦笑着说："两次面试两次被刷也是蛮打击我的。"访谈时，我安慰他说："这个也太过分了！"但他无奈地表示："没办法，人家需要找更好的，而我也有自知之明。"回忆起当初面试团委两个部门的经历时，傅一说他最核心的记忆也还是紧张："我在人多的地方是比较怯场的，讲不出话，可能面试的时候人也比较多，讲得就结结巴巴。"当然，面对面试这一结构化强的社会活动时，"没有经验"不是傅一紧张的唯一理由，面试的内容也是他紧张的原因。他解释道："需要做自我介绍，然后介绍自己的特长、能力，但我实在想不出自己有什么特长、能力，就只能说自己有一颗想要学习的心。……我记得要讲的时间都没用完。"面试结束，傅一说他早已预料到结果肯定不理想："只有一颗想要学习的心估计还不够吧！就直接走了。"

促使傅一面试后"直接走了"的理由有两个，一是"自知之明"，二是"人家要找更好的"。这反映的是他在面对两个文化意义上的世界时需要克服的两项文化意义上的挑战。一项挑战是，他需要了解面试的规则——目的是什么、如何评估、该如何表现自己；第二项挑战是，他需要掌握特定的技能——考官也许会结合具体岗位要求考查他对这些技能的掌握情况。但傅一显然不具备克服这两项挑战所需的知识和技能。在大一结束的时候，对于自己正在跨越的文化边界，他还只有一些感性的认识。例如，访谈时，他突然问我："老师，你有晚上十点多在路上走的时候吗？你看过十点多之后的路吗？"我很惊讶，不知道他为什么突然这样提问。傅一接着说："城里的路很干净，半夜走在城里的街道，好像除了车辆的噪音，就没有其他——没有人的声音。这是我刚来时候的感受。我本来觉得路好像就是用来走的——像我们镇上那样，但城里的路反而可以当作一个玩的地方。"

赋予相同的事物不同的功用和意义正是"文化差异"的核心，对于身处不同社会阶层的人而言，这种差异便是一种区隔，构成从一个文化世界穿梭到另一个文化世界的障碍。"赋予"相同的事物不同的功用和意义反映的是社会世界的"建构性"，正是我们建构出的具体而又细微的意义系统为我们的社会行动提供了基本逻辑，但不同的文化世界由不同的意义系统所主宰，不能解码和掌握另一个世界的意义系统，就像身处异国他乡却不通当地语言，显然极易导致行动的失败。

施图贝尔在《象牙塔内》一书中提出，合理地使用大学中的资源，其起点是知道是否和如何与同学打个招呼，或者知道是否需要和何时、何地、如何与老师聊聊天。掌握精英场所的社会规范和文化技能并有效地开展行动，有助于学生积累未来所需的文化和社会资本。但又正如他所指出的，在进入大学时，社会经济背景上处于弱势地位的学生通常不太熟悉新环境中的文化规范，并未掌握探索新环境所需的文化技能，而此框定了他们对自己在精英大学"可能"做什么的认识。

第三章

难有彼岸

"跟我一样从农村出来的孩子，在学习成绩上和本地的城市籍学生是差不了多少的。但我感觉本地市区的学生一般都有一些特长，视野也开阔。他们的人生不仅仅局限在成绩上。"

第一节　自我低估与自我设限

📖 "不如别人"的隐形伤害

"不如别人"

2016 年，在朋友的帮助下，我得以在汉江大学的一间小会议室再次见到顾蕾。顾蕾来自西北的一个小村，家中兄弟姐妹有七个，她是最小的，家庭经济状况颇为困难。由于政策照顾，顾蕾在初中时被送往省会城市读书，再进入市里最好的高中，而后顺利考入汉江大学。顾蕾说，进入汉江以后，她最大的挑战始终是人际关系和社会活动。于她而言，学习始终是个"技术活"，虽然大一大二的时候，感觉"（课）上得特别快，我好像没有学到东西一样，到期末考试……分数不是特别高，没有成就感"，但到了大三，发现自己"只要决定要学，只要坚持下来，就能学得很好"。

但社会活动和人际关系不是个简单的"技术活"。顾蕾提及从高中到大学，她一直"跟别人的关系搞不好"，时常"觉得很失落……没有跟一个人关系特别好，没有那种感觉，特别痛苦"。她提到刚进入汉江时的情形：

145

三四个人坐在一起，我每次都跟她们没有什么话题可谈。我特别被动，很少说话，一般都不说话，也不会主动跟别人谈起什么。是不自信吧。我也不会主动跟她们说话，她们在那高高兴兴地讨论一些什么的时候，我就觉得跟她们没有共同话题。

顾蕾说，她痛苦的主要原因还是社交能力不足，"自卑，不自信，谈话时，别人稍微反驳我，我就开始重新衡量自己的情况，再没有勇气说话"。她说，对自己社交能力的怀疑进一步影响到她在大一大二参加学生组织和学生活动的情况。"参加学生会之类的组织都是锻炼自己的能力，会有利于接触到各种各样的人，有助于自己从一些事情上面学到很多东西，但刚来的时候完全不相信自己的能力，不能很客观地评价自己。"

顾蕾觉得自己"没有优点，没有价值，什么事都做不好"，最终没有参加任何学生组织，也很少参加学生集体活动。直到大三，回首过去两年的学习经历时，她提到，虽然觉得自己也缓慢地建立了一些自信，"但已然错失了好多机遇"。另外，更重要的是，她依然觉得自己"眼界不够开阔"，"比较腼腆，不会很大方，不会大大方方地表现自己，骨子里的不自信很难一时消解，很难去释放自己、展现自己"。

社会流动的隐形伤害

顾蕾所说的在大三时依然持续的困境，正是本章第一节所关注和致力于理解的。高等教育机构常被视作进阶精英阶层的阶梯，大学学习和生活是弱势群体经历向上的社会流动的重要阶段。研究常指出，像顾蕾这样社会经济地位较低的学生进入高等教育机构时，极有可能经历如下主观体验：情绪感受更差，例如，与中上层背景的学生比较起来更容易有压力感，意志消沉，幸福感更低[87]；难以接受新身份，在陌生的大学环境中难有归属感[88]；对自己的能力认知较低，例如，自我效能感低[89]；成就动机不足，害怕失败[90]。

　　山姆·弗里德曼提到，要理解这些主观体验，就要把它们放进社会流动的视域里加以观察。[91]按照社会学家索罗金的论断，个体的社会流动内在地包含了向下和向上两种模式，而无论哪一种模式都可能导致个体的"低社会化"，进而带来社会和心理问题。其内在逻辑是：在原来的社会地位上养成的生存心态、态度和偏好不一定与新的社会地位匹配。实现社会流动意味着思想和行动，甚至身体的调适。由于社会地位本身的高低隐喻，攀爬人生阶梯常常意味着阶层跨越者要放弃旧有的文化品味和实践，而此通常意味着对旧的自我的否定。

　　本章第一节重点讨论农村籍受访者直到大三都难以消解的特殊体验——对社会能力的"自我低估"。英国学者理查德·森内特和乔纳森·科布认为，社会阶层跨越者对能力的自我贬低是因社会流动而产生的"隐形伤害"。[92]本书指出，这份对社会能力的自我低估与进而引发的自我设限是农村籍学生家庭早期文化资本投资缺失（他们自认为缺乏在精英环境中被认可的"知识"和"文化技能"）的结果，并极大地影响了他们在精英大学环境中的持续探索。

📖 自我低估

更内向

海一大学的志安，在大学三年级接受访谈时也仍然时常提及自己的"缺失"——"除了学习，其他技能基本上没有"。

步入大三，他似乎对大学有了更好的理解，也以自己的方式更好地把握住了大学学习的节奏。漫长的适应带来的"认识"丰富而深刻。接受访谈时，他侃侃而谈，认为大学与高中有四点不同：总目标不同、学业目标不同、学业投入不同、学习主动性不同。志安说，高中的目标明确——就是"考一所好大学"，大学的目标则比较模糊——自己依然"感觉特别迷茫，不知道将去往何方"，"只能尽量学习"。在谈到学业目标时，志安说，"高中学习的那些东西，都要记住、背下来"，但是大学的学习内容"并不需要记下"，学习的主要目标是"知道这个东西有什么用"。在学业投入上，高中的学习要求"全身心的投入，一心只为学习"，大学则不一样，"一般最多用 80% 的精力静下来学习……有很多机会参加社团、志愿活动，可以出去旅游、谈恋爱"。谈到学习的主动性，志安说："高中的学习基本上就是被动学习，而大学是主动学习——上大学后，学习基本上变成了自己的事情。"志安"感觉到了大学学习的规律"，也"找出了适合大学学习的方法"，"时间可以安排得很好，做到有条不紊"。

但不难看出，志安通过漫长的摸索得出的"丰富结论"，其实大部分还是关于学习。学习之外的社交和其他课外活动，他讨论得不多。

接受访谈时，志安甚至提到自己"只适合学习"。"只适合学习"是对自身学习能力和社会能力的一种独特评估和比较。在谈到自身的社会能力时，志安总觉得自己"太过内向""不够活跃"。"太过内向"看似指向性格，实则是对社会能力的自我评估，"不够活跃"则指"太过内向"的外在表现与后果——既可体现为在课堂内"不够主动"，也可体现为在课堂外"不够积极"。

志安举例说，在课堂上，老师提问时，他"即便知道答案"，也"总是不很主动地去回答问题"。他下意识地将自己和同学进行比较，认为"其他同学总是很踊跃"，而他有时候"明知道自己的答案更好，而他人的答案明显有错误"，也"不会主动去回答"老师提出的问题。志安认为自己不够主动的原因是"太过内向"，"不好意思"和老师"互动"与"交流"。这样看来，"太过内向"的潜在含义是有一种更好的、适合表现自己的"外向"性格——而他的性格则并非如此，"不好意思"是他"内向性格"的具体表现。

志安的分析看似是心理学意义上的，实则是社会学意义上的，因为他所言的"内向"和"外向"是群体属性。他提到城市的学生要更加活跃、主动，而"像他这样背景的学生"（而非个体属性）则非如此。另外，内向和外向均指向自己和外界（他人）打交道的能力——内向是指打交道的能力不足，外向是指善于与他人打交道。能否在课堂上回答问题，其核心不在于是否掌握专业知识并作出正确的应答，而在于是否相信自己有能力展现对专业知识的掌握。显然，志安自己对此持相对否定和怀疑的态度。

这种相对否定和怀疑的态度甚至偶尔侵蚀了他对自身专业能力的认识。例如，接受访谈时，志安提到"我跟大学老师交流很少"，有一门选修课的成绩计算方法是期末作业成绩加平时成绩，而平时成绩的一部分由"平时上课回答问题的情况"来决定。志安回忆道，"这门课上同学们回答问题普遍都很积极"，但他总是"生怕说错"，结果"不愿主动回答问题"。"生怕说错"代表着一种由社交能力迁移至专业领域的对自己的怀疑。

志安关于"内向"和"外向"的分析有着浓重的社会结构隐喻。它们代表了志安对自己和自己之外的社会主体（外界）打交道能力的主观判断，而此判断在很大程度上由志安的成长环境所塑造，在日常观察和比较中产生。例如，在分析自身较为内向的原因时，他经常比较自己和城市籍学生的"视野"和"特长"，提到：

> 跟我一样从农村出来的孩子，在学习成绩上和本地的城市籍学生是差不了多少的。但我感觉本地市区的学生一般都有一些特长，视野也开阔。他们的人生不仅仅局限在成绩上。

关于自己更为内向的判断，显然和一种对成长环境的认识论有关：

> 像我们从农村出来的，基本上，首先是没有那个条件，二是没有那个时间，因为很多时间就是不停地做作业。除了有些爱好，比如说做做题什么的还可以，一般技艺都非常非常少，一般没什么特殊的技艺。

社会能力是指个体为完成在特定的社会情形和环境中的特定社会

任务而同他人开展有效交往的能力，它需要个体系统地整合自身的思维、感情和行为。[93] 森内特指出，流动中的个体要面临的现实问题是，进入文化意义上的另一个世界通常意味着认识到"能力"由另一些和自己疏离的文化符号来定义。[94] 美国人类学家约翰·U. 奥格布指出，"能力"定义的核心是完成文化意义上的合法任务、履行被特定群体看中的角色、接受社会所给予的社会规范[95]，也正是由此，其具有文化上的相对性。卡拉贝尔在研究哈佛、耶鲁、普林斯顿入学标准的历史变迁时指出，"能力"的内涵深受不同社会群体间权力关系的影响——占据优势地位的群体赋予人才选拔标准合法性的重要前提是，他们有能力将自身的文化符号或实践界定为全社会认可的能力标签。[96]

志安所在的群体显然不是那个可以界定精英大学社会能力内涵的群体。类似"缺少才艺"的想法给了志安许多失落感。不经意间，社会结构被转译为一种独特的认识论。他提到，他和城市同学的区别"偶尔会打击一下自己"，让他"感觉不如大多数人"，而此也激发了一些特殊的应对机制。志安说：

> 这个打击，我觉得，肯定是有双面作用的。你既可以利用这种打击迎头赶上，有的人也会被这种打击打下去，一蹶不振。我觉得我应对这种打击也是，我其实是不怎么在意那些东西的，因为我基本上把重心放在学习上，所以那些技能之类的，我不怎么看重。虽然我知道，丰富自己的生活很重要，但是我不怎么看重它。所以给我的打击相对小一点，起码影响也会小一点。

更局限

金林大学的沙瀚觉得自己只会"死读书"——到了大三，"每天过得和高中差不多，还去上自习，不上自习就不舒服"。虽然成绩在班上名列前茅，但沙瀚还是觉得自己相比其他人"不够灵活，学东西特别慢"。

大学的文化环境和沙瀚的成长环境有着巨大差异。动漫、音乐、足球、篮球……在各色符号构成的意义世界里，他只能匍匐前进。领会这个新的世界时，沙瀚一半是觉得新鲜，一半则是感到压力。他说，最直接的体现是自己看书慢："我看书是一个字一个字看的那种，始终是看不快——不管是看小说还是什么，但他们看小说一个小时就可以看完，而我可能一天才看完。"当被问及"什么时候发现是这样的"，沙瀚微皱眉头，说到了大学才发现。他认真地分析，说是因为高中上学很少看课外书。背景性知识的匮乏显然为他在大学里新的阅读尝试设置了一道障碍。沙瀚苦笑说，之前也没有"和同学比较过"，现在则多了一些比较的机会——"大一的时候什么都不懂，大二和周围的同学们交往更深了，对比比较强烈"。

访谈时，沙瀚反复强调"自己视野被局限了，外面的东西了解得其实很少"，而此是他身上的"阶层气息"。"比方说，我缺乏和别人交流的谈资——别人说这个东西，我都不知道。"他拿自己和身边城市的同学做比较："（他们）就是兴趣很广泛啊，像一些动漫，说起来就像特别喜欢动漫；他们能聊得来的还包括足球、篮球，音乐也能聊，历史也能聊。"沙瀚感叹道，他们的"见识就是不一样，更加开阔"。但自己与他们的这种"差距"又难以改变。

讨论到差距的根源时，沙瀚来了段颇具社会学家拉鲁意义上的分析："他们的开阔是自小有意培养的结果，而我自己的气息则是自然形成的。我的一点兴趣，都是我爸爸感染的，比方说他比较喜欢看新闻，带着我也爱看一点。"但要想有更加"开阔的见识"，能够游刃有余地探索大学的生活，"纯粹的自然形成的这点兴趣"肯定不够！需要"有意培养"更多兴趣——"乐器上面的，舞蹈上面的……你看，能跳什么拉丁舞的，或者能跳民族舞的，或者会小提琴的，都更加积极也更加主动"。沙瀚自称的"视野上的局限"自然也限制了他在大学中的探索，他声称自己每日的安排基本就剩下了"做作业"，"剩下的时间再用来做勤工助学，社交圈很小，社团也参与得少"。

南山大学的杜尚浅说，他感受到的与沙瀚类似的个人局限让自己在大学始终有种紧张感。在描述自己之外其他农村背景的学生时，对于同样的感觉，他使用的是个更带褒义的评价——"内敛"。在他看来，城市的同学看起来就要更加"开放、从容和淡定"。尚浅来自广东省经济发展水平还不错的地级市下属的某个村。用他自己的话来说，家里虽然说起来是住在"村"里，但自己和家人已经完全不是传统意义上的村民。家乡的城镇化进程很快，村里的集体土地被用于经济开发——办工厂和变成商业用地。有了因集体土地经营而产生的收入，尚浅的父亲开始经营运输业，家庭年收入可达五六十万。尚浅成绩一直优秀，高中时入读的是当地最好的学校，家庭丰厚的收入，再加上做教师的母亲的推动，让他也有机会报班学书法和小提琴。

但局限总是比较意义上的。虽然尚浅家境不错，能接触一些艺能训练的机会，所就读的高中也是精英性质的，可他说，还总是觉得自己的视野狭窄了一些。在接受访谈时，他举例说道，自己就读的是语言类专业，但在学习时，又总觉得和他一样的农村籍学生关注的点会比城市的学生少很多——"农村的学生只会去考试，只知道去答题，语言之外的文化和交流就关注得少"。他提到："上大学突然有了和外教交流的机会，但这个时候我会不知所措，有一种油然而生的自卑感，而城市的学生遇到这样的情形就要更加淡定和从容。"尚浅反思说，这自然是教育资源的差异带来的结果——"他们可能早就接触过外教，学习也不会只局限于应付考试"。

更单调

金林大学的黎梓时常想起退学的室友小文。小文老家远在西南，从农村迈向一线城市的顶尖大学当然意味着"努力奔跑"。小文一直努力，到了大学，过去多年的学习习惯依然让他停不下来。黎梓回忆说，刚开学的时候，小文"早上起得特别早，背英语单词，记公式，8点钟上课，6点钟就起床，晚上到12点才睡，学得很认真"。这都给黎梓留下了深刻印象。但过段时间，他留意到小文渐渐松弛下来，"他像变了个人，基本上不学了，课也不怎么去上了"。但特别奇怪的是，小文"也没有和其他同学一样玩游戏"。

黎梓的观察是"他没有了紧张感"，貌似"又找不到其他人生出路"。黎梓回忆说："后来，每天早上，都是我们叫他起来去上课。"再后来，小文上课"就变成了看心情，心情好的时候才偶尔去上上课，大部分时间一天到晚睡在宿舍里，偶尔看看视频，基本上不写作业，第二学期挂了好几科，收到退学警告"，大二退学"打工去了"。

黎梓觉得可惜且痛心，小文找不到其他人生出路，而他自己也正在摸索。他深知，小文所能做的好像只有在"一蹶不振"和"特别努力"之间二选一。说是两个选项，但其实只有一条路——学业。"一蹶不振"就是"打游戏""不怎么学"，"特别努力"就是"勤恳"和"苦学"。问题是，假如苦学的终极意义——考入名校——已经失掉，那么在由"一蹶不振"和"特别努力"构成的光谱上，滑向哪一端都不会意味深长。黎梓设想着，也许小文和同院退学的另外两位农村籍学生都能跳出学业这一色光谱，可以"打理生活"——探索"一片荒芜"的大学生活。

但"没什么兴趣爱好"构成了探索路上的巨大障碍。黎梓总觉得自己和自己的生活其实像小文一样"单调"。他所声称的"单调"是文化品味和技能意义上的。访谈时，黎梓打趣道："除了有些爱好，比方说做做题什么的，一般的技艺都非常少。"他这里所谓的"单调"也是"比较"意义上的。黎梓提到金林大学所在城市的"本地生源"：

> 开始的时候，我觉得他们本地人招得多，质量应该会差一点。但到最后，我发现，其实他们比我们强，从综合素质上来说，比我们强。金林大学又是本地名校，招的很多同学家庭条件基本都挺好，寒暑假时，他们的父母也能够支持他们去培养一些技能。

生活上的单调显然因文化技能上的单调而生。黎梓提到，他是典型的农村籍学生，"综合素质不如城市籍学生，他们兴趣爱好广泛"。在日常生活中，能力并不以抽象的形式存在，它有具体的表现形式——能力本身意味着能够完成某些特定社会场景下的任务。倘若援引布尔迪厄的场域、文化资本及生存心态概念来描述稍弱势群体进入精英高等教育机构的情形，即为：大学的文化环境并不中立，当黎梓来到精英大学的环境中时，其间充斥的是中上层的文化规范和游戏规则，共同的兴趣爱好或许是新环境中社交的重要前提，也是参与社会生活的前提，对它们的陌生自然会带来对自身的怀疑和否定。

尤其是，当普通人定义"能力"时，一般只承认主流文化对能力所确定的普适内涵，这类专断容易导致人们得出稍弱势群体早期社会化有所"亏欠"、能力不足的判断。珍妮弗·L.海勒在针对工人阶层子弟流动经历的分析中也指出，中产容易将前者早期社会化的烙印视作性格或能力缺陷的证据。[97] 这样，对于黎梓而言，探索学业之外的新生活，过一个更加整全而非单调的人生，显然意味着改变单调的自己，去熟悉新的文化世界里被看重的兴趣爱好，掌握新的品味和技能。但又如布尔迪厄所言，早期生命历程的影响深入而长远，改变又谈何容易。访谈中，黎梓反复提到自己"比较保守，对新事物的尝试很少"。

📖 自我设限

"欠缺"与"落后"

"内向""局限"和"单调"构成了一种特殊的关于自身性格、见识和素质的认识论，但这种认识论不是完全客观和实质意义上的，而是只有在与城市籍学生的"外向""开阔"和"全面"结合起来时，才能够被理解，其背后隐藏的是特定的社会关系。

在《国家精英》一书中，布尔迪厄曾分析巴黎高等师范学院女子文科预备班的一位哲学教师于 20 世纪 60 年代连续四年记载的 154 位学生个人卡片上的分数以及针对学生书面和口头作业的评语。他发现，教师对学生的评价与学生的出身之间有着高度的对应关系——随着学生社会出身的提高，教师使用的褒义形容词越来越频繁。而教师所使用的用于评价的形容词，除少数涉及课业状况（例如"有条理""含混"等）之外，大部分描述的是个体品质，并打上了社会标记（例如"高贵儒雅""富于诗意"等）。布尔迪厄指出，实际上，教师在对学生实施评价时，倾向于将在社会关系上处于主导地位的群体的特质或品行当作杰出的品质或品行，并将其视作评价其他社会群体的标准。[98]

志安、沙瀚、尚浅、黎梓关于自身与城市籍学生在性格、见识与素质上差异的分析，也带有鲜明的社会关系痕迹——以城市群体学生的状况为标准衡量自己。另外，他们关于"内向""局限"和"单调"的分析，其核心又都涉及早期社会化过程中的文化资本积累——是否接触过特定类型的知识、培养过特定类型的兴趣爱好等。问题是，文化资本的积累依赖家庭的长期投资——最好是自儿时起即得到系统的培训与熏陶，这在他们与城市学生之间画上了一条明确的难以逾越的社会边界。

奥格布指出，完成文化意义上的合法任务、履行被特定群体看中的角色、接受社会所给予的社会规范，构成了"能力"定义的核心。"内向""局限"和"单调"是受访者在精英环境中完成社交任务、履行精英角色、参与社会活动的障碍，也构成了他们对自身社会能力的认识的基调。

当被问及刚入学时的情形，汉江大学的周宁说"觉得自己挺没用的"。周宁来自浙江南部，年幼时随家人生活在"半山腰上的小村"。随着浙江经济的腾飞，周宁家乡村中的居民后来全部搬迁至山脚下，并"住进了一排排的楼房"。访谈时，我问周宁："那是不是意味着家乡变成了城市？"他若有所思，说道："虽然生活环境变了，但还是和市民有一点隔阂。"而这点隔阂直至上了大学还一直跟着他——"我的生活方式还是跟以前差不多，总感觉和城市有一点差距"。如果说"隔阂"还只是周宁对自己和精英环境难以名状的描述，"差距"则有了高低判断的意味。

但这种高低判断肯定不是经济意义上的。接受访谈时，周宁说："差距不在消费，买东西买贵的，我们农村也有——甚至买得贵得多。"访谈时他欲言又止，说有时候感觉"好像他们看不起农村人"。当被问及是否指他在日常生活中遭受歧视时，周宁又明确地予以否定。他觉得可能只是"自卑"——"因为小时候的生活和教育经历，没有能和同学们聊得来的话题"，"也不会唱歌"。周宁说："这莫名地会让我在心理上感受到实实在在的'差距'。到了大学，看到很多人会一种乐器、一种舞蹈之类的，但感觉自己什么特长都没有，不如别人。"

周宁所提的"不如"已然是一种能力评价和比较——不是人格意义上的。所谓的"差距"也不是尊严意义上的，而是指向对自身社会能力的一种比较性认识。正像海一大学的曲莫在访谈时所描述的，城市籍学生"从小多才多艺"，农村的学生显得更加"质朴"一些。他判断说，"质朴"主要还是因为对城市生活环境不熟悉。

曲莫来自湖南的一座小镇，父亲是镇上一所学校的初中教师，母亲在镇上经营一家小商店。访谈时他提到，如果和村子里的学生比较，他的家庭条件还算不错——大学期间无需办助学贷款，自己的开销"一个月千把来块"。曲莫高中就读的是当地最好的县一中。由于成绩一直优秀，学校"甚至免除了学费，还每月发生活费"。高中时，曲莫一直在所谓的"精英班"，经历三年严酷的"早六晚十""每日刷题"的历练之后，他进入海一大学——虽然并不如他自己预料的理想。这样的经历给了曲莫相对的优越感——在一个崇尚学业的教育系统中，成绩优秀自然意味着能力或道德上的自我肯定。

但他笑着说，等到了大学，海一学业上的挑战已经"摧残"掉一半这种优越感。而给他带来更加深刻反思的，是大学的社会生活。曲莫将自己与室友做比较，说感觉他们"比较外向、很好、跟大家交往得都好"，而他"就不怎么好，跟别人交流得很少"。他认为自己有着明显的社交能力局限，不像城市的学生那么"自信"，更像是个"只会读书的料"。当我请曲莫解释"自信"的含义以及为什么他觉得自己社交能力有明显的局限时，他提到：

> 我觉得自信是建立在对环境熟悉的基础上的。他们毕竟从小生活在城市里，对生活环境相对来讲比我们更加熟悉，更要了解。另外，还要看你个人擅长什么。例如，城市的同学更加多才多艺，你们俩在一起，突然发现原来他钢琴过了九级。他也不一定就会更加自信，但从自己角度考虑，我没有学习过……

曲莫解释道："在需要派上用场的时候，就总会觉得他而非我才是更适合和更优秀的人选。"他接着解释说："在班级或学院活动需要文艺表演时，感觉尤其如此。"但这种感觉也绝不仅限在这些场合，它隐藏在大学生活的各个角落，"一直在那里"，一点点地侵蚀自己的社会生活。访谈时，他叹了口气，说觉得自己"不怎么合群，有时候和同学聊不到一起"，并感叹道："有人说互联网时代，城市和农村的知识局限被撕破了，很多东西都可以在互联网上学到，但才艺、技能方面的东西不是可以轻易学到的。"

周宁与曲莫对于自身社会能力的认识并非孤例。在受访时，农村籍受访者普遍提及因自身家庭早期文化资本投入有限而产生的欠缺和落后感。由于自认为缺乏被认可的"知识"和"文化技能"，因此他们说自己感到"自卑"。但正如针对周宁和曲莫二人自我反思的深入分析所揭示的那样，"自卑"的核心不在于对自我人格和尊严的矮化，它更多地指向"对自身社会能力的负面评价"。社会分层和主观认同方面的研究指出：可得的物质资源（客观分层标准之一）在极大程度上形塑了个体的精神面貌，影响着他们对自己与他人主观社会排序的认可。[99]较低社会经济地位的群体对自身社会价值的认可度更低，对自身能力的评价也更低。

不少社会学研究更是表明，在一个结构化程度高、流动殊为不易的社会，来自稍弱势群体中的个体容易在出身的社会阶层与特定的能力之间建立直接的关联，从而看低自身的能力。例如，英国学者的研究表明，来自工人阶层的男孩在申请大学时，即便是在学业不成问题的情况下，依然倾向于选择非精英大学。即便进入精英大学，他们依然必须付出大量的情感与智力努力，以克服学习能力不足的主观建构。[100]艾莉森·L.赫斯特的研究也表明，高等教育机构中的工人阶层子弟面临巨大的心理压力，因为学校教育系统往往将学业失败归结为学习能力不足，而他们的父辈又较多地被排斥在学校之外，这意味着他们要接受一种特殊的社会建构——自身所在群体学习能力不足。[101]

对此，杰克·里安与查尔斯·赛克瑞在早期研究中也有所提及。他们指出，流动至中产阶层的工人阶层子弟所谓的"自卑感"应当是文化信念和残留的身份认同交织的结果。[102] 现代社会在文化上主张贤能主义的神话，被淘汰常被解释为能力不足或努力不够。问题是，上升中的个体往往可能物质上相对成功，精神上却依然眷念、认同出身的社会阶层，对自身能力的较低评价也往往由此而生，它是对自我与他人之间社会秩序的象征性认可。

"知难而退"与"发挥优势"

我们总是踏着过去的步伐而来，当迈向新的征途时，调整过去的步伐并迎接将来并非一件易事——尤其是，当这些步伐的节奏深刻地植入内心世界时。志安、沙瀚、尚浅、黎梓、周宁、曲莫关于自身能力的主观感受皆因这一障碍而来——在新的文化世界，能力由另一些和自己疏离的文化符号所定义。能力是文化意义上的，在不同的社会群体中长大通常意味着习得不同的文化知识和技能，占有不同的文化符号，在社会上占据优势地位的群体所用的文化符号和文化实践常被贴上能力标签——在精英场域中尤为如此。[103] 例如，谈及六艺，钱穆指出："孔子以礼、乐、射、御、书、数为教……凡此六艺，都是当时贵族日常事务中所必需历练的几项才干。""大雅君子，不为时限，不为地限，到处相通"的另一面，便是以主流雅化的文化符号盖过非主流的风气风俗。[104]

精英高等教育机构倾慕的往往是优势社会阶层的文化，稍弱势群体一旦在其中遭遇陌生的文化规范和实践，往往在心中滋生对自身能力的不自信和怀疑。精神版图又在很大程度上塑造着我们对外在世界的探索。这是布尔迪厄生存心态概念的核心要义：我们的心态由我们早期的社会化经历所塑造——我们由先前生活中的各种可能和不可能所塑造——它一旦成型，就会反过来告诉我们什么是可能的，什么是不可能的。在偏向于否定自身的社会能力时，接受访谈的农村籍学生便会普遍提及他们会有意减少在非学业领域的探索。

回忆起前三年的情形，本章开头提到的顾蕾反复提及，她一直被一种"精神匮乏"的情绪所笼罩，在探索大学环境时，容易"知难而退"。她说大学期间物质生活的贫乏时隐时现，但它并不影响自己对新生活的向往。"有时候，生活费快没了，钱很少的时候，就会觉得自己的家境不是很好——来自一个农村家庭，要努力改变自己的命运。"但精神生活的贫瘠反倒更像无法甩掉的羁绊。顾蕾说，大一大二时，因为对自己社会能力的怀疑，她总不敢去尝试探索大学的社会活动——朋友圈不大，也觉得各类学生组织和活动"都和自己无关"。她回忆说，大一时被同学拉着一起去报了学生会的外联部，需要面试。等到了面试现场，发现有很多人，她"没有面试，直接走了"，因为担心他们问的东西自己不会——"他们都知道好多东西，但我不知道"。

当时我听到他们问那些人一些文学方面的问题，读一些文章有（什么）感受之类的。听到那些人在说很深刻的话，觉得自己没有那种感觉。要是他们问到我那样的问题，我觉得我什么都答不出来，就觉得自己不如别人。

同样的文本却读不出深刻的含义，同样的语言却悟不出深刻的道理，对于顾蕾而言，这些意味着"不一样的痛苦，自己也意志消沉"。后来，她"压根不去报名参加学生会和社团，尤其是那些需要选拔的"。她提到："那类要在很多人面前说话的，我就根本不想了，城市的同学一个比一个优秀，而我觉得自己没这个方面的能力。"

南山大学的邹子航在接受访谈时，也常提及自己"能力平平"。大一和大二时，因为觉得自己"不比别人多一些特长或能力"，所以他较少尝试参加学生组织或积极拓展社交圈。子航的老家在湖北西部的一个小村，回忆起家乡的情况，他的介绍是"很不发达，交通还不是很好，小时候去镇上要走路"。上学的路更是漫长，由于村里没有小学，子航"每天都要走两三个小时去上学"。漫长的上学路恰是曲折求学路的物理映射。按照他的回忆，自己直到三年级才第一次拿到课本，而在此之前，"全是老师在上面讲，我坐在下面听"。但子航依然觉得快乐——学习上如此，家庭生活也是如此。直到"由于家里缺钱，父母分开外出打工，母亲消失，奶奶病重，父亲开始一个人在矿上打工，支撑家庭和我与姐姐的学业"，儿时的快乐才渐次消失。子航回忆说，他的姐姐"学习不是很好，在母亲离家之后很快就辍学了"。那个时候，他也异常担心会不会有朝一日求学路中断。但好在父亲坚持，加上自己学业优秀，子航高中时进入了当地最好的学校。

回忆起自己的学业生涯，子航嘀咕道，有一点他印象特别深刻："小学的时候没有课本，完全是靠老师讲，但等有了课本，老师也是直接照着课本讲，不会进行知识拓展。"到了初中、高中，也还是如此。在学习上，他每日面对的是单调的照本宣科，鲜有机会涉猎课外知识；在学习之外，课余生活更是单调——只有"日复一日地刷题"。子航自认为他从高中时"性格上就有一点问题，老是不愿意和别人交朋友"。但这个性格上的问题，主要还是因为自己的出身——"我是农村的，没有什么信心，有点自卑，有点怕"。

对他而言，这貌似既是生活的馈赠又是它的重击。说是馈赠，是因为高中的时候，他出于这个原因能够特别"专心学习"，拼命刷题。说是重击，则是因为等到了大学，他才发现自己"既不合群，又没什么特别大的优势"。子航提到，当和同学一起运动的时候，他发现自己的"运动天赋不是很好"，后来又发现和同学没有共同语言。例如，他不会唱歌，"去唱一下K，感觉自己什么都不会，坐在角落默默看他们在那里嗨，觉得很孤独"。

子航特别强调："就是感觉和他们在一起还是特别孤独，合不了群。"到后来，子航回忆道："同班同学有很多爱打篮球的，每次都叫我，但是我都拒绝，不是不想打，是因为我根本不会，出去唱K我也基本都会拒绝。"至于学生组织，也是由于充满疑惑与担心，而"没有报名，怕面试被刷掉"。他特别提到："当时我不了解面试，又没有什么才艺，就没有敢去。"

顾蕾和子航的"知难而退"都是不熟悉精英大学文化环境或自认为没有掌握某些文化技能的结果。对自身社会能力的否定导致他们难以破冰，无法较快和有效地参与校园社交和课外活动。但随着在大学的时间变长，顾蕾和子航后来又都开始逐步地做些探索——这些探索的过程和意义，我们在后文中会再讨论和提及。

事实上对不少相似背景的学生而言，花费太多的精力和时间做这样的探索可能并不符合"经济理性"，为了充分地利用好大学的时间，他们更需要"发挥优势"。"发挥优势"主要是指在认定自身社会能力不足的情形下，选择在自认为较为擅长的学业领域继续耕耘，不再轻易在社会生活方面做出新的探索。例如，到了大三，当谈到自身的学生组织或集体活动参与状况时，再君的直接反应是："我不太适合去管理别人，我认为，这个方面……我可能不需要。"对他而言，学业上的成功让他保持了自身的成功者身份，维持住了自尊，同时也为他创造了一处避风港，让他去规避来自不熟悉领域的挑战，成为封闭自己的重要力量。

第二节　生存心态的转变与代价

📖 城堡、烟幕以及生存心态的转变

我特别喜欢山姆·弗里德曼在《门票的价码：重新思考社会流动体验》一文中提及的表演《烟幕和城堡》（*Smokescreens and Castles*）。[105] 2010 年，英国脱口秀演员罗素·凯恩（Russell Kane）因为该表演而赢得爱丁堡喜剧奖。《烟幕和城堡》本身多少折射了凯恩自己的社会流动之旅和那颗始终难以安放的心。凯恩的父亲出身于工人阶层，总喜欢以"城堡"作比喻，劝诫儿子要有"心防"："小子，竖起高墙，把异乡人和势利的中产拒之门外！"凯恩却不可避免地滑向父亲口中的"小资产化"和"势利"。他和父亲关于是否要建造一座新房的争论，巧妙地隐喻了凯恩在精神层面所遭遇的两难。凯恩责问父亲："当你可以建造一座新房子的时候，为什么要一座旧房子呢？"他的父亲回答说："新房子？那不是你妈妈心里的家该有的模样！"

显然，凯恩更喜欢自己的新"城堡"。只是不可避免地，城堡也许是"新瓶旧酒"，其中的人多少保留了工人阶层的"低劣品味、可笑方言和僵化的世界观"。当然，这些都是凯恩的自嘲，他嘲笑自己的工人阶层根基，却难以割断和它不可磨灭的感情联系。凯恩制造笑点，邀请观众嘲笑他，但焦点并非他的工人阶层家庭，而是两个社会阶层间的文化矛盾。正如他承认的，主人公被夹在两种文化之间，犹如卡在社会炼狱当中。

在雷伊关于英国精英大学工人阶层子弟的研究中，精英大学的环境时而被称为"天堂"，时而又被称为"泡沫"。"天堂"的修辞或多或少地包含对精英环境的向往、追求和依恋；"泡沫"的修辞又或多或少地包含"抓不住当下"的忧愁。文化上的外来者进入精英高等教育机构这个陌生的场域时，最易遇到的核心挑战即是生存心态与环境之间的错位。[106] 而要想"抓住当下"，即需要学生能够做出适当的回应，达至个人心态与学校环境之间的匹配。

在本章的第二节，我关注农村籍学生在大三时是否达成了个人的生存心态与精英环境之间的匹配。在本书的第一章和第二章，我提到的"错配"更多和学生在社会活动方面的探索有关。例如，在"可欲"小节中，我指出由于对精英大学文化环境的陌生，接受访谈的农村籍学生在精英环境中常缺乏轻松感、确定感，参与各类学生组织和社会活动的意愿往往不足。在"可能"小节，我指出由于缺乏被精英环境所认可的文化技能，接受访谈的农村籍学生往往视参与学生组织、开展社交活动为畏途。在"自我低估与自我设限"一节，我指出由于将城市籍学生所拥有的某些类型的文化资本误认为"能力"，农村籍学生因此对自身的社会能力常持消极认识，容易自我低估和自我设限。而这些无疑都是他们不断探索新环境的障碍。

在本节，我尤为关注的是，经过两年多的学习，农村籍学生是否有改变，其结果如何。要考虑清楚这一问题并不简单，因为从精英大学文化上的"外来者"向"局内人"的转变内在地包含两个独立却又彼此关联的部分，除上文提到的社会生活方面之外，学业上生存心态的转变也是重要内容。不过，正如本书的第一章第二节所分析的，农村籍学生在学业生存心态上的转变有其独特内容。他们重视学业，经过一段时间的学习，也能如上节所述的志安一样逐渐把握学习的节奏，只是这反而以独特的方式牵扯了他们在社会生活领域生存心态的转变。

📖 庇护所与羁绊

"庇护所"和"牵扯"

对何再君而言，学业是一处安置自己的庇护所，但在这个熟悉的庇护所待久了，另一种生活也变得遥不可及。大三时，当回忆起大学一、二年级的生活，再君说自己想不到有什么重要挑战。他回忆说："大一刚入校，空余时间变多，就花了更多时间在学业上，适应很快。""（唯一）感觉花了一点时间去克服的主要是跟新室友的关系。"他提到其中一位室友："（他）有段时间突然改变了作息，一开始起得很早，正常时间睡觉，但是后来突然睡得很晚，起得也很晚，应该是谈恋爱了，每晚聊天聊到很晚，然后才去洗澡，吵到每一个人。"

这是再君前三年唯一的困扰，此外，再无特别的人际烦恼——"这三年，没有做过班委，没有进过学生会，没有进过团委"。对他而言，最优先的事项是"集中管理自己"，再君提到的"集中管理自己"主要是指对自身学业的管理。他感觉"学业应付起来挺轻松"，且到了大三，随着物理专业基础课结束、进入专业课程学习的开始，他也慢慢地将精力集中到"感兴趣的方面"——"做了一个过渡，聚焦到物理学的一个小分支上面"。访谈时，他自豪地说自己的学业绩点一直保持"班级前三"。

再君的情形让我想起英国社会学者戴安·雷伊和保罗·威利斯针对英国工人阶层子弟教育问题的研究。雷伊把学校视作中上层的文化象征，认为其间流行和占据宰制地位的主要是中上层的文化规范和实践，学校中的工人阶层子弟可被视作文化上的外来者。威利斯在《学做工：工人阶级子弟为何继承父业》一书中指出，"外来者"的含义之一是在学业方面，工人阶层子弟常秉持与中产阶层迥异的价值取向：轻视学业，对学业成功嗤之以鼻。研究英国工人阶层子弟接受高等教育机会的研究人员也指出，由于社会出身的缘故，这一群体一般认为获得好的学业成就、进入精英大学不是"他们那个群体的人"能做到的事，即便在进入大学之前学业成绩出色，他们也不敢轻易选择报考精英大学。雷伊指出，他们进入精英大学后，要面临的重要挑战依然是克服这种学习能力不足的主观建构，这是"文化上的外来者"的另外一重含义。[107] 因而，在精英大学中，轻视学业、低估自身的学习能力等是工人阶层子弟必须加以克服的"生存心态"，否则他们难以有效地探索学术世界并在其中获得成功。

再君的情况与威利斯和雷伊所描述的工人阶层子弟颇为不同——像其他来自农村和小镇的学生一样，他并不看低自身的学业能力，也不认为自己在学业上难以获得成功。这或与中国文化中重视学业和贤能主义的传统有关——进入精英大学恰恰证明了智力上的卓越和平等，也证明了他们早期的奋斗和努力。当再君进入精英大学时，他在学业方面并未有太多的"不自在感"。在三年的学习中，尽管他也花了不少时间做一些调适，但总体上并未遭遇太大挑战。

从学业上来说，再君既有的生存心态和海一大学的环境之间存在一定程度的匹配。而此给了他在学业上游刃有余的可能，也给了他继续向前的动力。例如，良好的学业给再君带来了极大的鼓励，三年的探索过后，他暗自下定决心，以后"继续攻读（硕士）研究生学位，然后读博士，要做一些技术理论的研究"，他"想做自己喜欢做的事"，而家人也一直"尊重且支持"。他提到，虽然"长远的目标还比较模糊"，但"小目标"是明确的——学好自己感兴趣的方向，而且"足够努力，并投入了很多精力"。

不过，再君的全部筹划都在自己熟悉又擅长的领域，他提到"将来要持续进步的几个方面"："我认为第一个是数学的能力，第二个是物理的思维，还有最近我又认识到，外语也是非常重要的。"在学业上他提到的唯一令自己不安的事是，报名参加海一大学的一个合作办学暑期夏令营，"笔试过了，但面试失败了"。接受访谈时，再君没有提面试失败、心情沮丧的原因。他说自己唯一的反应是，暑假之后留意到班上同学的学习进度比自己快了些。他不清楚自己在何处"脱节"，但下定决心"要再赶上"。对学业的重视、管理和筹划好似一种"惯性"——漫长的求学生涯期间养成的心态一直延续至大学早期和中期，并指导再君继续向前。在布尔迪厄看来，这是旧有生存心态的延滞。只不过，与上文提到的英国工人阶层子弟不同，对再君而言，幸运的是学业上的旧心态和新环境之间存在匹配关系，这延滞的一面有利于他在学业上的探索，甚至成功。在熟悉领域的游刃有余也给再君带来了极大的自信，他提到："我的习惯是工作都自己完成，我总是相信自己能把工作做得非常好。"

当然，再君也意识到，他所提到的"工作"差不多全部事关学业。访谈中，他很少讨论和提及学业之外的内容。当我与他讨论班委、社团和其他各类学生组织和课外活动时，他提到自己"一直没有尝试过，没有去参加"。

他说自己始终躲在由学业构筑的城堡里，大一和大二时他没有充分重视的社交和社会活动，到了大三依然没有得到他应有的重视。施图贝尔在《象牙塔内》一书中曾留意到大学环境的社交内容，对美国工人阶层子弟学生的社会活动情况进行了深度描述。他提到，在社会生活方面，底层背景学生与中上层社会背景学生有着不同的品味与追求，前者一般较少地参与大学中较为高阶的文化活动，例如舞会、喜剧、艺术与音乐课等。他们对于那些有利于社会和文化资本积累的课外活动也不太感兴趣，甚或持愤世嫉俗的态度，又或者并不看重或不了解这些社会活动的意义与价值，甚至缺少参与这些活动所需的知识和技能。施图贝尔的分析微妙地回应了雷伊对英国工人阶层子弟在精英大学生活状况的观察。在精英大学，学业之外的社会生活领域同样需要探索，而要探索成功，也同样需要与精英环境匹配的"生存心态"——重视各类社会活动的意义，肯定自己的能力，积极地尝试。[108]但再君的心态没有彻底转变。

一方面，他认为参加各类社会活动、积极社交应该有助于自己锻炼沟通和管理能力；但另一方面，他又提到："这方面的能力，我可能不需要，也没有兴趣，我不太适合去管理别人、领导别人。"他困在自己构建的学业城堡里，"如鱼得水"，但又难以心安理得。接受访谈时，他半开玩笑地提到"我只好安静地做个学霸了"，又不无遗憾地评价自己的社交状况"和初中时差不多，主要的朋友局限在'室友'"。

对再君而言，大学的精神世界是并行和分裂的两个世界，一个属于学业，另一个属于社会生活。学业的世界是他过去一二十年一直在探索的——或主动或被动，这个世界给他提供了庇护所，但与之对应的心态又将他与社会生活的那个世界隔开，像座坚固的城堡。

对南山大学的欧渐藜而言，再君提到的心态则像极了一种"牵扯"，羁绊着她，让她无法在大学的另一个世界奋力疾驰、积极探索。

大三接受访谈时，渐藜突然想起一次听课的时候老师援引的一句话。她记不清这句话的具体表述，大概是："读书是为了有更多的选择，而不是为了获得更好的成绩。"此时此刻，这句话或正回答了渐藜的人生困境。她努力读书，但"有时候会有点迷茫，这么努力读书是为了什么，有时候会不理解自己""同样的东西，别人就选择放弃，就不学了，就随便学一下。我就觉得要学会，花了很多精力"。

渐藜来自广东西部山区，父母务农，有两个哥哥、一个姐姐、一个弟弟。大三时，她的姐姐正在上大学，两个哥哥都在打工，弟弟正上高中。渐藜说"家里收入中等，但支出很大"，导致她一直"有一种紧迫感"。其实，渐藜的紧迫感不仅仅指经济压力，更包含她对未来"选择"的追求，只是追求的背后又无所依托——想"自己以后生活过得好一点"，但"家里能给的帮助很小，只能靠自己"。学业好似给了她一条缓解"紧迫感"、通往"选择"的道路。过往的经历似乎是这条道路最好的注脚，渐藜提到：

> 从小学开始，就已经跟一部分同学分开了。很多同学在初中的时候进了镇里面的普通中学，教育资源不一样，教育结果就不

一样。另外，每个人的性格也会被环境影响。例如，没有考上重点中学的，肯定受到一定的打击。有些人会消沉，有些人初中就辍学了，有些人在差的教育环境中，会跟老师顶撞、打架。我还会和小学同学每年有一次聚会，我感觉比他们多读了十年书，每个人的路已经非常不同了……有些已经有了小孩……

渐藜珍视学业带来的机遇，即便她刚进南山大学时是被调剂进自己的学院的。她没有申请在大二时转专业，虽然访谈时提到自己的确"一开始对专业没有兴趣"，但又觉得"属于 IT 行业，现实上有前景"，"刚开始两年的理论学习枯燥、抽象、很难"，但"还是坚持了下来"。渐藜坚持下来的原因除了她说的专业前景，还在于"换专业意味着时间成本——需要留一级、多读一年"。直到大三，她才慢慢地喜欢上自己的专业，因为课程开始涉及工程应用，她"逐渐地觉得挺好玩"。

无论在哪个阶段，渐藜的学业成绩都靠前，而她付出的努力也是巨大的。当描述学习和其他方面的时间分配时，她说："这几年，尤其是大三，主要的时间和精力都放在了学习上。"访谈时，她提到大三的功课，说自己"经常熬夜"，"要学很多东西，信息工程原理上面的内容比较多，还有一些实验——做实验也比较多。课后要付出的时间很多，经常会熬到一两点，有时可能会熬夜到三四点"。

渐藜也提到"有时候很累，怕自己撑不下去"，但向上攀爬的过程又容不得放松警惕：

> 能够一步步走过来，来到南山大学，真就感觉如果我在某一步发生了什么意外的话，走的路就会很不一样。好像在哲学里面

也有这样的说法，每条路的可能性都很大——我基本上是压线进的南山大学，只高几分而已。

她想想就觉得后怕，而在学业上努力付出又好似唯一的坦途：

> 所以有时候会想，（如果）你做错了一两道题就不是在这里了！在中学里，其实有些人的学习情况、学习能力（和我）差不多，但是可能因为高考或者中考没有发挥好，就会去一个比较低一点的学校。我觉得他们的前景会受一定的限制，就这样理解吧，所以教育很影响一个人以后走的路。

渐藜大三时的方向是"尽量保研，如果保研名额太少的话，就考研"。早在大二，她就"加入了学院的本科生科研计划，跟着老师做项目"。渐藜提到："最忙的时候从早上到晚上都在实验室。我们那个组要赶一些项目，就早上9点多去那里做，晚上11点才回来。"甚至到了假期，她大部分时间依然留在学校。渐藜提到，"大三上学期开始之后，就没有再出去玩"，当年"国庆假期计划回家，不过会有几天时间在学校做点项目"，而之前寒暑假几乎一半的时间都留在学校，留校的时间"基本上用来学习、跟老师做项目"。

关于高校里的大学生如何为将来做准备，赫斯特曾描述过三种策略路线，它们分别是重能力（HirePerson）、重软实力（HireSoft）和重学术（HireScores）。走重能力路线的人强调人力资本的重要性，重视个性和个人技能并积极加以培养；走重软实力路线的人强调声誉、社交网络和个人特质的重要性并积极加以培养；走重学术路线的人强调学分和其他学术能力指标的重要性并加以维持。[109]

像渐藜一样的学生，会更倾向于分数路线，但她说当自己考虑更加宽广的人生时，学业这条"坦途"又显得异常狭窄而局促。和渐藜的谈话持续了许久，当聊到朋友、室友、社团、学生活动时，她感叹自己的人生："突然感觉好局限啊！"渐藜所提的"局限"有两个方面，一是指"人际交往的面不大"——"其实除了我们宿舍、自己班，还有课程上面的同学，其他人很少接触"，"有什么问题，就是在 QQ 群里交流；二是指"学生活动也参加得少"——"和其他同学比较起来，他们会参加一些活动，我则很少接触社会"。

我们的生存心态在很大程度上由我们所在的社会环境塑造，告别感觉舒适的社会环境，进入新的场域，必然会面临困惑以及内心冲突。三年的大学生活已经让渐藜洞察了精英环境的不同，学业之外的社会生活领域也的确是一个更加精彩的世界，也正是因此，在面对这个世界时，渐藜的心情复杂又充满挣扎。一方面，她苦笑着形容自己的大学生活是"另一个高三，还是升级版的"，"感觉自己还有很多想做的事"，这些想做的事，显然是被学业挤压掉的"业余爱好"和"社交"。可她又苦笑着略感惋惜地说："这几乎不可能，因为没时间。"

但另一方面，要为人生赢得主动权，总要有"拿手"的本领——"我看到有些人出去工作，会各种抱怨和跳槽，但我感觉他们是被迫地去工作，没有自己选择的权利。我觉得比较适合自己的拿手本领还是学习吧"。这样，过去迟滞的心态被感知到的生活压力强化，牵扯着渐藜，让她无法离开自己重视的那个学业世界而进入另一个更加新奇的社会生活领域。渐藜回忆说，她在社会活动方面其实有一点初步探索，但"挫折"和"耗时"是自己的直接感受——"面试了学院的团委，当场就觉得面试效果不好"，"参加了一个社团，尝试着去为社团拉赞助"，"其实是能学到一些东西的"。但假如沿着发展长处——学业能力——的思路去考虑，"回头去想这些尝试，觉得又好像是浪费了蛮多时间和精力"。渐藜郑重地提到："如果让我重新选择的话，大二的时候就不会再做这一小段社团活动了。"

"大意"和"拖累"

在大三接受访谈时，海一大学的武惟期依然性格内向、不善言辞。他习惯穿灰色针织外套、粉色短袖上衣、牛仔裤，鼻梁上架着一副白色镜框近视眼镜，右手戴手表。惟期来自浙江中北部小镇，在他儿时即已发生的快速工业化进程改变了家乡的面貌。他的父母先是在当地从事胶囊手工生产，但不巧在惟期小学期间，当地为规范胶囊生产取缔了手工作坊，惟期的父母也因此失掉了自己的作坊，加上没有其他技能，只好进入工厂打工，"家庭收入受到影响"。

惟期的高中学业在当地的县中完成。让他评价自己的高中学业状况时，惟期的回忆自然也是"紧张的学业"再加"激烈的竞争"。他回忆起当时的分班情况：

> 我们是分重点班和非重点班的。全校总共有四个重点班，一个是文科，三个是理科，然后剩下大约十个是普通班。分的话，首先是高一的时候根据中考成绩分一次，之后再根据高一时候的成绩进行一次调整。

而学业之外，再无其他——"高中的话，除了学习，你在学校再也接触不到其他的存在方式"。但等到了大三，再回过头去比较大学和高中的差异，惟期意外地生成了一种异样的关于人生的哲学论——"单调赋予生命以充实，多样赋予生命以空洞"。

惟期所说的"充实"主要是指高中的时候"目标清楚，每天的日程紧凑而具体"，"为了考一个好的大学，大家都一起学习"。可到了大学，"除了学习，还可以做很多事情，但没有人来管你，在这种自由无约束的情况下，就放弃了学习，也降低了要求"。惟期说自己想要的只是"能从这个大学顺利毕业"，"没有更高的追求"。他想起大一的时候，"想着可以放松一点"，毕竟从学业方面考虑，他探索的精英环境未必是一个全新的世界。新环境只有在给生存心态带来挑战和失调的情况下才是新的，也才能激发生存心态的调整，以更好地指导自己在新环境中的行动。在这个意义上，旧有心态和新环境之间的部分匹配也可能意味着"大意"，尤其是自觉学业能力不成问题的情况下。但惟期说："没想到这一放松，学业成绩就差下来了。"大二的时候，他想着要尽量去补足学业这块短板，但那个时候他在大学的学习方式上似乎又并未"找到门路"。访谈时他提到，"（学习）和高中一样，老师上完课，你做作业，然后应付考试"。

为了补足自己所谓的短板，惟期"试图找回高中的感觉"，而他所谓的"找回高中的感觉"就是"找人一起学习"。他提到："尤其是临近期末的时候，和人一起刷些题。""大一的时候，基本上都是一个人在宿舍，大二的话，就经常和几个同学一起学习，这样对大家的学习都有比较大的促进作用。……一坐一整天，然后考试的时候做完整个考卷。"惟期显然"不喜欢这样的学习方式、生活方式"，但"只能去接受它"。考试的结果也让他觉得"消耗了学习的热情",因为"只要一个月的突击学习,到了最后,大家成绩都差不多,感觉学习的付出没有得到应有的回报"。

"补足"是在高中时旧的学习心态的指引下发生的,也朝着旧心态指引的方向而去。另外,"补足"也总代表不了"成就"。在新的精英环境摸索三年,惟期觉得自己可以用力的就是学业——这是顺利毕业的关键。但"成绩显然不是唯一的出路",大学里可以"用力"的方面有很多,"比方说音乐、舞蹈,艺术之类"。但对他来说,想要取得结果,"其他方面没有学习来得那么容易"。惟期感叹自己"没有接受过那方面的培养,所以学习算是一个主要的在大学使得上劲的地方"。

也许正在此处,我们可以理解,为何他会想到"单调赋予生命以充实,多样赋予生命以空洞"。在一个个人成就由多样标准织就的新的文化世界中,"只会学习"不过是一种"被动"。新的环境需要他调节好两种生存心态——学业的和社会生活领域的——以有效地探索这两个交织的世界。但直至大三,惟期显然还未在社会生活领域的生存心态上实现重大转变。访谈时他提到,学习之外"也没有什么事情可以做","感觉生活跟高中有点像,一直三点一线,很枯燥乏味",甚至"相比高中,大学的人际关系差很多"。当我请他解释为什么的时候,他提到自己习惯被动应对,鲜去探索新的社交方式:

> 高中的话会有固定的教室、固定的人员、固定的座位,然后大家一天到晚在一起,相处时间会比较多,所以(关系)会比较好。大学的话,课程是有选择性的,不同的课会遇到不同的人,然后都是陌生人。这种情况下,肯定是跟比较熟的人坐在一起,

然后你认识的永远是之前已经认识的那几个人，很难再认识新的
人了。

新的社会空间和社会活动组织方式自然意味着新的交往方式和活
动倾向，但惟期反复提到：

> 我是属于那种很被动的人，不会主动跟人交流。有的人可以
> 变得很活跃，去参加社团之类的，可以结交很多、更多人。因为
> 大学是一个很自由的环境，你每天可以接触很多不同的人，但如
> 果你不接触的话，就会很窄。

由于没有生成新的在大学社会生活领域的生存心态——重视它、
理解它、掌握技巧——惟期声称自己在大学社会生活方面的探索自然
是"低效甚至是失败的"。他感叹道，他的心态让自己陷在一个由"自
己"和"其他所有人"构成的两分法的世界里：

> 这种心态决定了你是什么样的人，这个世界有两种人，一种
> 基本上不认识什么人，一种什么人都认识。我就属于前者，认识
> 的人比较少。
> 人际交往上，我基本上就跟我几个同学关系比较好，跟其他
> 人基本上很少有交流。你要知道对我而言，有些人上课不会遇到
> 的话，这辈子基本上就不会遇到。很正常。这几年，我就固定认
> 识这几个人。

而正是处在这两分法的另一端，让他生出许多"空洞感"。惟期说，到了大三，他不止一次地觉得自己对这个世界的探索不够，导致"认知比较狭窄"。

对于海一大学的袁点而言，学业则是一种拖累——成绩不佳让他"失掉了在成绩之外的事情上再证明自己价值的机会和勇气"。

回忆起自己的课外生活，袁点心存遗憾。他分析说："人的认知水平和自己的经历有非常重要的关系，经历得越多，认知就会越深刻。"临近大四，他第一次想自己和其他同学的差距，想将来岗位所需要的技能，反思说："总觉得大一时，由于对大学的学生生活缺乏深刻的认识，很多时间就花在宿舍里玩游戏了。到了大三，想锻炼自己的人际（交往能力），但总感觉可能没什么机会了吧！"

袁点来自湖南西北部的农村。初次接受访谈时，他打趣地说，自己进入海一有点偶然的成分。初中毕业升高中那年，他原本打算在当地县里的一所高中上学，但市里的一所中学跨学区招生，"来掐优秀生源"。父母非常重视教育，加上自己成绩优秀，便在亲戚的帮助下，进入这所中学读书。袁点说，觉得自己"实在幸运"，因为"如果是待在县里面的话，我无法确定还能不能通过高考来（海一大学）"。他说，后来上的高中"当年的班主任带出来的'清北复交'算是比较多的，就我们一个班，光'清北'的可能就有七八个那个样子，实力非常厉害"。

袁点谦虚地说，他进入海一的公式是"自己的努力"再加"老师的水平"。但到了海一，自己一直没有调整好，结果没有努力的方向。"没有努力的方向"既指失掉了学业目标，也指对大学生活毫无规划。提到学业时，大三的袁点反思道："大一刚入学的时候对于大学学习的认识，还停留在一个比较浅的层面，只是认为大学混一混就过关了，就 OK 了。"结果，他的成绩一直"并不是特别理想"。他在大学的时间分配是最直观的关于学业重要性的暗示：

> 高中的话，可能除开睡觉的时候，估计百分之八十的时间都是花在学习上面。但是大学里面，就是除了睡觉的时间，估计只有百分之四十用来学习。学习上面的压力下降很多，可能有些时候，就会把学习排在第二位了。

但究竟可以将什么排在第一位，他又没有思路，直到大三，他才一窥大学的另一面。谈及课堂的时候他提到：

> 我现在发现，老师不是经常会在第一节课讲这个课最后总评是一个什么样的方式，包括助教的联系方式、老师的联系方式啊，我感觉这里面大有门道。大一大二的时候，基本上都不会去记录这些东西，因为我觉得，老师的邮箱和电话放那儿，我记下来之后从来也不会联系、不会打，这可能就是被忽略掉、自己没有利用起来的一个信息。现在大三回头想想，这些是比较珍贵的东西，就是你作为一个学生来说，应该把它记录下来。把他的邮箱或者是联系方式记录下来的话，对于你自己而言是有非常大的帮助的。

人际关系和学业总是相辅相成，学习上的困难或可求助同学，或可求助老师，而教师或助教留下的联系方式则是解决问题的人际钥匙。但袁点说，大一大二的时候，自己"意识不到这些"，遇到困难时，只剩下"无助"：

你不知道要问谁，你不知道要怎么做，尤其是大一刚来的时候，就感觉非常的无力。而在这个时候，就很有可能会出现一些学习上的问题，包括态度上面的一些问题，就有可能觉得完了，这个我肯定过不了了，然后就放弃了。

袁点所说的"放弃"的内容，首先是学业——"有的时候会翘课，或者是请假之类的，就会把学习抛在脑后，然后去做别的事情"。毕业后的访谈中，袁点反思说：

坦率来讲，我感觉我大一大二时对大学生在大学里面应该做些什么的认识不够到位。感觉很盲目，也不知道毕业要干什么，是该去考研啊，还是该去工作，工作从事什么样的行业啊……对那些东西的话，没有一个很准确的认识。在这种情况下，对于未来就没有一个很明确的想法，日子过得不是很有目的性。这样，学习上可能会有些松懈。

被袁点放弃的当然不仅仅是学业。他说自己在课余"把时间花在跟学习无关的事情上"，而这些无关的事主要是指"在宿舍里打游戏"，而非有助于自己积累人脉、增长见识的社交或学生活动。在大三接受访谈时，他反思说："学习成绩好只是（大学生活的）一个方面，体现你人生价值的方面并不只是一张成绩单……还有更多成绩之外的东西。"但他努力不够，成绩不够好，也失掉了在成绩之外的事情上再证明自己价值的机会和勇气。袁点说自己太过"后知后觉"，"本来可以做好的事，由于漫无目的和缺乏努力，结果变得遥不可及"。他回忆曾经的"做题生涯"，说起自己学生时代学业上的自信来源：

> 三年级的时候，突然就考了一个第四名。从那时候开始，我就真正地有了想法——自信还是建立在成功的基础之上的。失败的人，你给他谈自信，可能不行。通过那一次考试我觉得我好像找到了自信心，其实并不是说自己就比别人聪明多少，原因就在于三年级可能大家都小，大家都不懂事儿。那时候我上课可能就认真听了，作业也认真做了，老师考了，我就都会了，然后成绩就比别人稍微好了一点。还有，比如说像老师出一道题，或者是在一次考试当中，突然间出了一道比较难的题目，有些同学能够做出来，有些同学没法做出来，然后我也做出来了，别人就会认为，那些做出来的人，哇！真的是感觉自己要聪明很多。其实从我的亲身经历来讲的话，百分之九十多的题，别人没做出来而我做出来都是因为我以前做过。

但大学"这道题"，袁点显然没有做过，近三年的大学生活下来，袁点隐隐约约地觉得自己在"学习上欠下来了太多东西"，认为大三应当在学习上多花一点时间。而经过两年多在大学的摸索，对于此时的袁点而言，"学习"显然已经是个更加宽泛的概念，既包括学业，也包括学习"与人相处"和"电脑软件"等。但学业不佳显然已经在他心中埋下了一点不自信的种子。大学的生活不同于做题，但如果连大学里的做题都无法应付好，又如何处理好其他方面？

对学业能力的怀疑，拖累了对自身社会能力认识上的转变。直接的结果是，在海一这所精英大学里，时常走在那些宏伟的单体建筑旁的袁点，感觉自己是那么渺小。在这些由形形色色的社会活动填充的物理空间里，袁点缺乏一点自如游走其间的心态。他回忆自己仰望海一的一些地标性建筑时的心情，并颇为遗憾地说道：

> 海一提供了很好的条件，有游泳馆、体育场，甚至音乐室，但我只能游走在这些偌大的物理建筑的门外，从未考虑进去看看。一个比较健康向上的大学生，应该是把学习之余的时间花在自己想做的一些事情上面，比如说你对音乐很感兴趣，对声乐或者对器乐感兴趣，我们学校又给你提供了比较便利的条件，你自己完全可以去学习嘛。如果你喜欢体育项目，那也会有这样的一个场所提供给你。但是扪心自问，我没有去这样做，感觉这是非常遗憾的一件事。

📖 "鼓励"与"勇敢者游戏"

学业成功的鼓励

学校是一类整体性社会机构，其中得以系统组织的社会条件有助于生存心态的转变——送旧迎新。当以旧心态来迎接和指导在新世界的行动时，人往往可能要经历受挫和失败，而此可能导致旧心态的败退（habitus failure），而败退的另一面则是转变的机遇。[110] 不过，对于海一大学的赵安然而言，旧心态倒并未带来挫败——因为它和新的精英环境之间部分的匹配——但它照样带来了转变。安然的故事也许可以给我们提供一点别样的想象空间。

在接受访谈时，安然反复提到，学业上的成功促进了他在社会生活上心态的转变。对他而言，成功的学业是一种鼓励——让自己变得更加开放，有更多勇气去探索新的世界。初入大学，安然一样觉得大学的学业和高中有些不同。例如，大二第一次接受访谈时，他提到，在新环境中"大部分时候需要自学"："老师讲的很多东西，不是他一讲你就能明白，下课后还要查一些资料，由于所学专业的缘故，这一学期在实验室花的时间比较多。"等到大三接受访谈时，安然表示："刚开始的时候蛮不习惯的，现在也习惯了。"他特别强调说："就是看你自己的意愿吧，你愿意学就肯定能学好。"

和再君一样，安然重视学业。他通过读书进入海一大学，紧接着产生了初步的社会流动预期，这让他觉得需要"用知识武装自己"，只有如此，才能够继续向上流动。他提到：

在我们农村，我们这个年纪很有可能就不读书了，回家跟着父母做生意。我们那边田地也没了，都被开发了。基本上就是做做生意，还有就是打打工。跟我读初中的那些朋友，现在基本上都是在自己打拼，反正现在还是没有打拼出一点成绩，就是把自己的生活混过来的那种。

你学的东西多一点，在以后的道路上，抓住机会的概率还是蛮大的。反正你已经读书了，那就把这条路走好，给自己多增加一点成功的概率，让自己以后在成功的道路上走得更加顺畅一点。

安然的学业相当成功，大二时，他的学业成绩排在专业前六。访谈时他自信地提到："在学习上，大三没有什么难度，只要花点儿功夫成绩就可以上去，没有什么问题。"但不同于再君，学业的成功并未让他"躲进自己的城堡"，反而给了他更多信心去探索大学生活的其他方面。接受访谈时，他提到：

> 有时候有些同学会说，我是从农村来的，我可能在才艺、社交这些方面，起跑线不一样，但是学业上是可以把握得住的。不过我觉得也不一定很多方面都不如城市的学生，关键是做好自己。

他认为，正是因为学业之外的其他方面"并不理想"，"才更意味着需要学习和加以锻炼"，而大学的成长和竞争是全方位的"综合素质"的较量。

> 你成绩比他们高一点是好事，但是我觉得更应该把时间花在比他们短的那些地方，比如你可以学一些东西，可以去学生会锻炼一下自己，去社团锻炼一下自己，去实验室做一些科研工作。我觉得在这些方面提高一些，比成绩方面提高更好。你不要只把成绩弄好，我们班有一个人就是其他都不参加，就是成绩很高，但是评奖的时候还是没有他的啊。

不应当局限在"读书的料"

安然认为自己不应当局限在"读书的料",学业不是人生唯一的出路,应当像个"游侠",勇敢探索陌生的文化世界。他对校园生活的探索颇为曲折,大学一年级时,像当时进入校园的其他农村籍受访者一样,安然不知道校园中的学生组织是什么,也因"担心能力不够"而没有报名参加学生会、团委等半官方的学生组织。他唯一报名参加的是一个兴趣类社团:

> 当初报社团,因为社团是自己喜欢的,在社团就是玩一下,爱好相同的人玩一下,在学生会不行,你有一个责任,给你一个活动,你要办好。

但安然回忆道,大二的时候由于他在社团做事勤勉,还"时常去院学生会帮忙",就"被院学生会发了聘书,让(我)去做体育部部长"。当时的安然已然少了大一时的生涩,学业上的稳定也让他减少了对自己社交能力的怀疑。他说,当时的反应是"我想就做吧"。也正是这个简单的开头让大三的安然有机会在审视自己时,觉得他"可以干很多事情,而且可以把那些事情干好"。回忆二年级的社会生活时,他提到:

> (我)策划了很多活动,比方说新生杯、运动会啊,还有一些篮球比赛以及我们学院各种内部的比赛、和其他学院联合办的比赛,都有。

安然自豪于自己在社会能力方面得到的锻炼，在接受访谈时眉飞色舞地提到：

> 上学期我还办了一个大活动，举行全校的篮球比赛的时候，请来了明星到现场。他当时坐在观众席，那次活动比较大。

在大二时得到的融入海一大学社会生活的机会，又使得安然可以观察海一校园生活的节奏——"大三学业比较忙，基本上就不干社团活动了"。为解决经济上的压力，他一方面"偶尔去当当助管，勤工俭学，去办公室帮助做做简单的事情"；另一方面则积极参加学院向本科生开放的科研项目：

> 大学生创新与实践计划是学校对本科生实验素养培养的一个项目，本科生很难进入实验室跟项目，大三暑假我做过一个。相当于研究生或者博士生师兄师姐课题很小的一部分，拿出来作为本科生小项目，让本科生自己去做尝试，对本科生科学素养、科研态度、科学技术培养都有帮助。当时想进实验室体验一下实验室氛围。觉得蛮好的，对实验的理解以及对实验室的了解都是非常有帮助的，还可以体会一下整个科研项目的进展或者说它的步骤等，从最开始比如说开题、调研、设计实验，到实验，到最后答辩、写论文，都是很好的锻炼机会。可以体验一下硕士生的状态，我做了一个学期左右，师兄师姐带着。

人际关系是社会融入的绝佳观察指标。在描述自己的师生关系时，安然说"蛮好"，他提到："跟学院百分之八十的老师都认识，平时也比较熟。除了上课以外，做实验有问题可以去跟老师沟通一下，探讨一下解决方案等等。另外有时候会找一些老师帮忙。"人际圈子是对自身社会能力肯定的表现，安然表示"朋友圈小伙伴关系比较好"，另外，他的朋友圈也广泛："和其他学校的朋友、学校外的朋友关系都很好，还有同校不同班的，一些活动认识的同学，另外包括非在校的，不是学校里面的人。"

安然在社会生活领域的生存心态上的转变有一个立足点——外在环境肯定了他曾经的心态。正是这一立足点将他过去的心态与现在的心态联系在一起，前者成了后者的桥梁，有了一些必然的味道。但大部分受访的农村和小镇青年可能更像再君、渐藜、惟期或者袁点，过去的生存心态对于他们难以称得上"桥梁"，反而是"庇护所""羁绊"，抑或"拖累"。又或者，他们顶多是在成为安然的路上，探索两种心态转换的可能性。

第三节　难有彼岸：模糊的身份认同

📖 阶层跨越者的认同困境

1991 年，纽约州立大学布法罗分校社会学系的罗伯特·格兰菲尔德教授在《当代民族志杂志》上刊文，描述了一群进入美国东部某所顶尖常春藤大学法学院的工人阶层子弟的适应情况和身份认同情况。[111] 他发现，这些工人阶层子弟经常觉得自己是这所精英机构的"局外人"——感觉自己非常"不同"，而自身的社会背景好像是沉重的负担。由于缺乏该所法学院的精英环境所认可的文化资本，他们甚至觉得自己非常"无能"。接受调查的一位学生甚至说："当你连说话时的用词和语气都错了，还谈什么有能力表达好自己呢？"

这些自然带来了持久的不安和社交上的边缘化。格兰菲尔德谈到，为了克服局外人的身份，他所调查的工人阶层子弟会尝试"隐藏"自己的旧身份。虽然在入学时，他们自认为出身草莽却成功进入顶尖法学院是种卓越的象征，会无所顾忌地展示自己的工人阶层背景，但入学一年后，他们即会尽力地在穿着、社交等方面"模仿"他们中上层背景的同学。因为这有助于他们尽早地融入所谓同学的"精英圈子"以及尽早地被将来的精英雇主（法院或律师事务所）认可。

问题是，"伪装"一词暗含的困境是"我到底是谁？"格兰菲尔德借用社会学家欧文·戈夫曼在《污名：受损身份管理札记》一书中的用词，将这群工人阶层子弟伪装策略背后的困境称为"认同摇摆（identity ambivalence）"——那些处在社会流动进程中、寻求离开原来社会群体的人最终可能发现，自己既难再拥抱过去的群体，又很难和它说再见。"伪装"不是欺骗现在，却可能意味着出卖过去，但如果不"伪装"，又怎能拥抱现在？为了解决内心冲突，他们只好刻意在心理上与上层精英群体保持"距离"，最终的结果可能只会是"既不能拥抱过去，又不能拥抱现在"。

本节关注的即是农村籍学生的身份认同发展情况。上海师范大学的青年学者廖青在《逆流而上：转型期农村籍大学生的身份认同》中提及，农村籍学生在进入大学之后，新的情景往往会带来挑战以及社会学家凯·杜尔奇和凯瑟琳·A.伊瑟尔所称的身份认同威胁，这会让他们启动对自身身份的重新确认过程。[112] 本节关注这个动态的再确认过程，尤其想要展现的是，前文中关注到的农村籍学生在学业和社会生活领域的探索对他们获得另一种身份认同——城市人——的影响。

📖 "一直是农村人"

"很小心"

大三时，当讨论到有没有感觉自己已经是这个城市的一员时，金林大学的伊威略有沉思，喃喃地说道："感觉自己是一个农村人。"但他又提到："这也没什么大不了，我喜欢回到村里的感觉，另外，我适应性强，两边都能应付。"

有学者指出，处在社会流动进程中的个体很有可能成为文化杂食者——他们既能够应对目的地社会阶层的文化规范和要求，又能够保有原有阶层的文化实践。[113] 不过伊威所说的"两边都能应付"则有另一番味道。在他的认知图式里，城市和农村两个社会空间天差地别、文化分殊。置身城市的金林大学显然是城市文化的象征，其间充盈的自然也是主流的城市文化，而他的行为举止和习惯显然不太符合这个空间的要求。伊威说："大一刚来的时候很小心，跟大家说话、做事之类的，有意识地去控制自己的行为举止。"在他看来，城市的要求显然是"高于"农村的，因而才会"怕自己会说丢人的话"。在新的文化世界里，伊威小心翼翼，他说："过了两个学期，才真正不小心了。"

伊威来自河北南部一个小村。在回忆家乡的情况时，他想起儿时的平原、缓岗和沙丘，说家里原有八九亩（约0.53—0.6公顷）地，父母一直耕种，但后来，当看到邻里陆续从事羊皮制作和售卖，父母便也改行以增加收入。由于只做些简单的加工——将羊皮晒干后贩卖，家庭收入并不理想，即便如此，父母还是支持他一直读到大学。伊威回忆起读小学时的情形："当时村里有个公办小学，但教学质量不行，父亲便想办法把我送进一所私立小学，但每年我的书费、学费什么的都是最晚交的。虽然学费贵，但教学要比公办的好，我想这是父亲坚持的动力。"

通过接受好的教育改变命运的追求和经济压力之间的紧张关系，自然也一直跟随着伊威。他回忆起自己初中升高中那一年："当初考分可以让我上当地最好的一中，但报名的时候，发现招满了。要再上的话，就要交六千多元的报名押金，而父亲当天只带了两千元。"伊威"只好"选择上二中。好在伊威勤奋、努力，高考考进长三角排名靠前的金林大学。上大学自然意味着更加沉重的经济负担，谈到这里，伊威眉头微蹙，说自己的母亲因身体差无法再劳动，家庭的重担便落在父亲一人身上。但父亲又发现自己再也"做不动了"，没办法接着干原来的行当，便离开了家乡，出去打工。

经济上的紧张困扰着父亲，也困扰着伊威。访谈的时候，伊威想起自己所在的学系上学期组织的一次调研。调研的地点在长三角的另一个城市，"往返交通、吃饭，再有其他消费，花钱比较多"，等他返回金林的时候，发现自己已经"没有钱了"，"就向家里要"。但"临时要家里给钱，父亲估计一时也难以拿得出"，就"等了几天，但等待了几天就饿了几天"。伊威说："那个时候，我也没有感觉饿，然后就挺，挺着一天就过去了。"

经济上的持续紧张，自然让伊威有一种不安全感。他想着要通过自己的努力在经济上更加独立一些，便在大三的时候尝试着去做些兼职："一开始在市里的电脑集散中心'百脑汇'帮商家站台、卖东西，后来又试着在校园里为一些商家发传单、搬东西，做些零工。"但伊威提到，只依靠这些"低技术"含量的工作，要实现经济上的独立自然"不太现实"。他说自己尽量省钱，"仔细算计一天的开销"，"早饭要花两三块钱，午饭花五六块，下午再花三四块。尽量少买东西，偶尔买衣服"。

精打细算地过日子自然也意味着在筹划大学的生活时要将某些需要"花钱"的开销和社会活动排除在外。要做到格兰菲尔德说的"伪装"和"模仿"中上层学生的消费和穿着自然不太现实。伊威说自己从不去聚会，不想让同学遇见自己的"窘迫"。但也正是因此，他的"交际圈特别小"。访谈的时候，他反复提到自己"和大家交流得比较少，比较熟的就是宿舍和隔壁宿舍的，而且主要是男生……交际圈几乎不出学院"，学习之外的空闲时间"主要是一个人留在宿舍看小说和动漫"。

经济条件为伊威的社交圈划定一条边界，但为社交圈勾勒出边界的自然不止经济条件。他说社交时自己"小心翼翼""生怕自己出丑"，结果大学三年"人际关系没有得到拓展"。"生怕自己出丑"显然是基于对特定场合该如何表现哪个自己的认识。伊威心中有两个自己，一个是来自农村的，另一个是在金林大学坐落的这个城市的。身份认同是个体组织语言和社会行动的重要依据，它是个人在社会生活中最重要的一种心理认知，既包括个人对自我身份的确认，也包括对所归属群体的认知，是个人拥有某种情感或者采取某种行为的重要依据。

伊威因紧张而控制自己行为举止的情况显然又与本节开头所提到的格兰菲尔德在针对美国工人阶层子弟在美国顶尖法学院的适应研究中揭示的情形颇为相像。格兰菲尔德指出，这些工人阶层子弟会有意地掩盖自己的出身（例如控制自己的语言、行为），究其原因，在于他们出身的那个社会群体已经被污名化。我们已经身在一个被贤能主义的神话所笼罩的当代社会。按照拉里·西登托普的说法，深受全球化和自由主义思潮在世界范围内深入推进的影响，个人偏好和理性选择已然"不可避免"。个体的境遇已经日益取决于他们自身的能力与判断力，而非外在的社会结构——在对技治社会和贤能主义不懈追求的情况下，关于成功或失败的道德判断尤为如此。[114]

这等于在社会地位与能力之间画上了一个意识形态意义上的等号。也正是由此，工人阶层在社会和经济地位上的弱势常被视作个体的失败、智力落后的产物。如此，我们或可理解，为何赫斯特在《学业成功的负担》一书中指出"学业成功"对于工人阶层子弟而言意味着沉重的"精神负担"。[115]这种负担来自学业成就与工人阶层身份之间的对立关系：对于工人阶层子弟而言，承认学业成就的重要性意味着他们要接受与学业成就相关的特殊社会建构，即他们之所以能够上大学而他们的父辈不能，是因为他们具备特殊的品质——聪慧。而他们的父辈恰不具备这些品质——他们的失败也可归结于此。假如接受这重社会建构，就意味着他们需要承认他们所来自的那个社会阶层——工人阶层——是"愚蠢"与"粗鄙"的。

当然，伊威的父辈所面临的污名显然和赫斯特描述的美国工人阶层不同，而前者常被勾勒成贫困、落后、不太懂上层社会"礼数"的形象。在《乡土中国》一书中，费孝通老先生提及："礼是社会公认合式的行为规范。合于礼的就是说这些行为是做得对的，对是合式的意思。"[116]这部分地契合本书前述章节针对农村籍学生社会生活的分析。伊威最艰难的挑战或在于在社会生活领域得当地相信和表现自己，只有如此，才能融入大学及其背后的城市，获得另一种身份认同。

伊威显然认为，在金林大学的这个自己最好不要掺杂那个来自平原小村的自己。马克·P. 奥尔布说，不同的身份认同关联着不同的动机、需要和行为。[117]流动中的个体遇到的难题是，当面对两种可能的认同选择时，如何体认哪一种动机、需要和行为关联着哪一种认同，又要做出何种选择或者何种调和。伊威仔细体察两个世界的不同，有意识地去控制自己习以为常的生活方式和行为，生怕在这个新的社会

195

空间里暴露另一个自己、穿插另一种身份：

> 这里吃饭，有饭有菜，老家就是一份，加一个大碗菜，吃的
> 也是大碗的饭。另外，家里的个人卫生倒是不太讲究，在这里要
> 每天洗澡吧，或者最起码隔几天洗一次澡。在家里面生活很随意，
> 自己穿什么倒不用那么注意。

但在金林大学，就要"很小心，很小心"。当被问及什么是"很小
心"的时候，他提到：

> 就是跟大家说话什么的，还有就是跟大家交流的时候，还有
> 就是出去什么的，做什么事之类的，都是很小心，很小心，小心
> 自己的行为什么的。

伊威一直"小心"，大学一年级的时候，这种小心常导致焦虑，直
到大三，他才觉得稍微"轻松"些。但是"人多的时候，见到生人依
然会紧张"，依然要控制自己的言行举止，在所有那些有他人的社会空
间——教室、图书馆、餐厅——里都是如此。

> 出了宿舍这个空间之后，就进教室，进图书馆，进餐厅，都
> 要仔细和注意一点，控制自己的一些行为举止。

他"生怕自己说丢人的话"。在讨论什么是"丢人的话"的时候，
他举例说："例如，老土的家乡的话。"在伊威关于身份认同的两分法

里，城市那一端自然要更为主流和光鲜，另一端则更为非主流和老土，需要加以掩盖，而他最有效的掩盖措施就是在所有的场合"尽量少说"。

隐藏自己显然阻碍了伊威和金林大学这个人生中转站的亲近，也阻碍了他融入更为陌生而广大的城市世界，发展一种新的身份认同。我们对自己会变成什么人的预料、人生流动的目标和方向，总是决定我们该如何行动，但伊威只有那个要压抑的身份认同，至于另一个身份认同是怎样的，他还没有清晰的概念。这就导致他不知道要往什么方向拓展人际关系，又该如何在已有的基础上拓展。他遗憾地说道："我倒是没有什么途径，就是觉得很困难。"当面对校园外的城市世界时，伊威自然更是不知所措和不安，他回忆起跟队去隔壁市调研时的情形："敲门之前，会有思想斗争，这个社会好像太大太大了，交往方式太复杂，感觉我还不能适应。"

为了能够抓住将来，伊威在熟悉的方向努力，尽量节约时间少看电子玄幻小说，"把大一落下的学习补上，将大二时已经不错的成绩再提到更靠前的位置，大三时想着再争取考个研究生"。但在他看来，这个方向上的自己更像从农村来的那个旧的自己，而不是更好的自己。大三临近结束的时候，他站在学校宣传栏前看学校评选的"最有影响力毕业生"，想象着自己毕业了会变成什么样："今年我看了，前年也看了，去年也看了，看了感觉自己一无是处。""觉得没有过上那种自己希望的理想的大学生活，很失望，很后悔吧……"

但这条令人"失望"的路好像也是注定的：

　　　　如果让我重新来，也不一定比现在好。家庭背景什么的都无法改变。因为当时我来到学校，根本就是对大学生活一点也不了解，你看我怎么会去做规划？怎么去考虑，要变成这个城市的一员意味着什么呢？

"我只是在城市上学"

在大学三年级接受访谈时，金林大学的沙瀚和伊威一样，突然感叹自己"一直是农村人，从来没有成为城市人"。他说，上大学之后，自己才深刻地认识到："原来农村和城市有这样的差别！"

虽然已经步入大三，沙瀚说自己还像大一大二时一样"习惯自习"。尽管成绩一直在专业前三，但他还是说自己总感觉有点缺憾。他所说的"缺憾"主要是指在大学里的社会活动不够，这阻碍了他"成为一个更完整的自己"。沙瀚说，他在金林的大部分时间都用来"写作业"和"打工"。他打的工有两类，一类是校内的"勤工助学"岗位，另一类是校外的"家教"。沙瀚回忆说，大一大二的时候"勤工助学做得比较多"，"大三的时候也还继续做一些，主要就是在图书馆整理书，在学校的计算机中心帮助整理仪器、打扫卫生这些"。"（在）外面做家教则主要是从大三开始的"，不过，"家教的历史很短，大概是三年级开始的时候，又很快结束了"。他回忆起那年夏天："当时我的客户要求晚上 7 点到 10 点去给她的孩子补习功课。虽然补习功课的地点离校很近，但我总觉得很晚，有危险，于是做了一段时间就干脆不敢去了。"

在沙瀚看来，无论是勤工助学，还是做家教，主要的收获就是"从劳动当中感到快乐"。这种快乐和坐在那里读书思考不同，它由两部分组成：一是"学了这么多年，这个时候才能够真正地学以致用"，二是"能够带来一些收入，减轻家庭负担"。让沙瀚觉得最快乐的时光是在图书馆勤工助学："不仅能够有收入，还能看看书，这样既有劳动带来的快乐，也能有思考带来的快感。"

但沙瀚说，这样的快乐还不能带来"完整感"。访谈的时候，他说自己"不想再打工了，觉得没意思"，想要一种"共同体"的生活、另外一种"存在感"。而打工带来的存在感并不那么真实。在《微小的总和：新精英阶层的消费选择》一书中，伊丽莎白·科里德-霍尔基特提到，人类从根本上是群居动物，我们寻求和他人的联系，而联系的要件则是一系列的规范和共同的身份。它的外在表现是，我们"希望有可以分享思想、文化和故事的人，希望身边的人与自己读着相同的书，看着相同的电影"。[118] 但对于沙瀚而言，到大三为止，给了他"共同体体验"的还只是金林的一个社团。他鲜有参加社团活动的想法，也"错过了大部分的社团招新"，唯一的一直在参加的社团是金林大学专门针对"成绩又好、家庭经济条件又差"的农村籍学生设立的自强社团。沙瀚介绍说："里面三十几个人，全是同一个年级的。我加入的时候，它刚好第一年创立，我们也是第一年参与。虽然小，但是一旦办一点活动，每一人都要去参与。"他笑着说自己"每次活动都去参加，这让我觉得自己是在一个集体当中"。

给沙瀚带来这种"共同体体验"的或许是相似的集体命运——"基本上是家庭（条件）不好的"，有"一些共同的特质"。社团里的所有人"都不太擅长表达，或者不太爱积极表现"，"有时候组织集体活动，要求大家出来表演，唱个歌、跳个舞啊，讲个笑话之类的，活跃气氛，都没有人出来"。

这给了沙瀚一些关于自己是谁的线索。他把这些线索称为自己身上"很难消散"的"阶层气息"。沙瀚说:"(我与)城市家庭背景好的同学是有差距的,而且是客观的……一些兴趣爱好,像乐器上面的,舞蹈上面的,都是家庭有意培养的结果。能跳什么拉丁舞的,或者能跳民族舞的,或者学小提琴的。"

而这些气息又框定了沙瀚的社交圈。他提到,除了社团里的几个背景差不多的同学外,自己的朋友圈就局限在"大一班上的几个同学,另外就是室友"——"宿舍还不错,也会有时候搞集体活动。我们班的几个同学,跟他们几个人玩得也挺好的"。其他人就"很难有话题去交流"。他感叹说:"有的东西是那么长时间积累来的,难以弥补的。"

唯一的共同体体验、自认的阶层气息和因这两者而被框定的社交圈,显然是沙瀚认定自己是谁的结果,也在很大程度上强化了他对自己是谁的认识。当被问及他认为自己现在是农村的一员还是城市的一员时,沙瀚果断地回答道:"农村人,我从来没有成为城市人啊!我只是在城市上学!"他说自己在上初中、高中之前"从来没有考虑过这个问题","而上了大学才知道农村和城市(差别)这么大",才认真地思考过这个问题。

生活方式和消费观也不可避免地划定了沙瀚认同和社交的边界。他时不时将自己和城市同学做比较,提到城市的同学"爱喝柠檬水"。他说观察到这一点的时候,自己非常惊讶,甚至好奇地问同学:"你是什么时候开始喝的?""我问过两个人,一个人说从小就喝,一个人说是最近,上大学之后才喝这个的。"而他显然不同,一开始尝试时,"难以忍受柠檬水的酸味"。

在食物味道上的取向是阶层边界的标志，让沙瀚在感情上体会了谁是"你们"、谁是"我们"。在消费上也是如此，他说自己的消费观和城市的同学"其实还是有差别的"，"觉得大学城里的特别是中产的孩子跟农村的孩子最大的差别就是他们特别讲牌子，但我从不关心什么牌子"。他觉得自己和同学的这点身份边界"不是一天两天就能没的"。这条边界还从物质消费一直延伸到文化消费，沙瀚访谈时略带惊讶地提到："他们竟然爱去电影院看电影！"是的，社会分层不仅决定了个体能够获得的文化产品，还塑造了消费文化产品的方式，而这些都在很大程度上塑造了个体的社交网络。

还有一个让沙瀚印象特别深刻的例子："周杰伦来南京开演唱会，我们班条件比较好的，好像都去了，基本上是我们班成群结队去的。""他们说从小就爱听周杰伦的歌，但我就没有那么强的感觉，就没有去，可能也是我个人不太喜欢听，但他们就真的是周杰伦陪伴长大的那种感觉。"

共同的成长回忆构筑了共同体，也构筑着身份认同，但沙瀚则在这个共同的记忆之外。访谈时他提到："我觉得他们的背景基本上都是一个层次吧。所以兴趣爱好上面，就是包括对音乐的喜爱上面，其实都会有点相似。"而沙瀚显然不同，他没有这些兴趣爱好和共同的记忆，自然也处在这个身份认同之外。认同总是影响了沙瀚的行动方式和对自己是谁的认定，也显然影响了他在金林大学的继续探索，无论是学业方面还是社会生活方面都是如此。虽然学业优秀，但他一直说自己没有什么社交圈——"最好的朋友，也都是农村的"。他不时地评价自己："太封闭了，真的太封闭了，还是要多外向点，我觉得这不是坏事，应该要做出改变的。"

📖 "两头都抓不住"

"失掉阵地"

讨论自己与南山大学所在城市的关系时，大三的余其凡说："有点说不清。"他既像社会学家雷伊笔下"天堂里的陌生人"，也像本节开篇中格兰菲尔德描述的"伪装者"，自称"哪里都不属于"。在其凡眼里，无论是过去生活的小镇还是现在这个都市，于自己而言都只是一个"地理"概念，而他只是恰好路过——"你四处走动，你可以待在镇上，也可以待在市里面，当你到市里面的时候，你就不是镇上的人，当你走到镇上的时候，你就不是市里的人"。"地理"概念自然意味着不必认真考虑认同和情感归属："镇上的人不必然意味着心有所属，（认为）自己是农村人或者镇上人，而城市里的人也不必然意味着认为自己就是城市人。"在其凡的观点里，没有农村一员或城市一员的两分法，他自然既不属于由小镇界定的过去，也不属于由城市界定的将来。

其凡来自广西的一个小镇，他说自己不常想家乡的情形。提起家乡，其凡最直接的记忆是它和南山大学的校园差不多大，而"镇上的人大概做什么，自己也不太关注"。其凡的父亲从事运输业，"母亲全职在家"。谈及父母的受教育程度时，他笑着说道："他们自己说是初中，但肯定是小学。因为我小学时的作业，他们还可以应付，但到了初中，基本上都不懂。"

小学和初中时，其凡学业一直优秀，这让他有机会被当地市里最好的高中——他在城市的第一个中转站——录取。他觉得初升高那一年可能是自己生命中最高光的时刻，因为他被录进的这所中学坐落在市里，师资和生源都好。其凡特别提到，当时已经有南山大学的研究生在那里任教。他能够被录进这所高中，是因为这所市里的中学在他所在县的初中掐尖招生。由于成绩优秀，其凡不但被免了学费，还"进入重点班"。他当时备受鼓舞，"高一高二在成绩最好的时候能够排进年级前十"。但由于高中坐落在市里，离家远，其凡的过渡期里充满了对家的思念。再加上"生活不习惯，又不太注意锻炼身体"，叠加学业紧张，他"高二那年生了一场病，在家休学一年，等回校的时候就直接转回普通班，成绩排名也不再那么理想"。即便如此，其凡还是考进南山大学——他在城市的第二个中转站。

其凡在南山大学这第二个城市中转站的旅程，没有高光的开头，也没有曲折的过程。三年下来，他感觉自己还在适应。大三接受访谈时，他反复提到自己"不太适应"大学的环境——学习上和生活上都是如此。在学习上，他尤为烦恼南山大学的博雅教育和英文授课，说自己"文科比较差"，高中阶段仅有较为机械的做题训练，课外阅读较少。"对博雅教育的内容自然到现在还搞不太清楚、摸不着头脑"，结果总的分数和绩点被拉得很低，"年级排名在专业三百多人中要排到两百之后"。

其凡尤其烦恼"如何管理好自己的时间"——"到底是分配在学习上还是休息和生活上？"他感觉时间分配"不太均"，说自己"自制力太差，经常会玩手机、打游戏，大一大二玩得尤其多，玩'英雄联盟'，还有其他一些游戏。直到最近想着控制一下，但开学的时候还是放纵了一两个星期，有时候一个晚上都在打，白天都在睡觉"，"结果生物钟混乱，进入了恶性循环，晚上想要早睡，睡不着，白天又没有精神。第二天心情也不会太好，精力也不太好，上课效率就跟不上来了"。

　　学业是过去的那个自己身份认同的重要方面，但在擅长的领域失掉阵地让其凡觉得他失去了和过去的联系。他说自己时常做梦，梦里的自己一次又一次参加高考，"但恐怖的是总有题目解不出，再也考不出好成绩，这样也不知道会考进哪所大学"，自然是再拿不到南山大学的通知书。梦醒之后就是长久的失眠，他常想，自己是谁，又到底会变成谁。

　　沃尔夫冈·莱曼说，实现社会流动、跨越社会阶层通常意味着建立新的自我认同，而此经常意味着否定旧的自我，并会因此减少与过去的联系——无论是在文化实践、消费还是在社会网络方面都是如此。[119]但旧的自我——那个学业优秀的他——是其凡来到南山大学的前提，他珍视且想保留他。而梦境揭示的图景或许是因无法挽留过去的那个他而产生的焦虑——难以再回头拥抱过去的那个自己。过去也总在向他道别，其凡说他最近很少联系家人——和家人可能只剩下对彼此的挂念；也很少联系过去的朋友——"他们大部分人出去打工，只剩下小部分上学，我的社交遵循'就近原则'"。

　　构成过去身份认同的基础正在崩塌，但其凡又没有摸索到通向未来的道路。大三接受访谈的时候，他回忆道，自己曾短暂地在学院学生会的某个部门做过干事，但"没有什么规划和认识，在参加了几次活动之后，大二的时候觉得体验结束，就退出了"。他也曾短暂地参加过一个兴趣社团，"刚开始的时候每周参加一次活动，但没有什么收获，后来就变成几周去一次直至结束"。他说自己也并不忙，但"无心社交"，尤其是认为自己的普通话口音太重，没有信心和人交流。旧的自我是如此沉重，他想改变自己，更好地利用在大学的时间，"也想过努力和用功，但实际上又比较懒散，大学的时光结果全部留给了纠结和迷茫"。

这一切让其凡对于将来会变成什么样的人、是否会成为南山大学所在城市的一员，充满了不确定感。他说自己局限在一个"空间"里，这个空间在家乡的小镇"就是自己的房间"，在大学"就是自己的宿舍"，"在家的时候不出家门，在大学的时候不出宿舍"。空间上的困顿像极了社会学家在描述流动中的工人阶层子弟时提到的"认同困境"——他们上下不得，只能游走在一个既不是过去又不是现在的"炼狱"。[120]

山姆·弗里德曼说，这是文化上的无家可归（culturally homeless）——正逐步地告别过去信奉的，但又难以接受新的，于过去，于现在，都是局外人。[121] 其凡在接受访谈时也曾提及，他对将来的规划有两个组成部分。第一个部分是学业，他忽而踌躇满志，说自己"想要拿奖学金，将成绩从目前的后百分之六十升到前百分之三十"，但忽而又似乎觉得前路艰难，说他"极度缺乏自信，似乎是目标定得太高了"，然后现实又会将"自信心都消耗掉了"。第二部分是经历，访谈的时候其凡说他大概率考不上研究生，大三大四时需要"找一些经历"来"丰富自己的简历"，但至于需要找什么样的经历，他又没有头绪。

"漂萍"

同校的余毅说，其凡的这个状态大概就像"漂萍"，而他也正是其中一棵——"虽然对乡土有一种消灭不掉的依恋，但家不像可以回去的避风港",想融入新的城市,"找到家的感觉,但又处于边缘化的状态"。

谈起"家",余毅说,他有种将要和过去的自己"断"了的感觉。"断"不是指生活上再无法适应,而是指再难维系与过去的联系——无论是人际上还是感情上。余毅提到,"住在家当然没问题——在家都生活了十多年,但是出门就不行","如果兀自一个人走在村头,也许不一定有人能叫出你的名字"。这给了余毅一种复杂的感受,因为他觉得自己"依然依恋那块土地,个人从出生到现在,不可能完全脱离农村,你对土地的那种感情,不可能完全消除,消除的话,家乡人会说你叛变了"。余毅说自己不会叛变,但访谈时他喃喃地说道:"假如家里有些变故,例如父母不在了,你就要失去那种感情纽带了。"

余毅担心过去的归属感行将失去,身份认同也不可避免地消散,但未来又难以把握。给了余毅这种感觉的,首先是学业,到了大三,余毅的成绩依然只能说是"勉勉强强"——"各科可以及格,但绩点排名要到专业后百分之五十"。他考虑到父母的感受,认为"照这个成绩下去,他们会担心"。但排名靠后是必须接受的现实,也让他有了一些将来可以做什么的现实考量。"大三正是学校定下保研名额的时机",但学业成绩中等偏下让他觉得自己可能不太适合再走读书这条路,"还是要去外面工作比较好",可他又不能肯定。在余毅漫长的学业征途里,成绩一直是他向上流动的依托,但到了这个阶段,它在自己攀爬人生阶梯中的作用突然被抽离了。大一大二时他觉得"对成绩不必要求过高",但到了大三突然觉得少了一条路——而这一条路又是他熟悉的。余毅说,自己只剩下"危机"感。

让余毅无法把握未来、无法对未来有归属感和认同的另一件东西是自己的社交。到了大三,他还是觉得自己有一种"边缘化状态"。余毅说他一直想要消除自己的"孤独状态"，但大一大二时社交上的探索让他持续受挫——社团面试大部分失败，能够进入的社团自己参与度又低。他提到自己参与的一个球类兴趣社团："天天发消息让我去干活，投入时间写活动策划，但发现带着我的学长成绩不行，每天又耗费了太多时间。"他就想着不要再浪费时间，索性直接退出。另外，他声称自己"和同学的关系也处理得不佳"。人际关系上的结果就是，他和周围的人有了分类——一类是"自己"，另一类是"他们"。他想要跳出自己一个人的圈子，但又"跳不出"。圈子的高墙还是被消费和各色象征符号垒就。余毅留意到："他们用的电子产品，他们的生活方式啊，不太一样……我跟他们玩不到一块儿去。""他们买的品牌，我很多都不知道，我也不愿意打听。""很多同学都叫外卖，我就习惯去食堂。""他们坐在一起还是聊足球，我就聊不进去，很难融进去。"

艰难的是，虽然余毅很难融进南山大学，但南山大学是他在大学所在都市唯一的"避风港"。这个避风港的客船只售单程票，它远离那个正在变得陌生的老家——无论是地理意义上还是文化意义上，都是如此。例如，它教会余毅批判过去的生活方式，赋予它落后、闭塞和愚昧的含义——"教你忘记过去"。问题是，对余毅而言，它又无法承载起帮助自己抓住这座城市的重任——"如果离开了南山大学，我就是漂萍了！"

"漂萍"是种身份认同上的隐喻。假如过去是需要掩盖——如余毅所说的怕"露馅"——的东西、"苦难的根源"，那么如果能够抓住现在，"就直接背叛过去好了"。问题是，城市是如此冷漠，"每个人在自己的轨迹上运转，都互不关心"，他偏不能"背叛"——现实经历告诉他："如果你想抓住城市的东西，要抛弃农村，你就可能发现你两头抓不住！"

📖 "既是也是"

"没有固定的归属感"

　　伊威、沙瀚、其凡和余毅都遭遇了身份认同转换困境，这种困境又影响了他们如何去重新思考在大学的发展目标并开展有效的行动。他们的困境既有不同也有相似。伊威和沙瀚学业尚可，但在社会生活领域，他们尚未实现生存心态的转变（正如本章第二节描述的大部分农村籍学生一样），未能很好地在大学的社会生活领域开展有效探索，未能很好地融入大学的社会环境，这成了他们构建新的身份认同路上的障碍，使他们只能固守过去的那个自己——学业织就的身份认同是他们和新的文化世界的联系。其凡和余毅则认为自己失掉了学业阵地，这导致他们再难认同过去的那个自己，他们想要再往前探索新的身份认同，但又无法有效探索大学的社会生活领域，难以发掘新的自我。

　　伊威、沙瀚、其凡和余毅的不同之处在于可否固守旧的自我，相似之处在于都未找到新的认同。而正如他们的经历所揭示的，要获得新的认同，需要在社会生活领域获得一种新的心态，更好地融入精英环境。遗憾的是，他们又都缺乏游戏感，容易自我低估。这背后正如前述章节所分析的，暗藏着两个文化世界的不平等关系。精英大学常被看作中上社会阶层的象征符号，从伊威、沙瀚、其凡和余毅进入高等教育系统的那一刻起，他们部分的"文化外来者"身份就已经注定，他们很少有机会被品味和生活方式高度相似的其他人包围，饱受文化疏离的困扰。

这些困扰不仅体现在伊威、沙瀚、其凡和余毅这些尚未实现身份认同转变的农村籍学生身上，也体现在那些已经初步获得新的城市人身份认同的学生身上。

关于自己的身份认同，南山大学的谈平博在大三接受访谈时反复提到，他还"没有什么固定的归属感，认识特别模糊"。但他说，自己不可避免地走在一条通往城市的道路上，却又不知道如何作别过去。

平博的"过去"是陕西北部一个平原村落。在被请求做自我介绍时，他连珠炮似的提到：父母都务农，家里有四五亩（约0.27—0.33公顷）地，主要种植小麦和玉米，"还种苹果"。"自给自足"是平博对家里经济状况的直白描述。他说父亲虽然勤力，为了贴补家用，还时常在家乡做些零工——"在我小的时候买了拖拉机帮人拉石头、拉麦、犁地，现在还帮别人装修房子"，但一年到头的收入"除了留下自己吃的，总共就剩下几千块钱"。平博还提到，在当地"这已经属于中等水平了"。

平博的过去和南山大学之间是由一系列的社会力挤压而形成的快速通道。这些通道就好像在访谈时他时常提及的连接家和城市的路——"村里现在也特别方便，一出门就有公交车，可以去县城甚至更远的城市"。它们是工业化和城市化的结果，也是这两者的象征。在平博的回忆里，随着自己逐渐长大，家乡渐渐地多了服装厂、养牛场、化肥厂、商店，儿时阡陌纵横的平原一点点地"被公路切开"，工业化和城市化进程也源源不断地将家乡的人通过这些路挤压到家乡外：

> 农作物不挣钱了，像一公斤小麦的话，钱在两块左右，小麦、玉米，波动也就是上下一两毛的样子。这样的话，你想肥料、种

子、浇水，各种东西的成本现在增长得特别快——因为这都是工业产品。成本特别高，一年的话是挣不了多少钱的。小的时候，大家还没有看到外面的世界，就不觉得到外面可以挣到钱，大家都种地。这几年，很多人不种地了，很多地都荒了。人们都出去打工了，只剩下老人和小孩。

人口外流加上生育政策，让平博眼见着家乡学校的生源骤减，学校撤并，"六年级的时候班上只有三十个人，等上了初中，老家小学的每个班只剩下六七人"，"村里的小学就逐渐地没有了，和隔壁村的合并掉"。但这也为平博创造了不一样的通往城市的"通道"——县城的初中生源减少，开始愿意接收农村生源。小升初那年，平博因数学成绩优秀被数学老师推荐进入县里最好的初中。中考过后，由于成绩优秀，他又被同样不甘面临生源问题困境而到处搜罗优秀生源的市第一中学录取。"中考之后，分数还不错，中学那边就打电话，问我去不去。条件是学费、住宿费什么的都不用，一个月还给三百块钱，那一年就三千块钱了！"在经历了每日早上 7 点半开始学习、晚上 10 点 20 分才下晚自习的高中生活之后，平博最终被南山大学录取。

平博体察到自己的成长有一条清晰的线索——"从最内地的农村到最一线的超大城市"，这给了他特别深刻地体会城市和农村差异的机会。但对平博而言，城乡差异的意义是逐步展开的。他回忆起上初中时第一次到县城的情形：

> 我们小学只上语文、数学，其他的课基本上有兴趣的才听一
> 听，没兴趣就睡觉，也没人管。结果到了县里的初中，遇上英语，

啥都不知道。当时又一个人住在学校，一周才回家一次，我就觉得哎呀……要怎么办！

小学升初中时，城乡差异的结果体现在学科上；等初到南山大学，城乡差异的结果则体现在课外。平博说自己大一时积极尝试面试学生会和社团工作，但"三番四次失败，只好转向学习，本想着持续学霸人设，但发现在大学光做学霸远远不够"：

> 大一学生工作尝试失败后就试着将注意力放在学习上，大一的时候主要就是看书。但一年之后，突然发现很多同学在很多方面都发生很多变化，而自己还只有学习。

平博也想改变，也正因如此，他一度觉得慌张而迷茫，说自己"花了相当长一段时间调整心态，但不知道怎么做、将来要成为一个什么样的人"。

平博试着改变自己，大二的时候主动承担班级的团支书工作，到了大三又开始担任班长的工作。访谈时，他说特别庆幸有这两段工作经历，因为这让自己有机会"和大家去建立比较好的关系"，"很多事情要通知同学，就这样子，无疑增加了自己的存在感"。

平博的"存在感"显然和一种新的身份认同联系到一起。这种认同建立在新环境中的人对自己认可的基础上。而获得新环境中他人认可的方式不再局限于学业，社会生活领域的成就同样重要——这需要他不断地探索和改变：

之前太看重学业，现在想的是，看自己要怎么去理解学业和未来的关系，假如将来要保研，自然要成绩名列前茅，但假如不是，那就要做其他的规划。你要知道学习是用时间堆出来的……之前是干学习之外的其他事情，就觉得有一种愧疚感，现在的话，没有这个感觉，因为觉得除了学习，还有其他很重要的事情可做。

平博清晰地知道这背后那条更加隐秘的线索："我是一步步走出来的。上初中，走出村子，走到县城；上高中，走出县城，走到西安市，第一次到大城市；上大学又突破重重的阻碍，冲出西安到了一线城市。"他明白，要获得另一种身份认同，就要不断地有新的尝试——尽管这些尝试常常失败：

当时去参加一个项目的选拔，成功的话可以去国内各个经济不发达和发达地区考察，到了第二个阶段还可以出国，去国外一些地方考察。我觉得这个不错，就去听他们宣讲，再去面试，一直面到第四轮，在无领导小组面试的时候被刷下来。虽然说失败了，但从那之后，我觉得好像是发生了一些改变，觉得一些事情并没有那么困难，一定要挑战自己。第二年的暑假就去支教了，还报名参加了一个为期一年的企业青年领导力项目，又慢慢地做了一些公益，慢慢地走出宿舍，走出自己。

"走出自己"显然代表了一个新的方向——不可避免地滑向城市。但平博说自己与城市同学的差异肉眼可见，这些差异既有物质上的，也有精神上的；既有消费上的，也有社交上的：

衣食住行方方面面有差距吧，我宿舍有的同学是城市的，他的衣服衣柜已经放不下了，你知道吗？外面还挂了有六七件，我昨晚还把他的衣服一件一件试了一遍。我觉得这些都挺合身的，穿在我身上也挺有气质的。但是像我平时穿衣服就比较邋遢。

还有娱乐、放松方面。他们可能买鞋子，买各种其他的物品，我就没有过多的钱去关注这些事情。消费的水平不同。他们买一个耳机，几千块钱。我简直不能想象，我有一次和一个同学交流，他说他那个耳机三千多块，他宿舍还有同学买一个耳机八千多块，这个耳机长什么样子？我看了一下，没什么区别啊？那不就是耳机的样子吗？我的耳机就三十块钱……

还有请同学吃饭，他们可能有自己的一些圈子。但我不可能花那么多的钱、那么多的时间去搞这些事情。

这些差异（尤其是物质方面的差异）在平博这里还不构成身份优劣的评判标准，他提到："有时候农村身份对我是一种自豪，我觉得我的成长经历倒是城市的同学远远没办法比的，他们没有体验过，但我体会到了他们的生活。"但它阻碍了平博在谈及城市时言及"不可避免的归属感"。他说自己"很好地在南山大学活着"，但出了校门，未来在这座城市又是如何，还是未知。这些不确定就好像在访谈时，他和我聊的每一句话之后都会加上的口头禅——"对吧？"

"我觉得我很穷，穿得很 low"

对海一大学的白与欣而言，从一种身份向另一种身份的过渡不可避免地意味着价值判断。当被问及觉得自己现在是属于城市的一员还是农村的一员时，大三的她很确定地告诉我，自己正处于中间状态——从一端滑向另一端，但既然向上流动的征程意味着获得新的更好的身份认同，过去的身份则不可避免地有了负面的含义。这正是困扰与欣的地方，她说自己逐渐地在很多方面和城市同学变得很像，但时常又会觉得"自己很 low（低档）"。

进入大三，与欣觉得自己在各个方面都适应得不错，"比大一时好很多"。她半开玩笑地说："如果说有什么遗憾，主要是学习适应得并不好，刚开始觉得大学课堂可听可不听，但后来考试的时候发现都不会。"

与欣是通过国家贫困地区专项招生计划进入海一大学的，因为有专业限制，她的选择不多。进入海一之后，她一直不太喜欢自己所学的专业。正因为"兴趣不大"，再加上"不熟悉大学环境"，刚开始她的学业投入并不多："一年级的时候刚来，忽然一个下午都是自己的，就感觉不知道我要做什么，学业挺荒废的，后来就好了，我知道自己学业不行，还是要补一补。"与欣笑着说，也正是短暂的学业阵痛给了她重新思考学业意义的机会。访谈时，她提到：

> 我觉得高中的时候是不学也得学，不考也得考，你要高度压缩自己的自我意识，压缩，压缩再压缩，但凡有一点自我意识就会过得很不好。但大学的话不一样，我觉得挺好，它鼓励你有自己的想法，有自己的目标。

与欣说她开始树立新的目标，这些目标包括积极地去探索大学的社会生活、更好地社交，"慢慢地，自己的思路就打开了"：

> 我觉得在大学里不加入一个部什么的感觉就是很奇怪，就是觉得大学不是我想象的那样了，因为我想象的大学生活应该就是这样的，有--些自己的学生活动什么的，不能每天都还是学习！

在大一和大二，与欣都积极参加学生活动——例如，她报名参加了学生会。她回忆说由于自己所在专业"性别失衡，女生较少"，结果"面试的时候受到倾斜关照"，被录取了。不过她又说，能够被录取的更重要的原因应当是"自己的热情"。录取后，与欣一直积极参与学生会的工作，做了一年的学生会部门干事之后，她决心积极竞选部长，"部长之后又再去竞选主席团"，大三访谈时，她已经是副主席了。

这段经历对与欣的重塑是彻底的，她说自己习得了更多在海一也是在将来工作场景中所需的知识和社会技能：

> 比方说，在处理事情上，一个很大的收获就是我知道怎么做答辩的 PPT、怎么改讲稿。之前去做社会实践的时候，给政府写文书，通过这个掌握了文本格式方面的要求，还学会了 Excel 表格的制作方法。之前，我们家里也没电脑，这样就等于学到了新的技能。
>
> 还有就是领导力吧！自己的团队协作能力、沟通能力、组织能力、策划能力，都会有一定的提升。

顺利地融入新的圈子，进而再融进新的群体，获得游戏感，习得新的能力，也逐渐让与欣有了更多勇气，在社会生活领域树立起新的生存心态并建立新的认同。在她这里，新认同的起点就是尝试去接触新的文化符号和消费模式。她提到自己"开了一个微博账号"：

　　　　一开始我发现自己就是个白痴，什么都不懂，然后他们会说在微博上看到的什么什么，后来我自己也就开了一个。

　　与欣说，她也像其他同学一样出去消费——"出去逛街，坐地铁"，还说自己擅长从别人身上学东西——"比如我有两个上海的闺蜜，就会和她们学习平时的生活态度和对生活的看法，买东西也一起讨论，比如她们推荐什么，我也尝试买一些"。共享新的文化符号、接纳新的生活态度和观点、接受新的消费模式，都是身份认同过渡的标志。她提到自己"会去图书馆兼职赚赚钱"，但不再是"像过去那样为了攒钱"，而是"像同学一样买一两件衣服打扮打扮自己，然后过的生活质量稍微提高一点"，与欣也实实在在地觉得"这样自己和同学的距离就稍微近一些"。

　　在由城乡的基本文化色调构筑的"外向与内向""全面与局限""丰富与单调"等社会能力两分法里，与欣第一次觉得自己其实"没那么内向"，"甚至觉得自己变得外向"。从社会能力两分法的一端走向另一端，自然意味着从身份认同的一端迈向另一端。她口中的"我们"，已经逐渐变成不是自己曾经所在的另一个群体："我们班有一个男生，家里比较困难，比较内向，不太爱说话，成绩不是很好，跟我们的关系也不是很好，我觉得他需要改变一下！"斯科特·罗伯茨等人指出，社会再分类（social recategorization）是一种重要的身份认同管理策略，通过将自己归入更主流的群体，个体才有可能借其摆脱过去的那个身份及其被附着的污名。[122]

但在那个隐秘的情感角落，改变、摆脱意味着代价。沃尔夫冈·莱曼说，既然是改变，自然意味着对现在的肯定和对过去的否定，甚至是对蜕变完成之前的自己的部分否定，这是转变所造成的"隐形伤害"。[123]大学三年级接受访谈时，与欣就提到："我觉得，我还是比较粗了一点，就是生活比较粗糙，谈吐也不够，比方说我说话的时候说不出形容词。""我觉得我很穷！穿得很 low！"谈吐和穿着属于布尔迪厄所说的"具身性"的文化资本。在与欣这里，跨越社会阶层不仅意味着从社会经济地位连续体的一端踏向另一端，也同时意味着脱离一种地位文化并进入另一种。但由于社会结构本身的隐喻，文化规范和实践上的差异经常被赋予高低等级关系，因此文化资本的多寡自然或多或少有了纵向的道德意义，而与欣注定要背负这层意义。

莱曼所声称的社会流动中的个体在转变自我时要面对的另一类"隐形伤害"为，既然否定过去，就要减少和过去的联系。与欣也是如此，她说自己甚至"有一种已经跟家有一点脱节的感觉"，她提到放假回家，自己"和同龄人的交流尤其少"：

> 跟我一样大的能聊得来的好像不太多，而且我觉得我跟他们的关系并不是特别好，我都不太找他们玩，回家之后就一直待在家里，也不出去找别人玩。

迪迪埃·埃里蓬在《回归故里》一书中提到，对新旧社会关系的处理是身份认同转变的标志；接纳新的，疏远旧的——即便无比眷恋——是身份认同转变的重要结果。访谈时，与欣也提到：

> 我心里面藏了一个很好的朋友，是一个我从小玩到大的朋友，我们小学初中高中都是在一起上的，可是现在也不太联系。她在我心中一直是好朋友。大学这边也有一个，我们两个的关系就挺好的，有什么心里话我就跟她说说，她也跟我说说啊。这可能是我当前的好朋友吧，然后家里面的那个虽然关系特别铁，但现在联系就不是特别密切。

于此，理查德·L. 奥赫伯格和威廉·科莫解释说，当我们处在社会流动进程中的时候，家人和过去的朋友可能以我们所获得的成就为荣，但并不一定能够理解和欣赏我们步入的那个新世界所看重的东西。[124] 但我们新的身份认同围绕这些东西涌现出来，于我们而言，无法理解和欣赏就可能意味着贬低，意味着距离，而这些持久的冲突又无法得到调和。正像他们在 2001 年左右发表的一篇文章中的标题所指明的，日常冲突可能包括：我们如何向我们的家人和朋友解释我们的"雄心壮志"呢？当他们认为学位和职业意味着收入，意味着官位，意味着家庭责任，而我们却受新世界的影响认为学位和职业意味着"自我实现"。我们是否过于轻浮？过于忘本？过于自私？过于不切实际？而此都可能导致我们不可避免地感到被过去的一切人事所边缘化。我们与过去的联系可能只剩下情感，不过，最终的结果只能是各自相安。伊丽莎白·M. 李和罗里·克莱默说，它背后是一种断裂的生存心态，代表了两个分裂的世界。[125]

第四章

等幸福来敲门

"整个大学期间说白了就是随大流。别人考四级自己就考四级，别人考六级自己就考六级，别人考研自己就考研，别人找工作自己就找工作，太缺乏考虑和规划了。"

第一节　后知后觉：就业准备

📖 不平等的精英选拔

做题带来出路？

2019 年 4 月，在美国旧金山第六十三届国际与比较教育年会上，我宣读了一篇关于精英高校中农村和小镇学生的会议论文，论文的核心是我在前一章讨论的内容之一——这一群体生存心态的转变。会后，有所名校的研究者找到我，问道，既然他们在社会生活方面的生存心态转变存在文化障碍，那是不是意味着还是让他们以学业为重，学业才是他们改变命运的道路？实际上，有太多人问过我类似问题。有次和一位媒体人聊天，他问我，现在考公考研考编热，这是不是意味着做题家们又有了一些优势——因为他们更擅长考试？每次听罢这些，我的受访者和他们讲述的故事就会像电影画面一样，一帧帧地从我的脑子里闪过。我想，坚持通过做题改变一切应该不是他们的心声。我时常记起，在一位受访者毕业那年的访谈中，我与他的对话。我问："您是否认为教育会改变命运？"他说道："老师，我现在逐渐地明白，再也没有比学习更纯粹和简单的事了。学习是靠着自己的摸索还能勉强摸着一些门路的，但社会不是这样。只会学习一件事，肯定找不到好工作。但很多事，你最好要从大学就开始学起。"

"继承"与"学到"

　　这位学生提到的"要在大学尽早学起"的一个重要方面，是里韦拉在《出身》一书中所言的在工作场景中被认可的文化资本。但这本书是以布尔迪厄在《继承人》中的一句话开头的："对于一些人来讲，学到精英文化是用很大代价换来的成功；对另一些人来讲，这只是一种继承。"文化资本固然重要，但习得精英文化的难度不同。里韦拉毕业于哈佛大学社会学系，是美国西北大学管理与组织行为学教授。在为她先后赢得马克思·韦伯最佳著作奖、玛丽·道格拉斯最佳著作奖等四个奖项的这本优秀学术著作中，里韦拉关心的核心问题是：为什么来自优势社会经济背景的学生总能够获得精英工作？

　　在对美国顶级的投资银行、管理咨询公司、律师事务所吸引、评估和聘用初级员工的过程进行研究后，她发现，精英雇主在招募新员工时使用的招聘方法对社会经济地位占优的人特别有利，因为他们首要关注的是"顶级高校的文凭""课外活动的参与情况"和"光鲜程度"。"富裕家庭的孩子是高校生源的主体"，在顶级高校尤其如此。课外活动的参与情况和光鲜的互动风格之所以受到重视，不是因为它们的知识意蕴和技能含义，而是其传达的文化意义。里韦拉指出，虽然顶级公司招聘过程的设计让它们的选拔看起来是依据个人能力而不是社会出身，但实际上这种选拔倾向于保证新员工与公司既有员工的社会和文化同质性，负责招聘的评审人会根据自己的形象来定义、评估应聘者的素质。由此便不难理解，她为何以布尔迪厄的话作为全书的开篇——"继承"精英文化的人比"学到"精英文化的人处在更有利的竞争位置。布尔迪厄说"继承本身包含着侵吞的危险"[126]，这是理解当代社会精英再生产的重要思路。

在理论上，里韦拉的观察回应了教育社会学研究中关于个体凭何获得工作的争议：到底是"能力匹配"还是"文化匹配"？能力匹配是持技术功能论的学者在分析大学生就业问题时的基本思路。他们关注宏观的社会变迁及技术在其中的关键作用，强调学生的就业能力与劳动力市场岗位之间的匹配关系，指出"能力"是个体进入高级管理、专业和行政岗位的前提，认为大学教育的核心作用在于培养学生的就业能力。而文化匹配则是持文化冲突论的学者的基本思路。他们关注到了不同社会群体的不同就业结果，并视其为社会结构的产物和社会排斥的结果。按照他们的理解，传统上被视作能力信号的大学文凭，其文化和排他性意义超过其知识和技术意义。按此逻辑，招聘者对文凭的需要，重心不在于其所代表的就业能力，而在于文凭所喻示的新人与在职人员之间文化上的相似性。如此，大学教育的核心作用在于让学生尽早地习得与特定就业岗位相关的文化。

里韦拉研究的独特之处在于，她从精英雇主的招聘实践入手，揭示了"文化匹配"过程是如何发生的。她特别强调，精英雇主致力于寻找"大量接触并参与精英活动、展现出相应风格的人"。不过，她没有再深入探索事实上有所关联的一个问题是：假如换一个角度切入，正在"学习"而不是"继承"了精英文化、正等着被筛选的人是如何参与这一过程的？我的故事所涉及的农村籍受访者，他们的困境又在哪里？这是本章要讲述的重要内容。

📖 "没有太多的个人意志在里面"

"很晚打算"

当回忆起大学阶段的就业准备和求职过程时，南山大学的朱志崔常有反思，苛责自己学生时代太过"后知后觉"，"不够主动"。在毕业后近两年的一次访谈中，当被问及他考虑工作的具体时间点，志崔回应说："很晚。"在面对一个竞争性日强的劳动力市场时，所有人都需要主动地思考自己的就业目标，积极地思考自身的处境，思考学业和劳动力市场的可能联系，管控各类风险并能够就未来职业发展和生命历程做出合适的决定。

但关于这先决性的一步——发挥个人的主观能动性，志崔印象最深刻的是："大学时代，我一直给人一种没有做过打算的感觉……当时的感觉是，先毕业了再说。"志崔大学时就读于酒店管理专业，可他一直不怎么喜欢："高中时我擅长理科，而酒店管理属于文科，偏文科的知识，系统化的记忆比较多，这方面不是很适应。"但他说自己大学时又没有及时地按照理想的方向调换专业，以至于学习和后来的找工作都变成了"完成必须完成的仪式"，自己主动的规划很少。

志崔所提的很晚打算，有两个方面的深意。一方面，他说自己始终被一些外在的因素拖拽着向前。例如，他必须完成的仪式里先后掺杂了"家人的期待""学校的要求"和"人生的进程"，但唯独很晚才加入"自己的谋划"。他说父亲对他一直有期待，要求"特别严"，"希望我能考研"。但到了大三大四，"课程变少，我却没有认真规划这件事"。他反思说，这背后"既是我不用心，也涉及专业问题"。志崔的话显然带了自我反省的意味。他所谓的"不用心"主要是指"大三大四不上课的时候，没有全用来学习，而是用去运动、跳街舞、打游戏"。他笑着说，"那个时候游戏打得挺行"，"也没有好好去准备考研"。志崔所谓"专业上的问题"则是指他"不想考本专业，但跨专业考研又太难"。他回忆起当初刚考进南山大学时的情形："想学金融（这是报考时的首选），但后来因分数不够被调剂。"他略带些成就感也略带些许失落地说道："你看，在大学里我所有的数学课都是满分，像微积分、线性代数、商务统计都是满分，肯定是适合学理科的。"

但可惜的是，偏偏自己又被调剂到文科。志崔说，"偏偏文科的东西又总记不住"，记得住的只有"家人为自己的学业所做的牺牲和殷切期待"。没有有效的学习手段却依然想着这些期待，自然就成了他心头的负担。志崔出身农村，考上名校，大跨度的阶层流动让家人觉得他可以走得更远，但考研的最终结果并不理想——"没考上"。志崔回忆说，为此，父亲还专门跑到跟前给他"上政治课"，认为他没有"好好学习"——志崔觉得这是父亲爱他的方式，虽然这爱显得有点沉重。

志崔所提的"很晚打算"，另一个方面的深意是，他花了不少时间才逐渐地明白关于毕业就业的新的责任伦理。按照西登托普的说法，深受全球化和自由主义思潮在世界范围内深入推进的影响，人们已经开始普遍相信，个人的境遇日益取决于自身的能力与判断力，而非外在的社会结构。在对技治社会和贤能主义予以不懈追求的情况下，成功或失败的道德判断尤为如此。[127] 在面对一个充满竞争的毕业生劳动力市场时，个体能动性才是成功就业的关键。或正是因此，社会学家布朗等人才会提出，要理解毕业生的就业差异，个人资本是更好的词汇——学生在面对劳动力市场时的相对竞争力要从积极管理自身的就业过程、将大学资源转化成个人资本的过程中涌现出来。[128]

但志崔说大学期间，他给了家人"一种始终在工作上没有做过规划的感觉"，不太主动，所以被"逼着考公务员，无奈自己又并不想考公务员"。相持之下，大四毕业那年，他还是去参加了考试，得到一个补录的机会。但最终又因为专业不合，没有上岸。家人的期待终撑不起事业的"线索"——尤其是当这些期待谈不上和自己的个人理想有什么联系时。二十岁的年纪，事业的"线索"意味着对理想与开端的探索，但志崔说当时也不清楚自己的理想是什么，又捋不到所谓"开端"的头绪——这些都要等到毕业两年后换到第五份工作时才初见端倪。

大三的时候，志崔的第一份实习由学校安排，大四的实习则由导师帮助安排。他回忆道，第一份实习是在一家知名的旅游度假连锁集团，"主要内容是在餐饮部实习、送餐"。志崔最大的收获是实习结束以后"写了一份很好的实习报告"。大四的实习则是在一家知名连锁酒店集团做人力资源。这段实习经历给志崔留下深刻印象的是"参与到了公司活动的策划中，最大的收获是了解到了大公司的企业文化非常不同，重视让个体与公司产生情感上的联系"。但志崔觉得这些被安排的实习经历和自己大三大四的其他经历脱节，"谈不上和将来的职业目标有什么联系"。他回忆说："大三大四的时候参加过一些志愿活动，比如去支教。……当时收获了很多小迷弟小迷妹，给他们代课，可能效果挺好的——感觉自己有点功劳。……（也）有过几次勤工俭学，出去做家教，一节课是两百元，结果没教好。"

志崔说即便到了大四，自己对于就业依然欠考虑，主动积极谋划的成分依然少。等到毕业，在考研和考公务员相继失利后，志崔去找自己的大学同学——同学在广州一家知名酒店上班，于是他"在那边工作了三个月"。而后，志崔"再回老家参加家乡所在省份的公务员考试"，失利后就在本地找了一家证券公司。但短短一段时间后遭遇公司裁员，又进入一家商务公司从事销售工作。半年后，由于看不到前景——"他们给我画的饼我吃不下"——志崔在父母的支持下闯到北京，经高中同学的介绍进入一家规模稍大的地产中介公司。访谈时，志崔显然对生活的确定性和人生进程的仪式感多了一些追求，话语间多了一份对社会的领悟和对将来人生轨道的期待——"毕竟都到了那么大岁数，不赚点钱、买房子娶媳妇，跟人家耗着，我觉得耗不了了"。

他回忆起六年前和父母一起乘坐十九个小时的高铁到达南国。步入南山大学那天，刚好刮台风。那一刻，他感觉大学里有他要的自由，"想自己去闯荡"。但四年下来，他觉得自己始终太过"随风飘荡"，没能寻到方向：

> 高中的时候都是填鸭式教育，虽然家里好破，但父母给你的确是衣食不愁——什么都不愁就是对他好。孩子的回报就是学习就行——你以为学习好就是对家人负责。但其实对孩子而言最重要、需要学习的东西是独立，否则会让他自己搞不清自己的事，长大以后像一个巨婴。你会去埋怨他，为什么你这个不会、那个不会！

志崔所说的"独立"显然意味着尽量发挥自己的能动性，对自己负责。但大学期间围绕就业进行的探索，他显然准备不足，而家人也没有给他有效的建议。他说自己是精英大学的过客，父母更是——像极了"入学那天他们来送我，住进招待所，再离开招待所"。精英大学围绕就业所形成的文化环境如此陌生，究竟该如何发挥能动性，又该发挥怎样的能动性？志崔对这些问题的回答都要等到毕业两年以后：

> 要是有规划的话，我大二就转专业了，转专业以后就去考个注册会计师。就是因为没有规划——我也不太喜欢去做太多规划，现在才不一样。是这样的，你越没有规划，人生的时间就越会被浪费。你跳槽一百次，才发现把这一百次跳槽的时间专注到一件事情上，（事业）早就做成了。

"随波逐流"

谈及大学期间自己如何做就业准备时，海一大学的宋晓晓稍作沉思。她说自己考虑工作比较晚，毕业求职有点"随波逐流"。毕业后一年半的访谈中，她连珠炮似的倾诉道："一到大四的十月，我就听到谁谁谁拿到 offer（录用通知）了，然后我就想怎么我还没有投简历，大家就都拿到 offer 了？"后来，她才搞明白，实际上自己后来所在的互联网行业，校园招聘七、八月就开始了——"我当时正在老家过暑假"。等到了十月，当晓晓听到同学们纷纷拿到 offer 的消息，便开始有点"紧张起来"。她回忆说自己"整个国庆假期，都在漫无目的地投简历"。

对于如何准备就业和求职，晓晓说自己当时"没有明确的想法"。"投简历的时候指导性的策略是'撒个大网'"，"当时还投了宝洁，不确定自己将来干什么，考虑是要么做技术类，要么就是走大概像快消品（行业的）产品类和营销类的工作——这些工作不限制专业，还投了一些汽车企业，还有一些科技公司，另外几家记不清了"。访谈时，晓晓先是笑，而后又略带沉思地说："就这样，开始胡乱投，投了之后，也没有得到什么回应。"

晓晓是幸运的，她感叹自己"沾了学校名气的光"，另外"海一大学的就业办公室也给力，他们安排名企校招，企业入校开宣讲会，我收到群发的短信，就跟着同学一起投简历"。晓晓当时投的是深圳一家较为知名的科技公司，并很快"面试过了"，在十一月初拿到录用通知。她说自己满意这个结果，"感觉还可以，就直接收手了"——停止了找工作。

迈克尔·汤姆林森曾于 2008 年在《英国教育社会学杂志》上刊文，探讨在竞争日趋激烈的劳动力市场条件下，毕业生们如何看待学位的价值。他下结论说，毕业生共同的感觉是"光有学位还不够！"要获得更好的工作，需要懂"经历经济学"，在大学期间围绕就业目标主动地组织好所有的学业要素，包括学习和课外活动。[129] 这样，在毕业时就能把丰富的经历变成漂亮的简历，结果自然是获得更有竞争力的工作。是否做好的标准是，在毕业时能否清晰地告诉别人一个相对成熟的生涯叙事。

但晓晓像其他许多接受访谈的相似背景的学生一样，说自己在面对劳动力市场时，"心里只剩下感恩，但还好，有个拿得出手的学位！"虽然求职过程顺利，她依然提到，整个准备就业和求职的过程都是"随波逐流"。"随波逐流"一个层面的意思是，对于职业发展，晓晓"考虑很少"——在校期间也没有做过规划。就像访谈资料揭示的，晓晓关于就业准备的陈述是从投简历求职开始的，而非像汤姆林森倾向于认为的"应当尽早"。"随波逐流"另一个层面的意思是，在直面劳动力市场时，晓晓的求职更多是"被一些现实的因素牵着走"。这些"现实"的因素，既存在于个体层面，也存在于家庭层面。

在个体层面，晓晓回忆说，她当时首先考虑到的是能否保研，但无奈大学专业成绩排名未达到要求，"未进前百分之三十"，便基本断了保研的念想。到了大三和大四，晓晓说自己基本上又被课程牵着走，甚至到了找工作的时候——大四上半学期——还在密集上课，"有时候周六也是安排实验课，完全没有实习，我学的是工科，基本上每天的安排都是测电流，做了接近一个月"。

在家庭层面，经济因素始终是必要的考虑。她说"想过出国"，但"根本没敢有这个打算"，因为期待总是愿望和现实条件的折中。晓晓面临的现实是"出去深造，家里经济没法支持"——当时的家境最多支撑她在国内"读个研究生"。说到此处，晓晓回忆起自己的求学生涯，觉得她实在幸运，因为在上大学前家乡人的大额资助让她免除了不少生活上的烦恼，且父亲那几年"能够赚到钱"，家计得以维持。这样，她的自给自足和家庭的自给自足可以达成一种微妙的平衡。但一旦大学毕业，晓晓的预料是"家里不能给我支持，倒是应该还需要我交点补贴家用"。出身决定了她必须追求经济上的稳定和安全感，直到毕业以后，这份追求依然消散不去。访谈时，晓晓举例说自己毕业后跳槽，换了一家公司。跳槽的时候，在拿到下一家的 offer 之前，她一直不敢贸然辞职，而她的同学总告诉自己"不开心辞掉就可以了，为什么还要犹豫？你知道自己肯定会离开"。但她的心情像极了大四的时候，"一直担心找不到工作怎么办，而其他的同学就觉得，找不到就回家让爸妈养自己"，但她始终"没有这个底气"。

大四的时候，晓晓"没有底气"做其他考虑，还因为当时"父亲的身体不太好"——"我大三的时候，他就做过一次心脏支架"，等到大四，短暂康复的父亲"复发了一次，脑部出血，有点像偏瘫一样，不能走路，治好了之后又要去另一个城市做复健"。晓晓说为了照顾父亲，大三的部分时间和整个大四自己穿插着坐飞机往返于家乡和上海。她回忆道，有时候"觉得机票太贵，就一直坐火车，但路很远，从上海到广州需要近二十个小时，飞机又时常晚点"。晓晓说，自己清晰地记得，大四那年"有一次，飞机晚点，晚上9点的飞机，等到12点飞机还没飞过来，只好把衣服盖在身上，在那里睡，睡到半夜三四点才被人叫起来"。

在感受到生活压力的"窒息的某一瞬间"，晓晓说自己决定要找工作。好在上帝为她关上了一扇门，同时也为她打开了一扇窗——"幸运的是那一瞬间，刚好就找到了工作"。做简历、投简历的过程非常简单——"借鉴了另一个系同学的简历模板，修改了一下投出去"，面试前也准备了正装，"学会了化妆"。但后来她发现自己的工作更偏向技术，"和机器或电脑打交道，穿得很随意就行"。她回忆说，面试那天她把自己的正装锁了起来，直接去了现场，先是在电脑上做题，"一面"问些技术上的问题，"二面"了解家庭状况，"三面"领导问了一些和"二面"差不多的问题。等晓晓回了宿舍，就拿到了录用通知。

晓晓说，找到工作的那一刻，她的想法是"既然找到就这样吧"，相对优渥的薪水让她觉得在经济上安全，深圳离家也近——不用再疲于奔波。但那一刻晓晓明显地感受到，自己找工作过程中使用的一直是"排除法"而非"做选择题"。她说有时候自己会羡慕那些出国的同学——"走了一条路，就会羡慕不能走的另一条"。自己的路，走得有点"稀里糊涂"，"兴趣、发展机会这些都没有考虑"。

晓晓本想着，那个逐渐在生活中远去、变得模糊的家，也许可以给她一些力量，帮她抵抗各种压力。她说，有时候"也想家人给建议"，但自己的情形异常符合出身一般者的定律——特别缺乏社会资本，在就业时往往难以寻求到合适的建议。父母总说："随便你，你开心就好！"但对当时的她而言，具体可操作的建议可能要好过对她"自由的尊重"。访谈时，她自己也说"并不希望听到这样的答案"，因为她隐约觉得人生的轨迹"不知道怎么走的，反正不是自己控制的"。而所有的控制感都要待到工作近两年、有了更好的收入，再更换一份工作之后，才逐渐地获得。

为了获得好的工作，在大学期间，志崔、晓晓以及像他们一样背景的青年都应当既是"经历经济学家"，还是"简历修辞学家"。但正如志崔和晓晓的经历所揭示的，他们显然信奉另一种经济学：在应当做生涯规划时，他们很少体现出研究人员所称赞的主动能动性，用他们自己的话来说就是"没有太多的个人意志在里面"。要么"很晚打算"，要么"随波逐流"，甚至没有将经济安全等短期利益让渡给长远发展，只有如社会学家在研究类似处境的青年时所说到的"不愿意推迟即时的满足""不愿意为将来牺牲当下""更愿意为今天而活""对未来缺乏信心和雄心壮志"。[130] 而这些，据说又会对长远发展带来负面影响。但这些形而上的理论终究离志崔和晓晓等人的世界太远，一则因为这些理论是立足于中上层的成长环境和秉持的职业观所做的判断，二则因为志崔和晓晓等人的生活真实而具体，他们需要为此伤神费力，在生活背后的结构性压力和个体的追求之间寻求适当的平衡。

📖 "学习是学习，赚钱是赚钱"

"上学跟赚钱无关"

上文所提的"主观能动性"和"对自己负责"只是校园里日益兴盛的就业准备文化核心价值观的一个方面。实际上，20世纪90年代末以来，高等教育的持续扩张已经使得文凭的价值下降。社会学家们开始讨论，在一个"文凭通胀"的社会，不同群体要如何争取自己的社会优势。研究大学生就业问题的学者们说道，就业本身已被看作围绕稀缺供给展开的竞争，全球范围内莫不如此！这也是为什么很多青年人感叹，这是个躺也躺不平、注定要卷的年代。就业结果取决于毕业生之间的不断竞争。

这些被"卷"起来的比较优势被称为"软文凭"，其部分地回应了社会学家的认识——为了竞争抢手的工作，同一层次或同一所高校的毕业生，往往需要在文凭之外有使自己区别于他人的资本。对于身在大学的年轻人而言，尽早地认识这一竞争性价值观，并逐步地积累将来工作所需的社会和文化资本非常重要——这对他们建构就业能力有着重大影响。然而，正像布朗和赫斯基所指出的，不同出身的毕业生对这一问题往往有着不同理解。[131]

例如，当被问及大学期间的就业准备过程时，汉江大学的兰心芷思索良久，她说自己大学期间被一种观念束缚着——"上学跟赚钱无关"。大三大四时，她正"全力在拼双学位，考钢琴十级"，直到工作后，才想起来读书的时候应当早一些了解行业和工作信息，多积累一些人脉。

像上文提到的志崔一样，心芷回忆说，在读大学的时候她一直不太喜欢自己的专业。之所以如此，一个重要的原因要追溯到高三那年——高考后"不会填报志愿"。她回忆说，"高中的时候努力学习，高考超了一本线快一百分"，但对于志愿填报，"一点观念也没有"。心芷在一位亲戚的指导下填报志愿。不过，在她看来，最后的结果是"一个奇妙的错误"。错误的结果总由微妙的开头牵出。心芷回忆说家人的观念是"女孩子当老师不错，就报师范（院校）"，但究竟怎么填报，没能给出建议——"爸爸妈妈的意见是我当个老师就不错，而我当时的想法是应该要做一个很厉害的人，只是这样"。信息缺乏和专业偏好是弱势背景学生群体专业上很难逾越的两座大山。[132] 对于心芷而言，这意味着填报志愿的时候，自己和家人抽象的想法都无法落实到具体的院校和专业选填，她回忆说当时"填的什么数学、英语……乱七八糟地填"。她最没留意的是最后一个志愿——"瞎选了一个教育"，最后被阴差阳错地调剂到这个专业。

对心芷而言，这无疑是一个沉重的打击——她回忆说"当时心里的落差非常大"——也为她在汉江大学的适应和学业埋下了伏笔："我觉得这个城市的东西我吃不惯，我很讨厌孜然，到现在也不喜欢。"或许那个时候学校的味道也像极了这个城市，新鲜但不对味——"学校比较大，但是我没有兴趣去了解……后来花了一个月才熟悉这个学校的路"。由于内心抗拒当初选择的专业，在汉江大学探索了一段时间后，心芷修了一个第二学位。

当回忆起大三大四的情形时，心芷的记忆便落在了全力修双学位这件事上。她说，对大学生活的其他内容与将来就业间到底有多少联系，自己则未做"过多考虑"。心芷回忆道，大一大二她还参加过学校组织的支教与义教活动，但到了大三大四对这些"都看淡了"。她所谓的"看淡"，意思是将生活重心做了一些调整。因为觉得"上学跟赚钱无关"，"上学就是上学，赚钱就是赚钱"，关于工作，她未做多少打算，也未做多少准备。关于大学学习和生活的其他方面到底可以与将来的工作有多少联系，心芷回忆说，自己确实未有充分想象。

心芷不是唯一一个在毕业后的访谈中对自己在大学期间的"想象力"进行反思的人。接受访谈的大部分农村籍受访者都或多或少地提到这些感受，并坦言，这些想象力部分地框定了自己在大学期间努力的方向。这恰好部分地映照了伊丽莎白·阿姆斯特朗和劳拉·汉密尔顿在《为派对买单：大学如何维持不平等》一书[133]中对不同群体学生学业和生活安排的观察。他们特别提醒，以学业为中心的安排与精英高校中的文化是相冲突的。在研究美国某所知名公立大学中的女性学生时，他们发现，上层和中产上层背景学生在大学中的阶层工程是通过参加各种社交活动（诸如参加兄弟会、联谊会、晚会，春假旅游，出国游学等）构建文化身份和社交圈，维持与其他群体的边界。工人和中产底层背景的学生在大学中的阶层工程则主要是"实现社会流动"，在大学中努力的主要方向是努力和专注学习——他们缺乏动力、时间和金钱参加社交，要么被称为"书呆子"，要么被称为"苦学者"。

实际上，阿姆斯特朗和汉密尔顿是带着批判性的态度来看待精英大学的文化的。他们担忧，在这样的环境中，如果弱势群体学生把重点放在学业而不是课外活动上，他们会更容易受到孤立，就业前景也会受到不利影响。[134] 这些观点部分地响应了施图贝尔对美国工人阶层背景大学生的观察。施图贝尔说，这部分孩子在进入大学后常认为大学学习的核心就是坐在教室学习，并以此为基础分配时间和精力，而此不利于他们积累将来毕业就业时所需的文化和社会资本。心芷也一样，她反思说自己在学期间辛苦经营的内容绝大部分和专业有关，因为在当时的她看来，大学生活与将来工作间的联系，其核心是所学的"专业"这个"硬文凭"。也正因此，当当初的专业被框定又无法变换时，她觉得无比失望。等到毕业后，回忆起大学的专业学习，她夸张而略带戏谑地感叹道："专业，对我来说虽然也还记得那么一些，但是我觉得对我来说真没什么用。"

"社团、比赛和就业"

心芷的戏谑流露出和她一样背景的学生对自身成长经历的反身性思考。对毕业前的自己缺乏想象力的批判，肯定意味着毕业后的反思，以及新的想象力的获得。正像霍金森和斯巴克思在研究青年人就业问题时所提到的，不同的眼光自然会导致我们看到不同的事物。他们从布尔迪厄有关生存心态的理论中获得灵感，指出，处在个体视野核心的是可被调动的认知图示或文化资源，它让我们看到大学学业和生活中的某些事物，并想象它们与劳动力市场间的可能联系。[135] 但它也同样有可能让我们忽视某些事物，看不到这些事物于将来的就业而言到底有何帮助。

只有将心芷的经历与来自城市的宋晓哲加以比较，才能更好地理解他们视角的差异以及心芷为何有前述反思。回忆起大学时代的就业准备，金林大学的宋晓哲同样提及"对专业不感兴趣"。晓哲来自河北省某中心城市，父亲名校本科毕业，是国有企业的管理人员，母亲供职于某事业单位，也是中层领导。他回忆说，由于父母工作繁忙，业已退休的外公外婆肩负起了教育晓哲的责任，并将"他们的大部分精力"放了他的"学习上面"。晓哲上小学时一直优秀，"考试一直全班第一"。小升初时，按学区划分，他原本要进入当地一所公立初中，但晓哲的父母发现"这所学校毕业生的中考和高考成绩"不如私立学校好，便在反复权衡经济条件和升学可能之后，将晓哲送进了当地最好的私立初中。因为成绩优异，晓哲的学费也得以减免。三年之后，他再以优异的成绩考进当地最好的高中。高中期间，晓哲和家人原本的打算是"通过竞赛走保送这条路"进大学，但由于竞赛学习耽误了正常上课，第一年高考他因少许分数之差没有保送成功。第二年，吸取了经验的晓哲高考成绩达到了中档"985"大学的录取分数线，最终考进金林大学。

晓哲回忆说自己家教甚严，家人管束很多："上小学的时候，做完作业出去玩，但是那个时候姥姥姥爷每次都不让我去玩，不管我有没有写完作业都不让，让在家多学习一些，多看看书。家里也有比较大的书架，特别小的时候就开始看书、背一些古诗，大部分的娱乐生活就是看书。"晓哲还提及："姥姥是位老师，能看各科作业的质量，一旦我有点错误，就比较严肃。比如背课文背错一个字就要重新背一遍，不管课文多长，只要错了一点就要重新背一遍。”

权威的教养方式，既给了晓哲教育优势，也在晓哲心里埋下了反叛和逃离的种子。他说第一年高考结束，自己就出去旅游，想去"见识世界"，填志愿则完全交由"妈妈做主"。高考结束，金林大学和南方的另一所"985"高校都向他抛出橄榄枝，考虑到金林的部分专业全国排名数一数二，一线城市买房也比较困难，母亲便建议他选了在二线城市的金林，但在专业上，晓哲说自己"并没有太详细了解，让报就报了"，而这"为很多隐患埋下了伏笔"。

晓哲所说的隐患是，他没有预料到，由于进入了金林大学为选拔优秀人才而开设的专门项目，"学习压力比较大"——"我们这边学的课程相当于每个专业比较难的版本"。加上自己对于选择的专业又没有兴趣，这导致他"学不进去"，"成绩非常差"。

毕业两年后，晓哲回想起这段经历，深有感触地总结说："我可能在人生的前十八九年，都过着以成绩为中心、为导向的生活，但是后面发现自己成绩不好，而且真的发现不擅长一个学习方向的时候，我还是及时地做出了调整，没有沉浸在这种过去的价值观和方向里面，而是努力尝试找出新的方向。"

晓哲大学二年级时开始探索的新方向，和他对大学与将来的工作、人生之间关系的想象有关。他学生时代常去拜访在当地一所大学工作的亲戚，这位亲戚告诉他，大学的"课程压力没有那么大，可以根据兴趣从事课题或者项目"。一年的大学适应，让他对这些有了自己的领悟。晓哲认为"能力"一词有着丰富的含义，"不能把教育想得太狭窄了，高中之前，觉得教育等于学习知识。但是大学之后，（明白了）它不等于学习知识"，而是一个有着更加宽广定义的社会过程，个人的探索决定了个体能力发展的空间。出身会塑造一个人对就业能力由什么构成的认知，更会影响一个人对应当通过何种渠道发展就业能力的看法。例如，研究指出，来自稍弱势阶层的学生会更加内化人力资本理论的信条，认为大学期间最重要的是培养"硬"能力——学业能力。相较而言，中上层的同龄人则认为"软"能力更重要，他们积极从事无报酬的工作，参加艺术和文化活动、体育活动，甚至设法争取海外学习的机会。[136]

晓哲的新探索包括"社团、比赛和就业"。他投入更多的时间参加学校的创业协会，也付出了相当多的精力参加学院的辩论队。晓哲回忆说，自己擅长反思，"反应不够快，但善于总结"，"而这正符合四辩的要求"。他觉得参加辩论队一个很重要的收获是，他参赛的那一年，所在的院队打进全校决赛，并拿到了最后的冠军。更重要的是，日常训练让自己的"思路变得清晰开阔"，也让他"更深入地思考到底要践行怎样的道德观和价值观"。晓哲所说的这一点和他当年决赛的辩题有关——"'善'是学重要还是做重要？"

这一辩题显然让晓哲想到了自己和这一精英价值观的联系。对于晓哲而言，认同精英价值观并积极实践无疑是一种隐性的文化资本。研究大学生发展的学者文森特·丁托说，更认同大学理念的学生往往会投入更多精力到校园活动中，这有助于学生获得更好的发展。[137] 晓哲亦是如此，他尤为大学期间持续参加的一些创业比赛和拿过的奖项感到自豪：

> 大学期间，我参加过几个校外的创业比赛，获得的名次都比较好，一次是参加一家公司组织的——有很多高校的同学参加，

当时那个项目我是拿了全国的金奖。不过，这个并没有什么可称赞的，这个比"挑战杯"的规模要小。为了参加"挑战杯"，我自己组队，队友中的一位是宿舍的同学，一位是经管学院的同学，一位是在另一座城市沪江大学的学生，还有一位是同城另一所大学西林的学生。

访谈时，晓哲提到那次比赛的细节，他们的参赛项目和医疗设施有关：

我是队长，西林的同学提出的思想还是比较有用的，很多医疗的设备，其实可以把它的硬件和软件联系起来，比如说什么测心跳、心率、呼吸这些非常常见的，可以导入到一个终端里面。这个在当时其实已经有人做了，我们想到的是进一步在那个思路上扩展。西林的同学专业是医科，对医疗比较懂，这是他的作用。沪江大学的同学学的是计算机，所以软件的实施就由他来做。本校经管同学做的就是所谓的测算——大概的商业计划、数字方面的核实和变现。而我统筹，后面主要做PPT，还有汇报材料的修改、日常联络以及开会之类相关事项。

这些细节既有技术要求也有文化内涵，基本覆盖了主流白领工作科层制结构的两个方面——技术要求和行政框架。菲利普·莫斯和克里斯·蒂利指出，随着劳动力市场的变化，雇主在招聘中更为看重的是"软"能力，主要指沟通和人际交往技能、团队合作能力、行为动机、灵活性、主动性、工作态度和努力程度等等。[138] 熟悉这些细节并加以统筹无疑让晓哲习得这些能力，并为他考虑就业和发展做了不错的准备，他提到：

> 我学会了怎么运作管理项目，工作之后，很多项目的运作非常类似——包括前期的人员分工，中期如何修正，最后如何落地、测试和推广。当时肯定不懂这些……所以，这些比赛，对于后面的就业还是有非常大的帮助的。

问题是，心芷则未有晓哲如此得心应手。正如里韦拉所说的，出身导致的看待世界的方式和处事立身的差别，通常会导致个人走向与父辈相同的社会、教育和职业轨迹，社会再生产往往因此而生。[139] 在大学校园中的相当长一段时间，像心芷一样的受访者看到的首先是教室、图书馆、自习室和教师等；但在精英劳动力市场，各类校园活动的参与通常是积累被优质雇主认可的文化资本、发展其认可的就业能力的重要手段。只不过这些一开始都在心芷的视野之外，又或者慢慢地才涌入她的世界。正像毕业访谈中袁点再度吐露的："学校就好像迷宫，有不同的门等你开启，但开启之前，你要意识和看到这扇门。"他想起大学四年，"无数次路过校园里宏伟的场馆、游泳中心、学生活动中心"，"当初应当推开门进去看看的，也许这四年，会过得不太一样"。大学的文化和社会意义于他和心芷都是逐步涌现的。对于个体而言，涌现意味着收获，意味着值得感恩的成长，但当把它放在一个竞争性日强的劳动力市场面前时，袁点说，它难免意味着"落后于人"。

走个"过场"

袁点所说的"落后于人",是在大学生涯的终点时产生的一种复杂感受,它不是对一种经历的有意贬低,也不是对另一种经历的刻意褒奖。其中既包含谦卑的情绪和一点警醒,也表达着用另一种眼光再看待过去的经历,发现学业和生活的安排与就业相对脱钩时,所产生的感悟。

虽说时间是不可逆的,但我们总会从当下的立场去重新创造和构想过去的经历,以不同的线索串联起它们。这样,在人生的不同阶段,过去的事件和经验便会被赋予不同的意义。在毕业后的这一小段时间,袁点开始带着职业生涯叙事掂量大学期间的每件事、每份经验。他认为,自己在大学的学习和相关活动与后期的找工作经历之间相对脱钩,缺乏一条明晰的线索。和心芷以及其他相似背景的农村籍受访者一样,他认为自己的大学生活经历少有文化和社会资本积累的成分,四年的生活像是走个"过场"。

海一大学的戴傅一也是如此感受。回忆起大三大四的情形,他提到:"学习还是和大一大二一样的,只不过空闲时间多了很多。"大四开始,他发现同学们"找工作的找工作,留学的留学,继续读研究生的读研究生",自己也想考研究生,但最终因成绩不佳没有考上,便直接上了"战场",面对劳动力市场——在大四下学期开始找工作。

傅一的就业准备非常仓促。按照他的回忆,大学期间除专业课学习外,自己唯一和后来就业相关的准备就是"实习"。他回忆说:"大一大二的时候没有参加社团,因为学校的社团有点难进——好像是招已经具备各种技能的人,而自己什么都不会,到面试就被刷了。等到了大三大四变成老油条,又没有精力参加社团。"傅一说,"这样少了不少锻炼自己社交能力的机会"，大学期间"口才始终不好，很多地方放不开"，"到了毕业还未有多少改变"。每年寒暑假基本上就回家了，"也没有出去旅游，就是在家里无所事事"。

人们行动链中的每个单元都不是一时兴起，而是由文化所串联。[140]在毕业后的访谈中，傅一反思说，自己在学生期间并不熟悉要通过不同环节积累文化和社会资本的就业准备文化，自然难以开展有效的行动，通过各种途径来做这两类资本的积累。实习时也是如此。他回忆说自己的实习单位就是后来工作的单位。大四考研结果下来后，"第二年转过去"，参加了学校组织的招聘会，由于"学校的平台好"，工作找寻过程比较简单——"笔试比较简单，就是写对这个行业有什么感想或者规划，面试就是自我介绍"。简单的流程之后，自己就被录取了，"而后就没再找其他的工作"。接着，傅一就去单位实习，全部的实习内容就是半天"看看他们怎么做的"，剩下的时间"写论文，准备毕业"。

傅一觉得这样的实习没有营养，实习到第二个月，就开始"感到无聊"。他说工作的内容"主要就是让你过去先熟悉一下，熟悉一下他们公司里面的流程是怎么走的，然后留个印象，等你参加工作时上手快一点"。这样，对傅一而言，从毕业到工作单位的过渡异常简单，"实习"更多地有了一些应付学校"实习要求"的成分。像前文中志崔提到过的，它是毕业仪式中的一环。但至于这个仪式和将来的就业有多少联系，他当时还没有清晰的答案。

傅一和志崔像极了汤姆林森所提的"仪式主义者"。在研究大学生就业时，汤姆林森提出，学生在面对劳动力市场时，目标和手段上都有不同的取向。他将学生归类为生涯主义者、仪式主义者、退却者与反叛者，并指出，生涯主义者意指那些有很强的职业倾向、明确的职业目标，并视未来的工作和职业为自我发展和个人成就工具的人，在学期间，他们非常主动地致力于实现自身的劳动力市场目标，主动积累各类文化和社会资源；退却者意指放弃劳动力市场目标、随遇而安的人；反叛者理论上是指反对劳动力市场的人。仪式主义者意指那些在态度上更加被动的人，他们对未来职业没有清晰认同，不太倾向于在读书期间在就业能力管理上做出系统的规划和重要的个人投资，于他们而言，工作和准备工作更多地像人生中必不可少的仪式，它的价值在于获取收入、获取教育回报，是融入成年人社会的象征，不必费尽心力。[141]

在汤姆林森的分类中，出身是个未被考虑的变量。而实际上，对待就业的仪式性态度和被拖拽进各种关于就业的仪式是两回事。前者是一种选择，后者多少包含了一些社会的结构性压力。傅一和志崔的仪式感都不是主动选择的结果。就像傅一反复提到的，他并未觉得实习帮助自己积累了资本、发展了能力，或者增进了他对行业和职业生涯的认识，实习这个仪式"貌似和自己的人生与生涯相对脱嵌"。他回忆起初入海一的那天——也是第一次到上海，"感觉上海和海一一样，都真实漂亮，特别大"，但这么大的舞台上，可以做什么，他一直没有主张，更充实的经历意味着应当更有策略地使用舞台上的道具，积累资本，而非"简单地走个过场"。

📖 "走一步看一步"

正如上文所提到的，志崔、晓晓、心芷、傅一不太熟悉的校园里日益兴盛的就业准备文化，其核心方面是重视学生主观能动性的发挥；在一个充满竞争性的环境中，他们最好还能够意识到文化和社会资本之于就业的重要性，并知道通过何种途径加以积累。本节要提到的就业准备文化，其核心特征的最后一个方面是"理性目的—系统行动论"的就业取向。也就是说，学生最好能够充分结合劳动力市场情况，尽早在大学阶段即形成较为清晰的就业目标，并围绕目标规划行动，包括如何修读课程、选择课外活动、参加实习等，以更具竞争力。

但研究者指出，来自不同社会背景的学生对待劳动力市场往往有不同的倾向，清晰形成职业目标的时间点颇为不同，对于是否要付诸行动规划的认识也有差异。例如，来自城市中产背景的学生更加熟悉高校的文化环境，更知道如何通过教育系统获取竞争力，其他社会群体的学生则不然。[142] 回忆起学生时代的就业目标，戴傅一提到：直到大四也还"不知道以后要干什么，只知道身边的人都在考研，我也考吧，后来考研没考上，又去找工作，那个时候比较迷茫"。

同校的白与欣也有类似感受。毕业两年后的访谈中，她直白地提到大学时代并不清楚自己的就业目标，只是走一步看一步。在与欣这里，"看"说的是目标，"走"说的是规划。相似背景的接受访谈的人当中，与欣是在学生时代较早考虑工作的，但她又觉得自己比其他城市背景的同学考虑得晚。与欣所学的专业是化学，在毕业后的访谈中，她回忆说，进入大三后，由于自己对专业不感兴趣，便开始琢磨毕业以后去工作，并开始寻找实习机会。她说寻找实习工作的过程非常简单："也没有经历什么波折，一切都挺顺利，找了两份实习，两份都是五百强企业。"第一份实习在一家外企，谈及选择实习单位的原因时，与欣坦言："不太清楚将来要做什么，快消品市场很火，就想着去快消公司的市场部实习。"实习了三个月，收获并不多，就是"每月一千元的实习工资"，她认为第一份工作太过简单，就是"把东西输到表格里面——很机械性的工作"。

她找到的第二份实习还是在一家外企，"每个月的实习工资也是一千多块"，但与欣认为这份实习更锻炼人。她回忆说，当时很幸运，遇到一个"比较好的姐姐"，"基本上会给我一些她手上在做的事情，包括比较重要的事，比如公司广告的页面设计，这样的工作需要和广告公司去沟通、修改；另外，我们部门与供应商对账这些事她都让我去做"。这份善意让与欣的实习工作坚持了半年之久。

不过，与欣后来始终觉得这些工作没有被一个清晰的目标串联起来，当时的就业准备像一粒粒未被串起来的珠子，彼此之间没有多少关联。谈到实习对毕业后工作的作用时，她提到，"肯定是有帮助的"，但由于当初的路线没有加以仔细设计，"最大的帮助可能只在于面试环节有可以说的东西"。她解释说："我们毕业生都是一张白纸。去面试的话，基本上面试官想问你的，都是从简历里面抠出来的，如果没有实习，也没有学生会的经历，面试官可能都不知道要问我什么，有了这份实习，至少我有可以说的东西。"至于实习除此之外的用途，她很少再谈论。

对与欣而言，没有就业目标，自己的工作找寻便少了策略和规划的成分。她提到：

大概大四初的那个九月中旬就开始找工作了，因为我不是很清楚，秋招参加得有点晚。实际上八月份的时候，互联网公司就已经开始秋招了。当时没有网申，没有笔试，就错过了一批。九月中旬快消行业也都开始招聘了。

　　用与欣的话来说，当时自然是"有点慌"。与欣的"慌"有缺乏技能的成分，她解释说："因为我英文不是很好，而这些公司校招的笔试题基本又是全英文的，对我而言自然比较难。另外，'群面'又是几个人一起，让用英文去讲的，所以我就很慌。"她的"慌"更有缺乏目标和规划的原因。她回忆说，刚入海一时就发现自己英语不佳："刚进校的时候会先有一次英语摸底考试，考完试之后，他们会根据我们进校时候的英语情况分班，底子稍微好一点的同学会分到一班，像我们这种底子不好的同学又分到另一班。"与欣说虽然自己想学好英语，但缺乏计划："四年过去了，英语水平好像还是停留在大一的程度，或者说比大一的时候好一些，但是没有好那么多，没有达到自己的预期。"而如果当初设想过就业目标，在英语上多"动点心思"，也许这个难关就可以克服。

　　与欣回忆说，后来找工作，基本上就是"排除法"——一头扎进求职大军，在比照劳动力市场的要求后，"一点点划掉"不适合自己的行业和岗位，再考虑找其他工作，在排除的过程中慢慢摸索毕业出路：

　　　　九月就这一批比较好的快消公司，我自己觉得很慌，这一批也没有进任何公司。（也想到）四大会计公司，考虑要去，但后来想想自己可能不太喜欢做审计，也就没有申请。然后就是一些公司去我们学校做宣讲，我就参加了现在所在公司的宣讲，直接就过去了，做管培生，他们的面试没有那么难，基本上就OK。我觉得也还行，工资还可以，就这样了。

　　毕业后，她留在上海一家稍大的文具公司做管培生，轮岗结束后，进入与大学所学专业不太相关的销售助理岗位，一年半后离职，再入职一家大型旅游代理公司做数据分析工作。与欣坦言，她一直到实习也不太清楚自己要做什么，后悔之前在学校的时候没有好好珍惜。变换的工作和不太相关的岗位内容则是这份"不清楚"的目标和规划的反映。"目标不太清晰，只能是一点点试探，摸着石头过河，再一点点寻找新的目标，重新进行规划。"但她又坦言，这种"摸着石头过河式的试误周期长、沉没成本高、代价大，浪费了许多不必要的时间、精力与情绪"。

　　从志崔、晓晓、心芷、傅一和与欣的故事中，我们可以看到，校园中流行的围绕就业准备形成的主流文化有其特征，包括：承认个体对自身就业结果的责任和看重个体能动性；充分认识到就业的竞争性以及重视为文凭"增值"以彰显自身竞争力；理性目的—系统行动论的就业取向。但这些倾向在很大程度上是城市中产意义上的，像他们一样的农村籍受访者通常自述"后知后觉"——对它们认识较晚或没有特别清晰的认识。"后知后觉"当然意味着觉醒，通过不断的失误，从经验中获取新的认识（我在后文关于方法论的叙述中将其称为"反身性"——一种带来成长的精神努力）；但它当然也意味着特定的就业能力管理过程和策略，而此正是下一节要分析的内容。

第二节 随波逐流：就业能力管理过程

📖 玩家和纯粹主义者

大佬们的学历和文凭通胀

21 世纪十年代中后期，又出现过一阵关于"读书无用论"的激烈探讨。有人在网络上贴出商业大佬们聚会的照片，并在他们的头像上方列出每个人的学历——最多的是"985"学校——以表明观点。这背后的潜台词自然是，文凭对于个人收入和社会地位有重要的价值。因为在一定意义上，高等教育是一种筛选工具，它筛选不同能力的个体并向雇主传递能力信号，而文凭本身是一种能力信号。假如身在名校——高等教育体系的金字塔尖，那自然代表着拥有最高层次的能力，最高层次的文凭也必然意味着最佳的就业结果。

假如劳动力稀缺，且市场对技能型人才的需要持续存在，那么上述结论都成立，名校文凭本身肯定就能够保证光鲜的工作。但在一个文凭通胀的时代，故事的脚本恐怕要发生根本性的变化——光有文凭肯定还不够。研究者甚至指出，即便是在一个条件良好（满足上述两个条件）的劳动力市场，故事的脚本恐怕也不是如此简单。因为就业本身可被视作获得特定社会地位的过程，就业能力有着浓厚的地位竞争属性。就业结果是毕业生之间不断竞争的结果，不仅取决于学生自己掌握了什么，也取决于和他人比较起来如何。即便就读于名校，为了获得一份好工作，你还必须是个"玩家"！

知识经济时代的毕业生玩家

关于劳动力市场上的毕业生玩家，在《人才管理不当：知识经济中的就业力和工作》一书中，作者布朗和赫斯基有过描述：玩家是那些了解就业市场，积极开展就业能力管理，让自己符合雇主和用人单位的要求，最大限度地使自己更具竞争优势的人。他们甚至举例说，玩家们假如认为吸引人和被认可的口音对于就业很重要——它们是自己与潜在的雇主和将来的客户社会匹配的象征——便会想办法改变自己。但作者也指出，在毕业生中，还存在另一类人，即所谓的纯粹主义者，他们信奉贤能主义，认为自己的专业和技能最终可与劳动力市场的具体岗位实现匹配。布朗等人在书中并未提及谁更有可能是玩家或纯粹主义者。[143]

但在我们的访谈中，几乎没有一位农村籍受访者自认是真正的玩家，他们更多地提及自己像是纯粹主义者。例如，在就业能力管理的过程中，农村和小镇背景的受访者自述较为依赖学校的学业和就业安排，无法结合需要有针对性地积累自身所需的文化和社会资本，呈现出"按部就班"的特征；在就业能力的内容管理上较为重视"硬通货"——学历和人力资本，易忽视软就业能力管理，参与学生组织或社团较少体现"功利性"，将学业视为能力建设的重要内容；能力发展路线上则呈现出机会主义的特征——无完整脚本，实习或求职环节倾向于"海投"，岗位之间能力准备和过渡的特征稍弱。

📖 "按部就班"

"玩家"

布朗等人对于"玩家"的定义，要从另外一个群体的叙述中更多地浮现出来。回忆起大学时的就业准备过程，城市籍受访者一般会提及他们较早对未来职业或岗位进行初步探索，并结合兴趣、专业以及意向岗位分析所需的知识和技能，主动积累相关知识和经验。特别典型的情况，如南山大学的沈肖亦。肖亦来自湖北，大学时代就读于外语专业。像大部分城市籍受访者一样，肖亦大三时就已经开始着手准备就业，并思考将来的职业目标：

> 可以不读研究生，直接就业。就业的话就要去想自己的竞争力在哪里。……（我）不想做（外语）这一行，然后就想可以做哪些，像市场、人力资源，可能（选项）也不多，（我考虑定了）就去做 HR（人力资源）。

在确定目标后，他开始着手寻找实习机会，积极管理自己的就业能力:"(我)比较早去操心毕业后的事情,刚进大三就加入了一个社团——一个名企俱乐部。"

肖亦参加的第一个社团由名企在南山大学赞助成立——为了拓展影响、选拔合适的人选,不少有影响力的企业已有类似举措。肖亦介绍:"它内部有三个团队,完全模仿企业内部架构来做。一块是 HR;一块是 BD(商务拓展),负责更多的策划活动;一块主要是负责维护,例如线上的公众号,总规模不过二三十人。通过组织专业策划,组织与职业发展相关的活动,例如准备简历、聘请企业的专业人员做讲座、去公司总部参观等。"除了习得申请工作和面试的技巧外,肖亦积累了对行业发展和行业工作文化的丰富认识以及初步的社会联系。

> (社团的)影响确实挺大的,因为它相当于我是正儿八经走出学校,去跟社会上这些企业接触的第一步。而且也不是那么直接,就是学校跟企业一半一半。对以后想从事的行业确实是有更多的了解……它的一些培训,包括很多工作习惯方面的培养,都是很领先的。从这个社团直接去校招,就这一个名额,然后给了我。

虽然最终没有被录取,但通过积累的文化和社会资本,肖亦的就业还是比较顺利的。他先是去参加达能暑期实习,在更加明确地认识到"毕业后非五百强企业不去,觉得毕业以后还是以学习为主"之后,成功入职一家外企在上海的总部,再跳槽到珠三角一家大型国企从事人力资源工作。

虽然并非所有城市籍受访者都如肖亦般是个玩家,但他的经历有其典型意义。大学生活的结构性安排对所有学生而言本相似——课程、社团、教师。但于相似处探索出何种不同的意义，却因学生的社会背景而异。一个成功的探索者，需要对这些结构性安排及其背后的意义有所认识，只有熟悉相关的就业文化，才更能积极、充分地探索大学中各种结构性安排的就业意义。

"应付学校安排"

然而，大部分农村籍受访者反思自己的就业能力管理时，只用"按部就班"来形容自己——按照学校的步骤，接受与就业相关的活动安排，较少结合自身需要有针对性地积累就业所需的文化和资本。例如，谈及实习，农村籍受访者一般提到的机会大部分来自学校的要求或安排，且这些机会很少与未来规划相关，部分受访者甚至反思学生时代的实习完全是"应付学校安排"。

回想自己大学时期的就业能力管理，汉江大学的余菡菡若有所思，说自己"并不满意"。不满意的两点原因是："第一，觉得没有好好学习；第二，觉得对自己以及对未来比较缺乏规划，缺乏思考。"

菡菡来自广西，家住南宁下辖县的某个小村。回忆起儿时的家境和求学经历，她总的感觉是"都是逐步向好的"。"上小学阶段，家里以务农为主，为了能接着上学，有时候需要去借钱。但到后来，赶上家乡经济开发，家里的经济状况稍微好一点，不存在没有钱上学的问题了。"菡菡考上县里最好的高中，又进了重点班，高考那年，"班上当时有五十四个人，只有两个人没上一本"。

对家乡偏远的农村籍学生而言，考上一本意味着异乎寻常的努力，机械的训练自然也不可少。菡菡回忆说:"在高中阶段,每天的生活安排,我自己的选择很少,每天精确到每一分每一秒。该做什么事情,就是相对来说比较被动一些。"这为大学的学习和生活设置了一些隐性的障碍。

她提到,"上了大学,可能更需要花时间思考要做什么事情,方向是什么",但当时的她只剩下迷茫。菡菡学的是政治学专业,但她也提到关于专业选择,高考后填报志愿时"并未做充分考虑,正好这个学校适合我的分数,我就在这个学校里面选专业,当时也没有说一定要选哪一个专业,就觉得都可以,就随便报了"。她唯一的策略是排除法——"当时觉得历史和哲学很难,就避开"。填志愿时,主导的想法是"名校光环要胜过专业,而文科学校的专业又都差不多"。

但等到了大学,光环之下的细节让菡菡应接不暇。她提到:"高中是安排好一切,你做就好了,但上了大学,很多时候要自己选择,例如课程学习。还要登录各种各样的网站选课,本身就很麻烦,我觉得真的很麻烦,不想去做。"

课程只是一个引子,激起菡菡更多回忆。她感慨道,自己在大学从未主动筹谋规划过什么,基本的策略就是"随大流":

> 整个大学期间说白了就是随大流。别人考四级自己就考四级,别人考六级自己就考六级,别人考研自己就考研,别人找工作自己就找工作,太缺乏考虑和规划了。

考虑和规划意味着结合职业或人生目标,对大学的学习和生活做策略性的安排、发展自我、积累就业资本,但菡菡觉得自己"一直不善如此"。

大学期间，菡菡参加了两三个社团，她回忆道："大一时出于好奇，参加了一个话剧社，又参加了一个羽毛球社，大二时再去学校的校园中心工作。"但她觉得这些经历"基本上没有带来什么收获，对后来的就业也没有帮助"。菡菡从未考虑过参加其他学生组织："参加学生会，会占去我非常多的时间，因为可能需要处理很多人际关系，而我又不想做这些。"毕业后的访谈中，菡菡反思说："这无疑等于失掉了不少发展自己社交能力的机会。"

菡菡和就业在表面上最有联系的尝试是两段实习，而这两段实习都和学校的安排有关。她回忆说，第一次实习安排在大二，按照学校的要求去做，"暑假时在邻省某区的社工中心，具体负责青少年工作那一块"。第二次实习是在大四，由学校安排在汉江大学所在地民政局的社会组织管理部门实习，"负责一些非营利性社会组织的审核"。

回忆起这两段经历时，菡菡的感觉是"收获不大"，只是按部就班地完成学校要求的见习和实习任务。回忆起第二份实习的内容时，她提到，主要是"帮助科室整理一些资料"，"其实工作非常简单，那时候……比较轻松，但是轻松中会伴着无聊"。菡菡说自己也认不清这份工作与后来的工作到底有何联系——毕业后，她换了两份工作，都是在培训机构做语文老师。对于大学的学业和生活与将来就业的这种脱钩，或许自她入校第一天起就有预见。她说："一进校门，就感觉像一个市场，大门看着很气派，校内热闹非凡。"

但"市场"本身有着可供"选择"的隐喻，能在市场提供的交易结构中为将来的人生积累多少文化和社会资本，取决于菡菡具体的目标是什么，又如何按照最优的规则、规划办事。但她偏不是玩家。就像她回忆的，来武汉那天，是她人生当中第一次坐火车，"心里只有忐忑"。物质上的新世界象征了文化上的新世界，菡菡那个时候没有意识到大学的意义是给自己一定的"平台"。几年的经历给了她一些答案，她期待有机会"重新来过"："想先把驾照考了，然后大二大三去一些大公司找实习，这样子可以更好地提前决定未来方向，而不是像现在这样，到毕业季才匆匆忙忙做决定。"

"打杂"

同在汉江大学的谭睿也想过，假如再过一次大学生活要怎么办，他说：

> 我可能会更好好地把握时间吧！大学不满意的地方是没有明晰的规划，对大学和职业，缺少一些思考和规划。那几年，过得没有那么明确，也没有开辟一些比较擅长的领域，主要原因就是当时没有清晰的定位认知。

谭睿来自广西，回忆起自己的家乡，他提到，"我们那边还算可以，条件不是特别艰苦"。谭睿的家由村口的水泥路连接到国道，再由国道连接到外面的世界。他的学业则由村小衔接到县城的初中、高中，再由县城的高中连接到汉江。

像菡菡一样，谭睿说，自己的高考志愿也填得特别懵。他回忆道：

当时的眼界没有那么宽，也没有想明白要干吗，家长的期望，就是当个老师或者是医生，建议选这一类的。但是我觉得这样填，以后的发展太固化了，就自己填，但自己填，可以参考的信息又不多。我当时就填了电子商务，觉得外面的世界互联网发展得挺好。但其实看那厚厚的一本志愿填报书，也看不出什么门路，因为很多专业术语，像土木工程、计算机，都不了解。

　　对于谭睿而言，志愿填报书上的专业名称像一个个谜团，而他又缺乏解开谜团的手段——家人给不了多少参考，"当时的信息搜索能力也没那么强"。最后确定志愿的时候，他首先考虑的是城市，再考虑的是专业——虽然这个主要的决策是"凭自己的感觉"做出的，最后考虑学校，选择了汉江大学。

　　如果说进入大学后的菡菡有点"不甘"并试着"另谋出路"，谭睿则稍有不同，她试着理解自己的专业、大学的意义和步伐，但又总感觉"一切很杂"，难以串联到一起，而自己则是"让干吗就干吗，没有什么规划"。谭睿所提的"一切"既包括课程，也包括学习，更包括课余生活：

　　　　就挺懵的，感觉大一的课程学得特别杂，没有什么重点。你也不知道学来是干吗的，也没有什么一定要学好的概念，也不能理解以后会对你有什么帮助——像就业这一块。所有的学习就是一个任务型的：你学了，给我交作业，期末考试，考多少分，不要挂。大一很轻松，但是也不知道怎么分配时间，也没有想好要做什么规划。感觉一天的时间就是上课、布置作业、完成作业，很应付式的，让干吗就干吗。还有就是参加一些兴趣社团，也没有发展特别多的兴趣。

谭睿的"应付式"背后，是模糊的学习和就业目标。他提到，"（大一）学下来，认定自己不是学习的料，又不清楚课程对以后毕业会有什么用处，就没有想着读研，但也不知道以后的就业方向"，想不到要主动筹谋大学生活的其他方面。谭睿回忆说自己对社团和学生组织的参与"看得挺淡"，参加了一些社团，但就是"简单去玩一玩，没什么特别的"，"大一大二暑假一般直接回家，没有做过校外实习"。

在谭睿心里，与将来的工作稍有关联的安排自然是实习——要等到大三结束，学校才开始有实习要求和安排。他的第一份实习在北京，当时师兄师姐向他推荐了一家互联网公司，"正在上市前夕，可能比较缺人，实习生的开销又比较低"，就顺利进去了。拿到实习机会后，谭睿和室友一起去北京租房，实习了三个月——从大三的暑假一直到大四开学，实习工资基本"解决温饱"。

回忆起这段经历，谭睿再次提到"当时也不知道要干吗"。对于这份实习工作，他总体的感觉是"含金量很低，就是做一些打杂的工作"。毕业后的访谈中，谭睿总结说，之所以有这种感觉，是因为当时"没有想好自己的职业规划，不知道实习与将来工作的联系，对大学的课程也没有什么概念，看不清对工作有什么帮助，又不知道自己的兴趣点在哪里，有份实习可以攒点经验"。

谭睿的第二份实习由学院安排，"应付式""很水，更是打杂"是他的主要感受：

拿到实习学分才能毕业，但实习很水，更是打杂，没有按照我们自己的兴趣来。去合作单位实习，但实习没有特别的含金量。当时也就是去应付，拿到一个学分，争取顺利毕业，就是这种观念。

谭睿毕业后的第一份工作和第一份实习有些联系——毕业后，他远赴上海找了一家互联网公司，求职的部门和实习的部门一样。但很快，他就觉得"这份工作挺没意思的，工资也挺低"，就想着转行，"当时大家敲代码都比较挣钱，我自己就找了一些教程，私底下看书——几个月的样子，后来就去面试，想离家更近，就去深圳找到了一份工作"。

我们时常假定在面对劳动力市场时，所有学生都是一样的务实理性，能够对自己的将来负责，想办法积极管理和提升自己的就业能力与竞争力。但在上述案例当中，我们至少可以看到两种关于就业能力管理的叙事线。一种是理性经济人的，在这种故事线中，大学中的学业和生活围绕自己的能力发展而展开，个体积极利用各种正式和隐性的课程资源以提升就业竞争力，以个人的生命历程去丈量大学的安排。另一条故事线则相反，大学中的学业和生活是刚性地逐步展开的，并不一定与个体的能力发展有关联。正像菡菡和谭睿的故事所揭示的，不太熟悉精英大学的就业准备文化，或较晚认识到个体对自身就业结果的责任和充分地发挥个体能动性之于就业的重要性，都会造就特定的就业能力管理模式——按照学校的步骤，接受与就业相关的活动安排，无法结合自身需要有针对性地积累自身所需的资本。

📖 "重硬通货"

"对口"

布朗和赫斯基的研究表明，对于毕业生来说，就业时的一个重要挑战在于能够以动态叙述的形式包装他们的就业能力。理想情况下，毕业生要能够既拥有硬通货——学历及其代表的人力资本，亦拥有软通货——人际交往能力。但来自弱势群体的学生可能更少利用大学的环境来管理软就业能力。[144]

本书的数据分析也显示，农村籍受访者在回忆大学的学习和就业准备时，更少提及软就业能力的管理。例如，对所有受访者而言，除参加实习外，在学生阶段参加类似学生会、团委以及社团等学生组织都可以是了解科层制工作文化、锻炼人际交往和策略能力的重要渠道，但农村籍受访者较少提及类似经历以及这些经历与自身求职准备的联系。他们对就业能力的掌握更多地和专业与实习有关。

来自重庆的刘心，毕业后直接签约家乡的一家幼儿园。谈到大学的就业准备，刘心想起高考填志愿和初入校门的情形。她本科时就读于学前教育专业，但再将时针调到高考后的那段时间，她在志愿填报时遇到了"问题"。她回忆说，姐姐因志愿填报问题埋怨过父母，这导致他们在自己填报志愿时非常谨慎——告诉她"自己的专业自己选，不管你了"。刘心又觉得自己高考"考差了"，"不好问老师"，结果"志愿填报完全自己决定"。"当时觉得学前教育挺好"，但"压根就不知道学前教育专业意味着就业是去幼儿园"，直到高考庆功宴上，"我说我被学前教育录取了，他们说你要去当幼儿园老师啊！我当时整个人就懵了"。

这有点懵的第一步始终困扰着刘心，她在大学的学习和生活中一直想要努力加以克服。她想，主要的克服策略，应该就是学业。刘心一开始的想法是去小学工作，"在二年级辅修第二专业——英语"。另一个比较全方位的、和将来就业有联系的直接尝试是大三下学期的实习。为了能够进入小学工作，刘心在学校安排实习时选择了一所小学的五年级班教英语。但她回忆说，这段实习对自己来说有收获，更有痛苦。"因为自小缺乏英语学习资源，再加上英文不是我本专业，发音对我来说是一个难点"，在实习学校教单词的时候，"指导老师总会纠正我"。

但刘心说，自己当时的思路和策略偏偏跑错了方向，因为找工作的时候，发现教育事业单位往往要求专业对口——"小学就不能让学前教育专业的去教，所以找工作的时候还是碰了壁"。她离目标最近的一次是报考家乡所在地的一所小学——和本专业另一位同学一起报考的英语学科并进入面试环节。面试前，刘心所能做的最大努力是"在网上找点视频，看看其他老师怎么上课"：

> 面试的时候，感觉整个人都在发抖，上课的过程已经没有太深的印象了。试讲完他们念分，当我听到我同学的分数时，我就知道自己不行了，但后来签合同的时候，我那个同学把我叫去，说可以签两个。我当时还挺高兴的，有那种柳暗花明又一村的感觉，就把合同签了，还交了一万块钱当押金——他们怕我反悔。我记得当时是找我姐借的钱，因为身上没有一万块。然后就付给了那个老师，以为一切都（确定了），就高高兴兴地回来了。

但高兴之后便是失落，刘心回忆说："后来打电话告诉我说不行，只能招一个人，所以当时工作又没了。"而后，刘心的选择只剩下了"等"以及当初因为"不明不白"而进入的专业：

> 后来我觉得应该还是找得到工作，主城区那时候差不多已经招完了，就问了一下我们当地的教育局。我问当地的教师招聘有没有结束，他们给的答复是已经过了，但是还有一个专门针对我们毕业生的招聘。我就一直等，但迟迟没有消息。

毕业前两个月，刘心匆匆在家人的帮助下联系了一家幼儿园实习。她原本打算将其作为过渡，直接留下，先工作一段时间。但是出于种种原因，始终感觉"融不进去"，结果"来也匆匆，去也匆匆"，这段实习大致持续了一个月的时间。她回忆说，这一个月的工作内容"大部分都和为孩子们准备'六一'的文艺汇演有关"，"实习的是大班，上课没有几天，就开始进行小朋友们的毕业活动排练——队列练习，差不多十多号的时候我就走了，所以我真正听到的课和上到的课还是比较有限的"。

刘心最后的工作选择了她偶然看到的一家幼儿园。她提到，实习期间有一天下班坐车，"在下高速路口到城区必经的路上看这里怎么建了一所幼儿园，那是第一次注意到这个幼儿园"。

刘心的选择好像充满了偶然性，但也并不偶然。谈到这里，她想起上大学那年的光景——像大部分受访的农村孩子一样，去武汉上学乘火车的经历，是刘心的第一次：

当时和妈妈一起去的，我之前没有坐过火车。我们俩是差不多下午一点的火车，第二天早上差不多四五点到。两个人坐着火车，周围还有其他大学的学生一起坐着那趟火车。第一次坐火车，我比较晕车，在车上不能吃任何东西，一吃东西就晕。这样十多个小时没有吃任何东西。

　　火车驶进武汉的第一站是汉口，刘心的妈妈担心她饿着肚子，便领她下车，在汉口站外面吃了早饭，再回站等汉江大学的志愿者接站。当晚，妈妈住在学校为新生家长腾出来供过夜的体育馆，"第二天一早就走了"。离开是成长的前奏，也象征了依托的失去，一切都要交给没有任何认识——文化图式——的刘心。大学又何尝不是刘心驶向城市生活的列车，这趟列车流行的是一套城市中产阶层才熟悉的就业价值观和规则，而这与她的早期经历相距甚远。

"不太功利"

　　刘心在访谈中鲜有提到自己参加社团和学生活动的经历，同在汉江大学的刘菡也是。她说大学时代自己很少参与学生组织和活动，仅有的少数社团体验全靠兴趣，"不太功利"——很少出于提升就业竞争力的考虑。

　　刘菡来自湖北，父母务农。谈到儿时的家庭经济状况，她回忆说"稍微有一点不好"。父母也经营一些副业，例如养鱼，但母亲身体状况不佳——在刘菡读初中时经历了车祸，腿脚不太方便。这样，家庭的重担便落在了父亲一个人身上。但命运好似对刘菡有些钟情，她家在黄冈附近，这带来了一些独特的机遇。她解释说自己"小学在农村比较偏远的一所学校上学，师资条件都不是特别好"。等读初中的时候，为了保持生源质量和提升升学率，黄冈的名校"跑到农村学校招收成绩相对比较好的学生，想办法弄过去"。刘菡由于成绩优秀，也因此得到进入城区读优质初中的机会，中考考进了当地最好的高中。

像刘心一样，三年高中苦读过后，刘菡面临的关键一关也是志愿填报。回忆起高考过后的志愿填报，刘菡说当时选择师范专业"部分考虑的是家里的经济状况"——但她自己当初"并不想当老师"。家人的总体考量是"读师范专业不需要交学费，每个月还有补助，再加上老师也是一个很稳定的工作"。而刘菡自己则"不知道擅长什么，也不知道兴趣在哪方面，填志愿的时候，一直是比较懵的状态，因为专业也不是很清楚，填完之后觉得就这样吧"。社会和经济条件往往会影响一个人对于可以拥有什么机会的看法，也会影响其对教育和职业机会的评估。刘菡的父母和家庭显然框定了她的看法。

提及就业，刘菡觉得自己"大一到大四都没有什么安排"，除按部就班地学习课程、实习之外，她和就业略有联系的安排就只剩下"出去参加过一次支教"了。回忆类似学生会和团委等类型的学生组织时，刘菡提到："我什么都没有参加，当时也没有这个想法。有一方面是性格的原因，性格有点内向，并不是那么放得开，我自己也没有特别想去锻炼。"她唯一参加的社团是支教社团——因为认定自己将来会做老师，而支教也有些情怀的成分。但初入社团的经历并不轻松，她被安排进外联部，"和师姐一起出去拉赞助"，对于自觉内向的刘菡而言，这自然不可接受。后来，在朋友的帮助下，她转而"为农民工子弟在学校开培训班"，多了一些备课、写档案与讲课的经历。

按照刘菡的回忆，"社团还组织了一次为期两个月的支教"——"考虑到以后我会当老师，想去试一下"。但她总体的感受是，只是有了一种"当老师的体会，有了那么一种当老师的感觉"，但"实际上的帮助不是特别多"。刘菡提到：

> 实际上的帮助不是特别多，只是那种经历、那种感觉特别难忘，因为支教都是（面对）一些小孩子，你去山区，小孩子对来支教的老师比较喜欢、比较依赖。我们去那边体验了一些上课的形式，体育课的形式，给他们排练舞蹈，后面有一个节目会演，给他们做了家访。大概也就是知道了有很多山区的孩子，他们可能家庭有各种困难，很多家里面条件不是特别好。对工作实际上并没有什么特别大的帮助，但是我觉得这种感觉还是挺好的。

总体而言，刘菡觉得自己的社团经历与就业能力建设关联不大。她也提及，出于经济方面的考虑，在求学时也做过兼职，但基本目标在于减轻经济压力，就是做些"发问卷、发传单或者家教等类型的工作"。毕业后，当想起这些经历时，她说自己实在想不起它们于就业有何实际用途。这也符合布朗和赫斯基观察到的现象，他们特别指出，无报酬的课外活动可以提高学生的就业能力。具有课外经验者，超过70%在毕业后会走上管理岗位；参加体育活动、学生会或文化活动，可增加进入大公司的机会。问题是，由于面临更多的经济压力，弱势学生比中产阶层背景的学生更有可能从事有偿但无法帮助他们积累文化和社会资本的兼职工作。中产阶层的学生则更有可能从事无报酬工作、艺术和文化活动、体育活动和海外学习。

或许只有与城市籍学生的策略相对比，才能理解刘菡在反思中提到的对软就业能力管理的忽略。曾赴南山大学求学的陈建辉来自广东省某市，在明确认识到不喜欢自身专业，并试图积极做调整之后，他开始积极管理自己的学生干部和社团经历——大二加入学院的组织部，力图锻炼自己的组织策划能力，这为后来他从事营销策划工作奠定了一定基础。大三分专业时，建辉又主动竞聘班长，并加入了该校由一家外企资助的职业社团并担任副主席。他认为前者帮助自己增加了领导力，后者则提供了很好的锻炼活动策划能力、面试技巧和营销能力的机会：

> 这个俱乐部是面向全校的，做了几个活动，第一个是帮助公司做校园宣讲，第二个就是模拟面试。在加入这个社团的时候……借此机会参加了里面的活动，叫市场营销训练营……在里面学习了不少东西，知道了基本市场营销框架。因为我是外行人，所以肯定要先懂这一行。

在求学过程中，学生往往会选择不同策略以增强自身的就业竞争力。但由于对就业竞争力内容理解的差异，不同的学生往往会采用不同的策略。刘心和刘菡是某种意义上的纯粹主义者，在面对不断加剧的地位竞争和文凭通胀问题时，他们虽然认识到必须要为文凭增加价值以使自己更有竞争力，但与城市籍受访者相比，他们采用的让自己更为突出的策略都有着赫斯特所言的鲜明的重学术的特点，看中自己的专业与技能和劳动力市场的联系，不太看重软能力管理。但赫斯特认为这依然反映了对人力资本重要性的强调，而通常只有欠缺其他类型资本的学生才会看重这一点。[145] 也就是说，他们是被动的人力资本信奉者。

刘心和刘菡也面临这一困境。在接受访谈时，她们的确较之于城市籍受访者更倾向认为不一样或更高的学历是增加竞争力的重要手段，都更多地提及可以通过转专业和辅修第二专业来为将来"铺路"。但正如本章开头提及里韦拉的大作时所表达的，在精英劳动力市场，招聘者对文凭的需要，重心不在于其所代表的工作技能，而在于其所喻示的新人与在职人员在文化上的相似性。当一个人和潜在的雇主分享相同的文化资源时，其在劳动力市场获得成功的可能性要显著提升。因为文化资本的核心假设，一为受过高等教育的人拥有雇主重视的一系列社会和人际倾向；二为雇主会通过教育证书确保自己能找到具有相似生存心态的雇员。负责招聘精英和特权职位的组织代理人特别看重这些社会和人际倾向。在校期间，如果不能够及时采取策略积累文化和社会资本，便要在进入劳动力市场尤其是精英劳动力市场时面临更多劣势——这些内容可在本章的第三节中略窥一二。

📖 "机会主义"

"缺乏清晰的思路"

理性目的—系统行动论取向的就业文化预设了一种定向的能力发展路径：考察目标行业或岗位的要求，结合自身状况，设计能力发展路线，为最终的就业做好准备。但农村籍受访者在接受访谈时一再提及的自身能力发展路径设计体现出了较强的机会主义特征。这主要体现为两点：一是没有完整的能力发展脚本；二是在实习或求职环节，更倾向于"海投"岗位，岗位之间能力准备和过渡的特征不强。

农村籍受访者普遍提及，他们在大学四年很少有完整的能力发展脚本。例如，刘蔺在接受访谈时不止一次表示："大一到大四都没有具体的目标和方向，感觉……并没有什么安排。"吕程在受访时也反复提及，在大学时对工作的行业和岗位认识比较模糊："那个时候我也不知道找什么工作比较好……"回忆起自己的实习和求职经历，吕程半开玩笑地说道："觉得我唯一拥有的就是所谓的'自由'——爸妈不太管我，因为他们在农村，什么也不懂，他们就说'我们既没有关系，也没有钱，给不到你什么帮助，就靠你自己了'。"

但他又说，"自由放在自己手里就多少让探索充满了'机会主义'的味道"。关于就业，他"一直未做充分的准备"，"第一次全方位地去思考大学经历和就业之间的联系还是在大四上学期为找工作而准备简历时"：

> 我找工作时候的准备，主要就是花心思在简历上面了，好好地回忆回忆我之前做过什么事情，哪些对我这个简历有帮助，人家看到我的简历，会眼前一亮或者怎么样。

但在此之前，他则很少考虑：

> 上学的时候，其实没有想过这些东西，或者说不太愿意去想。

或者去想了，但是没想太多，也就没有继续往下想。在找工作的时候，有一个像 deadline（截止日）一样的东西，你就必须得去想。

吕程本科时学的是电子与通信工程专业。大二初次访谈时，他不无感慨地回忆道："我对电脑比较感兴趣，但是之前没有怎么接触过电脑——也不是没有接触过电脑，笔记本是高考之后买的。城市的同学对电脑的了解比较多，规划也比较多。"吕程这里所说的"规划"，显然是指为了特定的发展目标组织自己的学习过程。他总觉得自己缺乏清晰的思路，而城市的同学则不同——"他们有比较清晰的思路，我觉得他们获取信息的渠道和手段比较多。我感觉我也会跟他们学习"。不过，毕业两年后的访谈中，吕程显然不太满意自己的学习结果。

专业方面，他提到大学时"专业排名特别低，还挂科了。两百多个人，肯定在后一百"。因为学习成绩不好，所以没有考虑过读研："我个人的感觉，去写一些代码，或者做一些相关理论方面的工作，会有一些吃力——对比一下其他同学，觉得我不是特别擅长这些东西，就选择直接出来工作了。"也因为专业成绩不佳，吕程始终觉得他"不太可能从事好技术岗""写代码不太擅长"。大四找工作时，他决心找一个"类似售后客服与支持这样的工作"，因为"可能只需要一些专业知识，并不需要去具体地帮他解决"。

和这个想法唯一相关的一段就业准备经历，是大三暑期一段为期两三周的实习。吕程解释道，当时这段实习"有在学校鼓励下才发生的成分，基本的工作内容就是在学校附近开设的一家小孵化中心帮老师'搬砖'"：

我记得大三有一门课叫"无线通信原理"，那个老师我非常喜欢，上课讲得特别有意思。他和外面一个小的创业团队有一个合作，因为我们有暑期实习要求，我就去找那个老师，在学校旁边的一个小的孵化中心实习。当时那边有一个小的团队，我就去帮忙。我记得我想试一试产品经理，然后就去尝试，但是整个实习时间比较短，所以没有做出什么比较有意义的东西。

　　吕程没有解释这段经历在多大程度上影响了大四时的就业目标，但毕业后的第一份工作让他回忆起这段经历，类似的岗位、类似的结果，让他反思道：

　　后来我觉得，可能对于我来说，产品经理听起来是挺有意思的，但是因为需要有写程序的背景——或者说有相关专业背景，同时又需要和程序员、测试沟通，和用户交流，去做一些调研，去做一些分析，对于能力的要求是挺高的，所以可能以我目前的能力，并不能当一个好的产品经理。

　　他毕业后的第一份工作在一家中外合资的信息技术服务公司，基本的工作内容是销售软件。但两个月之后，吕程便因为不太满意而离职。而后开始他的第二段探索：

　　那个时候感觉还是挺无聊的，想着还不如回去念书。正好十二月份考研，就想去试一下，但是时间有些紧张，因为就剩两三个月了，便在学校旁边租了一个房子，去那边准备考研，每天去学校图书馆。十二月底考试，考完之后就回家了，在家等结果。到了 2018 年三月份的时候，考研结果出来，没考上。

第二段探索的短暂失败之后，吕程提到："（我）就在想，要不要再考一年，但是又觉得从三月份到十二月份，复习时间太长了，就想要不找点事情干一干。"短暂考虑之后，他便给一些培训机构投了简历，此后，便一直"在培训机构上班、上课、带小孩子，刚把教师资格证考出来"。

吕程说教师一直是自己职业生涯的备选，但他又回忆说，整个大学期间最贴近教师的职业经历还是大二时的一份网络兼职。那年暑假，他在线上教两个学生，但"从专业的角度来讲，那段经历对现在的工作其实没有特别明显的帮助"：

> 我有过这么一个当家教的经验，在我找工作的时候，人事会稍微看一看我提交的简历。因为我现在也在招聘，我大概会了解筛选简历的一些标准。但怎么说呢，对这个不会特别看重。

这段工作经历对吕程而言显然多少也有过渡的成分——访谈的时候正是他工作的实习期，吕程谈了很多在培训机构的教学心得。临近结束时，他回忆起初入和离开海一的情形：

> 我是通过自主招生进入海一的，笔试发挥超常，过了笔试，面试的时候，正好又遇到了比较好的老师。我记得当时面试之后，我的感觉其实不是特别好，我觉得可能就凉了。那个时候我

记得是我哥开车送我来面试的，出校门的时候，回头看了海一的校门一眼，我想我一定能通过高考考回来。后来第一天来学校报到的时候，再一次看到那个校门，觉得特别的亲切，我终于回来了。……我记得大四毕业那天，收拾行李走的时候，回头又看了校门一眼。觉得四年过得好快。

对这飞逝的四年，吕程的印象是："在专业上，从稍微现实一点的角度来说，有一个稍微好点的高校文凭，对于我进入社会，是有挺大帮助的。但本科阶段对我在专业技能上，没有太多的帮助，只是多了一个专业背景而已。"

"海投"

吕程关于"文凭"的感慨，南山大学的周禾在毕业访谈时也曾提及。毕业后，周禾一直在一个地产集团下面的物业公司工作。他认为毕业时学校给他最大的帮助是"学校的名声"——"对找工作有利一点吧"，而专业"就没有什么了，我们专业不是那么像重头戏"。周禾甚至提到，假如可以从头再来，他想换一个"专业性强一点的专业"，"因为找工作的时候，专业性不强，不是很有针对性，不是很有目标的感觉，不像人家学编程的，一定要做开发之类的"。

周禾说自己本科阶段对行业"了解不多"，实习环节主要依靠学校：

第一次是在大一的时候，叫"见习实习"，第二次大二升大三叫"专业实习"，第三次是在大三下学期有一次实习。第一次见习，学院安排车把我们拉到开平楼，看那个碉楼，跑一圈，完了之后写报告，一天时间。第二回，因为我们是学酒店管理专业的，所以当时被安排到冬奥岛的一家酒店，在那边的餐饮部实习一个月，端盘子——基层嘛。我们是酒店专业的，所以会涉及这方面的东西。还有就是观察，对自己每天工作有什么认识，对他们工作有什么感想，每天要写一个类似总结的东西，一个月之后就交这些总结和报告。大三实习地方的名字我忘了，当时把我们安排到旅行社里面去实习，差不多一月。他们在做一个工业旅游的产品，我们也帮他们做，每天就是搜集相关资料，写东西。

由于缺乏资源，周禾的三次实习都由学校安排。等到求职环节，则主要是"海投"岗位，完全没有考虑实习和将来工作岗位之间的联系。他提到：

> 我们学的这个专业比较万金油，没有技术，工作还是偏管理那种。只要他们敢要，我们就敢做。说什么行业，当时了解也不多，到处投。

投简历的主要依据就是学校提供的三个信息来源：

> 学校有一个就业指导中心，有一个网站，好像还有一个公众号，每天会发一些来宣讲的信息之类的，主要是看上面有哪些单位比较感兴趣，我就去试一下，还有就是到一些招聘的网站看一

些企业的行程，校招的行程。

相较之下，城市籍受访者的能力发展路线设计更多地显示出定向、聚焦的特征，在实习或求职时倾向"定投"岗位，实习和求职环节之间有能力准备和过渡的特征。例如，金林大学的宋晓哲受访时提到，他围绕确定的就业目标定位，在大二时即开始设计自己的能力发展路线，主动培养符合就业岗位需求的能力。他提到："所以我从大二大三开始准备这件事，大三下学期找工作的时候，按照四大会计师事务所的要求做的准备，对于他们这边的互动模式、面试的问题、笔试的问题，都做了准备。"再例如，南山大学的陈建辉在正式进入知名国企地产公司工作之前，已经选择在一家大型房地产私企当实习生。受访时，他回忆道："这个实习是在地产行业，它让我对这个行业有了一个基本的认识，所以我后面才会选择，才进入了目前的公司。"定投的岗位为他的就业提供了准备和过渡，实现了实习与就业的有效衔接。

本章的一二节叙述了农村和小镇青年在面对劳动力市场时遭遇的一些困境。我们指出，校园中流行的围绕就业能力管理形成的主流文化有其特征，但农村籍受访者通常自述和反思自己太过"后知后觉"——对其认识较晚或没有特别清晰的认识，这在很大程度上影响了他们的就业能力管理策略——他们经常自述为"随波逐流"。无论是"后知后觉"还是"随波逐流"都提醒我们，就业总是发生在一定的社会、文化和制度环境中，受诸多社会因素制约。自由意志和理性行动并不完全存在于真实的职业生涯决策过程中。农村籍受访者对精英高校校园的就业文化有个逐步"熟悉"的过程，受制于家庭背景和教育经历的影响，他们需要时间逐渐领悟校园活动之于就业管理的意义，亦正是因此，他们在就业能力管理策略上才显示出一定的特征。正像晚近的社会学家们所指出的，就业能力概念并非不可变更的客观实体，而是一种社会建构，来自不同社会群体的学生有着不同的就业能力管理内容和策略；就业能力管理也并非客观中立、价值无涉的过程，而是深受个体观念的塑造——而此往往又是早期社会化经历的产物。只有具备社会学的想象力，认识到就业过程的文化和社会分层属性，才不易造成在分析农村籍学生就业相对弱势成因时的个体化诊断，也才能更好地理解本章最后一节所述的被调查学生在就业结果上的群体间（城乡）差异。

第三节　差异化的出路

本书最关心的是一群学生在大学的学习和生活过程，四年过后的结局不是我要讲的故事的核心。因为所谓结局总是暂时的，大学的句号不过是人生下一阶段的逗号。但是，描述暂时的结局——大学生活结束时的大概取向——也许有助于我们了解农村和小镇青年在大学阶段的探索所对应的特定结果。在前文的访谈中，本书已揭示了农村籍学生在毕业出路上相较于城市籍学生的部分特点，例如多从事专业技术岗位、就业稳定性不高、工作之间的衔接程度不高等。在本节中，我将简要比较他们的升学和就业状况。

2018 年至 2019 年开展的最后一轮追踪数据显示，接受文件调查的 1035 人当中，共有 399 人进入劳动力市场，约占样本总数的 38.6%——这与全国性权威调查的数据基本一致。样本中的就业者当中，城市籍学生和农村籍学生所占比例分别为 54.1% 和 43.1%（不含缺失值 2.8%）。总体上，进入劳动力市场的城市籍和农村籍学生在就业去向上有一定差异。例如，对初始薪金的分析显示，城市籍学生的初始薪金比农村籍学生平均高出 20%。另外，较农村籍学生而言，城市籍学生更有可能在直辖市工作，这一区别在统计意义上显著。（见表 4-1）

我们的最后一轮深度访谈有 68 位受访者。农村籍学生和城市籍学生各 34 人，毕业后有 39 人升学，29 人工作，其中农村籍学生中有 20

位毕业后选择工作,城市籍学生中仅有9位选择工作。农村籍学生工作的机构类型主要包括私企、教育培训机构、幼儿园和中小学,城市籍学生的就业单位主要集中在国企和外企。

表4-1　城乡学生就业地点比较

工作地点	农村籍	城市籍
村、镇、县城	17%	7%
地级市	27%	28%
省会城市	47%	39%
直辖市	9%	26%

更加全局性的结果,还可以参考其他出色的研究。它们显示,较之城市籍学生,农村籍学生在毕业时更多地直接进入劳动力市场,就业率和自雇比例低;初次就业时多选择县城、镇和乡村,从事的行业多为第二产业;进入政府部门和党政机关以及中央或省级国有单位的比例显著低于城市毕业生;多从事专业技术岗位,而非管理岗位;起薪低于城市籍学生,就业稳定性不高。[146]

第五章

"小镇做题家"——心态、探索与反身性思考

第一节 理论线索：文化资本与社会流动的心理代价

📖 把握平凡世界的精神意义

对平凡世界的社会学想象

您一定还记得，在本书的开篇中，我提到路遥的经典小说《平凡的世界》。书中故事的时代背景要追溯到20世纪70年代末，在这一时期，人们关注普通人在克服身份限制、实现社会流动的征程中必不可少的双重注脚——物质生活的苦难和精神层面的幸福。到了80年代，文学作品开始庆祝初步开放的社会结构，关于社会流动的社科研究话语关注的则是社会不再"死水一潭"。90年代以后，随着市场逐步成为社会资源和机会分配的主要机制，社会科学研究人员将目光投向这一广泛而深刻的社会变革及其对个人生命机遇的影响。

及至晚近，社会的结构化和阶层化趋势愈加明显，基本的阶层边界日益清晰，在社会经济的分层结构"逐渐定型"的背景下，研究者追问这些变化对社会流动所造成的可能障碍——他们关心社会是否变得不再开放。研究者尤为关心的是在一个新的分层体系中，社会流动之于个体而言，物质和精神层面的意义究竟如何。这些正是本书在宏观历史和理论图景中的微观方位。作为一个教育社会学研究者，我想问的是，对于身处精英大学的农村籍学生而言，他们在精英大学中的主观体验究竟是怎样的？这些主观的个体层面的细微感受和宏观的社会结构及其变化到底有何联系？在抽象层面，帮助我理解这些问题的是一些社会学概念，它们均来自法国社会学家布尔迪厄，正是透过他常使用的"场域""文化资本"和"生存心态"等概念，我得以勾勒一幅农村和小镇青年在精英大学就学的精神图景，并理解其背后的社会力量。

我非常赞同社会学家柯林斯（《文凭社会》的作者）在他的著作《发现社会》一书中提到的话：每一套对世界的认识都是一种幻象，而科学的旗号并不比其他东西更能作为真理的保证。[147] 社会学家对这个世界的认识并不一定比其他学科的专家提出的更加高明，在指导日常行动方面甚至可能不如基于日常经验提炼出的谚语、格言。但社会学家提炼的对于社会的认识有它的特殊品质。关于这些特殊品质，美国社会学家 C. 赖特·米尔斯在《社会学的想象力》一书中的讨论特别深刻，他指出：个体在日常生活中所面临的困扰往往不单是个体层面的困扰，而是诸如社会变迁、社会分层等结构性力量的结果。社会学的任务和承诺即是在变动的历史中把握住个体和社会之间的联系。[148]

他说，"个体若想理解自己的体验，估测自己的命运，就必须将自己定位到所处的时代；他要想知晓自己的生活机会，就必须搞清楚所有与自己境遇相同的个体的生活机会"，而社会学提供了这样的想象力。对于社会学知识的特殊品质，柯林斯也同样有过讨论。他特别强调我们社会的象征性质，指出先验的概念往往是我们认识世界的基本手段——"一个事物除非有一个名字，否则我们不会注意到它"[149]。社会学家恰给我们提供了许多概念和理论，使得我们能够从一个特殊的视角分析世界的运行。我想，在本书的结尾，在一般的意义上介绍我使用过的社会学概念并用它来串联本书前文的所有故事，也许可有助于我们更好地理解这些故事。[150]

场域、文化资本、生存心态与实践

布尔迪厄在解释社会不平等为何持续存在方面最突出的学术尝试是他的社会和文化再生产理论。他认为不平等延续的主要机制正是正规的学校教育系统。原因是，它将现有的社会等级合法化，使其看起来更像是个人天赋和能力的结果。[151]在构建自身理论大厦的过程中，布尔迪厄提出了许多具有洞察力的概念，包括文化资本、生存心态和场域等。

文化资本是布尔迪厄提出的三种最基本的资本形式之一，也是他提出的最广为人知和最重要的概念——其他两类分别为经济资本和社会资本（由于拥有某种团体资格和社会关系而可能获得的各类资源）。这一概念的核心实质在于将文化本身视为一种可以用于投资并能带来回报的资源。在布尔迪厄看来，文化资本如同其他类型的资源一样，在某些条件下可以被父辈传递给下一代，并成为获得稀有类型回报的基础。文化资本有三种形式，分别是具身化的（内化于个体身心的、无形的）、客体化的（诸如藏品等文化产品）和制度化的（被官方认可的，如文凭）。

"生存心态"是一个人适应社会世界的一组偏好或倾向，在布尔迪厄看来，它是一个持久存在、可转换的"感知、概念和行动的认知图式或结构"。生存心态深受家庭教养和早期学校教育的影响，并受制于一个人在社会结构中的位置。也正因此，布尔迪厄说它是"社会化的主观性"和"客体化的心智结构"。[152] 生存心态塑造了人们能动性的程度及对其的认知。它在心理层面映射了个人在客观社会分层中的位置，包含了对何种目标和手段才是可能和有效亦即理性的认知。

"场域"则是指特定社会活动领域及其间的正式和非正式规范。它是围绕不同形式的资本及其组合组织起来的。各类资本及其组合"既是场域中发生的过程，也是场域的产物"。场域在本质上是关系性的，有自身特定的原则——"游戏规则"或"实践逻辑"，而这些原则受制于寻求控制该场域资本（和"规则"）的不同利益集团之间的权力斗争。[153]

布尔迪厄特别指出，个人的实践或行动是他们的生存心态和文化资本在特定场域内共同和相互作用的结果，亦即：[（资本）（生存心态）] + 场域 = 实践。本书以这一公式为指导性的理论框架并结合数据分析指出："小镇做题家"首先是一种生存心态（农村和小镇青年在精英大学学业和社会生活领域的独特配置），它是农村和小镇青年资本占有（本书主要关注文化资本的占有）的结果，更受制于特定场域的游戏规则（何种资本受到认可）；"小镇做题家"还是一种特殊的实践探索（农村和小镇青年参与精英大学社会生活领域，构建身份认同、管理就业能力、走向劳动力市场和社会的探索），它是农村和小镇青年的资本占有、生存心态和场域游戏规则综合作用的结果。

📖 "小镇做题家"——心态与探索

社会生活生存心态——缺乏游戏感、自我低估

本书将"小镇做题家"视为农村和小镇青年在探索精英大学的学业和社会生活领域时产生的特殊生存心态，其核心特点是，在精英大学中的社会生活领域缺乏游戏感，容易低估自身的社会能力。缺乏游戏感的含义是，当他们踏入精英大学时，新的精英空间里所拥有的"空闲""自由"和"选择"往往转化为压力，他们缺乏"有准备"的认知图式以指导行动，对如何安排课外活动没有系统认知，也无法将探索新环境的意愿转化为实际行动。自我低估指的是他们倾向于对自身的社会能力持负面评价，普遍认为自己缺乏和他人打交道的能力、更加内向、视野狭隘、更加局限，没什么兴趣爱好、更加单调。

这种生存心态的转变，有其特殊困难，它始终和学生学术上的生存心态相互拉扯。当农村籍学生进入精英大学时，在学业方面，他们既有的生存心态与新的机构之间存在着一定程度的匹配，给了他们在学业上游刃有余的可能。当然，这种匹配关系也是一柄双刃利剑，既可以成为自信的来源，"鼓励"农村籍学生不断探索大学的社会生活领域，推动他们社会生活生存心态的逐步转变；又可能成为农村籍学生社会生活生存心态转变的重要阻力。由于特殊的资本占有配置，当学业成功时，它可以是"羁绊"他们向前的"庇护所"；当学业失败时，也可以是"牵扯"他们探索的"拖累"。[154]

实践——有限探索、认同困境、后知后觉

本书还将"小镇做题家"视作一种特殊的实践。农村和小镇学生所开展的这种实践，其核心特点是在社会生活领域的有限探索、认同建构困境以及就业能力管理上（从学校向社会过渡上）的后知后觉。有限探索主要是指，由于缺乏在精英场域的游戏感、容易自我低估，农村和小镇学生更容易自我设限——或倾向于"知难而退"，在社交和课外活动上不投入或少投入精力与时间；或倾向于"发挥优势"，继续在自认为较为擅长的学业领域努力，而不再轻易在社会生活方面做出新的拓展。他们较少参与半官方类学生组织，较少从事管理性质的工作，更少地将时间投入各类学生团体组织的学生活动、聚会以及聚会之外与朋友的其他社交活动上。

认同建构困境主要是指，他们在探索和建构新的身份认同时面临特殊的处境。一方面，他们很难实现身份认同的转变，要么自认为"一直是农村人"，要么觉得城市和农村"两头都抓不住"，要么觉得"认同模糊"——既是农村人也是城市人。另一方面，他们无论是处在哪一种情形当中，都要面临特殊的情感体验——或要很小心地进行印象管理，防止身份穿插；或要如"漂萍"般既不能告别过去，又不能拥抱现在；或即便处在认同转变的过程中，也依然要面临"没有固定的归属感"的心理压力或部分地"否定过去"的情感代价。

就业能力管理上的"后知后觉"（本书借用受访者自己的反身性思考和语言进行的概念化尝试）是指，他们的就业准备总体上呈现出按部就班、重硬通货与机会主义的特征。他们较为依赖学校在学习和实习方面的结构性安排，无法结合自身需要有针对性地积累自身所需的

社会和文化资本；在就业能力的内容管理上较为重视"硬通货"——学业是能力建设的重要内容，但不太重视软就业能力管理，参与学生组织或社团较少具有"功利性"；另外，就业能力发展路线总体上呈现出机会主义的特征——无完整脚本，实习或求职环节倾向于"海投"岗位，岗位之间能力准备和过渡的特征不强。

场域切换——跨越文化边界

本书指出，农村籍学生在探索社会生活领域时产生的特殊生存心态与实践困境和一些结构性因素有关。而我尤为关注的结构性因素是他们迈进精英大学后需要跨越的那道文化边界。这道文化边界的特殊性主要体现为其具有双重结构。一方面，它是他们的家庭和精英大学的文化边界；另一方面，它是他们的高中和精英大学的文化边界。[155]

当跨越家庭和精英大学的文化边界时，农村籍学生所面临的障碍有如下三点：一是，在刚进入精英环境时，他们对于精英大学的社会生活领域（例如各类学生组织、社交活动等）之于个人的意义没有较为清晰的认识，认为参与"没那么重要"，或由于缺乏策略性知识，产生"忙乱感"，对参与"没那么向往"。二是，他们缺乏被精英环境认可的文化技能，如"社交技巧""电脑知识""面试技巧""才艺"等。三是，由于社会结构本身的隐喻，文化规范和实践上的差异常被赋予高低等级关系，诸如才艺和高雅文化活动的参与等都会被视为更高能力的象征，家庭早期文化资本投资的匮乏易导致他们"误认"（misrecognition）自身在社会能力方面有所欠缺。[156]

当跨越高中和精英大学的文化边界时，他们所面临的障碍为高中（尤其是县城高中）和大学在文化上的差异。这些差异既体现在两者的学术文化上，也体现在两者社会生活领域的文化上。无论是在高中还是在精英大学，学业都占有重要的位置，也被普遍重视。但受访者所经历的高中教育，在学术文化上强调单纯的学术环境，强调灌输和高强度且机械的学术训练，强调通过获得高分赢得学业竞争力。精英大学则强调对知识的理解和应用，强调学习过程中学生的主体性和独立性，强调合作学习，这就为农村籍学生在学习上的适应设置了部分障碍。在社会生活领域的安排上，受访者所经历的高中教育鲜有丰富的课外活动，也鲜有为学习之外的其他活动预留时间。但在精英大学，精英高等教育机构对学生的期待是他们需要能够在智力发展与社会成就方面齐头并进，以便未来能够担当起社会领袖的角色。学业之外，他们也应积极地参加学生会、社团等不同类型的学生组织，从事社区服务和参与实习工作（精英大学也的确创造了更多机会）。这类活动有助于他们发展不同类型的技能、积累文化和社会资本，以为将来的就业和发展蓄积优势。几乎是从 0 到 1 的过渡为农村籍学生的社会适应设置了文化障碍。

📖 社会和教育意义

管窥社会结构及变迁

上述发现有许多理论意义，但对理论意义的细节讨论并不是本书的首要目标。本书首要关注的是，怎样如社会学家米尔斯般将农村籍学生这段个人生命历程同更加宏观的社会历史关联起来理解。透过农村籍学生的"小镇做题家"式体验，我们究竟可以对社会结构及其历史变迁获得怎样的理解？可获得的启示是什么？

在无法实现社会流动的个体身上，我们可以一窥社会的结构性力量。对于处在社会流动过程当中的个体，加诸其身的结构性力量则有其独特表现形式，把握它们对认识和了解处于变动当中的社会结构至关重要。在本书中，有助于我们把握个体和社会结构间联系的概念透镜即是布尔迪厄提出的"文化资本"概念。[157]在宏观层面，文化资本概念提醒我们关注社会分层的文化要素；在微观层面，文化资本概念提醒我们个体社会位置的文化成分。在一个分层的社会中，不同社会群体间有着明显的文化边界——它由普通人的文化实践所垒就。关于这道文化边界的有无和普通人流动体验间的关系，我们可以从一个经典的理论争论获得一些思考——社会流动体验的性质究竟是正面的还是负面的，又为何如此？

这个经典的理论争论，一条脉络深受英国社会学家约翰·H.戈德索普影响。他所开拓的牛津流动研究关注二战后英国社会结构的变化及普通人的社会流动机遇。戈德索普指出：二战后英国社会职业结构的变化导致更多人实现了向上的社会流动，不过就其本质而言，社会变得更加"开放"只是一个假象——虽然绝对社会流动率有所增加，相对流动率却未有变化。20世纪70至80年代，戈德索普曾短暂地研究那些实现了社会流动的个体的主观体验，并指出：绝大多数实现了社会流动的个体对自己的生活感到满意，对自己的上升轨迹尤为自豪。戈德索普提出的进步主义理路对后来的社会流动研究产生了重要影响。

其核心主张在于，无论是之于个人还是社会，流动都是积极的精神力量——推动个体跨越社会阶层意味着可以模糊传统的地位秩序，亦可减少社会距离和阶层冲突。[158]

关于社会流动究竟对个体意味着什么，另一条研究路线由皮特林·A. 索罗金开辟。继承他低社会化理路的分析与戈德索普的论断龃龉不断。这一分析理路起源于 19 世纪末 20 世纪初的社会病理学和社会解组论，其核心主张是社会流动内在地包含了向下和向上两种模式，而无论哪一种模式都可能导致个体的"低社会化"并进而带来社会和心理问题。其内在逻辑是：在原来的社会地位上养成的生存心态、态度和偏好不一定与新的社会地位匹配。[159]实现社会流动意味着思想和行动，甚至身体的调适。[160]跨越社会阶层不仅意味着从社会经济地位连续体的一端踏向另一端，也同时意味着脱离一种地位文化并进入另一种。按照这一理路的分析，社会流动带来的核心挑战为如何处理"过去"与"现在"两个不同社会阶层的关系并建立身份认同感、克服由地位文化的二元分裂所带来的内心冲突。

进步主义理路和低社会化理路的分歧主要在于处在社会流动当中的个体主观体验的性质。但实际上，低社会化理路和进步主义理路都肯定了宏观社会结构特征的影响。戈德索普认为自身的研究发现得以成立的关键是英国社会当时的结构性特征。战后的重建带来了英国新服务阶层的兴起，作为初生的社会阶层，其成员的身份认同感低。新型职业精英在抵达目的地阶层后，很少发现自己被在品味和生活方式上高度相似的其他人所包围，因而不太可能受到地位焦虑或文化疏离的困扰。这即是说，在一个以新社会阶层增长、高流动性为特征的转型社会当中，流动中的个体可能较少需要应付各类社会和心理压力——

因为目的地阶层当中有着大量拥有相似流动轨迹的人，和他们建立社交联系可能更为容易，这有助于社会流动者降低被边缘化和孤立的风险。而在地位等级已然森严、合法性地位获得困难的社会中，流动则更有可能在心理上"致病"。[161]

对低社会理路所刻画的地位文化分隔、高低排序及影响，进步主义理路的分析也并未予以否定。两者实际上都探讨了文化实践的影响，且将其视作社会分层结构影响个体社会流动体验的具体机制。不同在于，进步主义理路将自身的分析放置在一个动态的社会转型框架下。当社会结构持续变动抑或社会流动率高时，即便是同一阶层的文化同质性也很难保证[162]——因为新晋社会成员源源不断地将自身阶层的社会和文化特质带进目的地，目的地阶层的文化甚或因此而发生改变[163]，其文化上的区隔、专断和排斥也会降低[164]，流动者则无需经历一个痛苦的文化融入过程。低社会理路的分析则将阶层结构设置在一个较远的视阈当中——相对稳定。倘若社会流动率不高，不同社会阶层的文化实践相对稳定且同质性高，高社会阶层与低社会阶层的成员的行为、习惯和价值观殊为不同，那么跨越社会阶层自然会带来适应问题。

倘若正如本书所指出的，跨越社会阶层意味着突破文化边界和部分的自我否定，这则意味着实现社会流动的难度在加大。正如布尔迪厄所言，文化资本的投资是个艰巨而长期的过程，文化排斥是深层次的社会流动障碍。埃里蓬也指出，即便我们极力告别过去，早期的社会化经历与生活轨迹依然会持续地发生作用。

管窥教育和教学模式

布尔迪厄在《继承人》一书中提到："一些人的社会出身决定了他们只能接受学校传播的文化，而不能接受其他文化。"本书中描述的农村和小镇学生在精英大学中遭遇困境的部分原因也在这里。因为城乡的二元分割，农村和小镇的文化资源供给非常有限——无论是由市场渠道提供的还是由公共资金资助的都是如此。他们主要的文化供给渠道还是学校。

但正如上文所提到的，受访者描述的基础教育阶段（尤其是高中教育）较为强调的只有学术文化。高中教育尤为强调对单纯学术环境的营造，强调高强度的灌输和机械的学术训练，以及无止境的学业竞争。这不仅为他们在大学学术上的适应设置了部分障碍，更无法弥补他们因与城市籍学生不一样的养育环境而导致的在适应精英大学社会生活领域上的文化障碍。青年学者李晓亮曾在研究中汇报他基于中部一所高中长期的田野工作所得到的发现：在以农村籍学生为基本生源的该所高中，老师们仍然"习惯于传统的死记硬背和题海战术。由于课本知识通常与农村籍学生的日常生活比较疏远，虽然这样的教学方式并非一无是处，但显然已经不能应对当前的高考"。也就是说，在新的高考模式下，锦标赛式的学术训练连高考优势都难以为他们争取到。他还提到："在高考前的最后一年，城市的一些高中也是这样教学的。问题的关键在于，城市家长——尤其是受教育程度较高的家长——能够引导和协助子女获取大量的课外学习机会，而农村籍学生除了依靠学校之外别无他途。" [165]

正如本书所揭示的，早在高中阶段，这些就已经为他们带来巨大的身心压力，还为他们埋下将来在精英大学适应障碍的种子。值得关注的是，即便是在城市学校，由于普遍的社会压力，学习也"主要指向以获取标准答案和高分数为取向，以死记硬背为主要方式的学习、教学和评价"。北京师范大学的刘坚教授认为这让中国教育领域面临"学业过剩"的危机。[166] 这意味着，农村籍学生在进入精英大学时要跨越的高中和大学的文化边界，对城市籍学生可能也在某种程度上存在。

扩容，增益与赋能

需要指出的是，向上的社会流动其本身正面的社会意义毋庸置疑。但本书指出，倘若只从经济或职业维度描述社会流动则有可能使社会流动本身的意义狭隘化。关注农村籍学生在高等教育系统中的主观体验和其背后的社会结构成因，有助我们更好地深入推进高等教育公平。正如史蒂文·布林特提到的，虽然在当代社会关于怎么办大学已有多重想象，但其典型含义依然是：为十八岁以上的青年人提供有意义的人生经验。它有物理依托——校园环境，更有社会依托——教授和学生面对面的互动。正是这双重依托带给学生智力成长和个人发展。学生不仅要去教室、实验室和图书馆学习，还要通过参与类似学生组织、积极社交等社会活动的机会发展自己。

大学教育的目的不只是简单地指向就业，还要让所有学生都能够发现自己，发展兴趣，获得不同的看待世界的方式，获得思考力、行动力，为他们持续地探索人生打下基础。布林特还提到，大学教育发挥作用的前提当然是学生都有动机和精神力去探索大学环境。[167] 但正如本书所揭示的，动机和精神力有它的社会结构和文化内涵，带着不一样的生存心态探索大学环境，自然会有不同的探索结果。

也正因如此，本书具体的实践启示包括：首先，持续扩容，要继续推进更多农村籍学生进入高等教育机构。正如在一个以新社会阶层增长为特征的转型社会当中，和他人建立社交联系可能更为容易一样，当高等教育机构中有着大量拥有相似流动轨迹的人，流动中的个体才可能较少需要应付各类社会和心理压力。其次，文化增益，可以通过有针对性的入学教育等形式帮助农村籍学生了解高校的文化内核，让他们克服参与重要类型学生组织、学校各类活动的文化障碍；文化资本的积累是一个长期的过程，在农村学校，除正规的学科教学课程外，可以考虑开设兴趣班，为农村孩子培养个人才艺创造机会；推动城乡文化资源的供给平衡，为普通农村籍学生创造接触图书馆、文化馆、科技馆等文化资源的机会。最后，文化赋能，地位文化的高低等级关系是阶层穿越者心理和感情代价的重要来源，长期以来，乡村被赋予了落后、贫弱等更为负面的文化内涵，它的逐步消解对改变农村籍学生能力的自我认知至关重要。我们既要肯定作为文化机构的大学在传递主流价值观过程中的重要作用，也要认识和研究乡村文化和价值观在大学中的地位及其对农村籍学生教育体验的影响，赋予乡村以正面的文化含义。

精英大学尤其有此能力与潜力，也有此必要付诸实践。布林特曾使用"常春藤孤岛"（ivy island）来形容精英大学与基层社会的脱节。他借用安德鲁·德尔班科在《大学：过去，现在与未来》一书中的观点[168]，指出精英大学和普通人的边界之一在于精英对特权在精神上的修饰，假如只剩下所谓的贤能主义、优胜劣汰、成王败寇，精英大学会很快只剩下自艾自怜的学生以及日益加深的与基层社会的鸿沟。他的观点是，假如精英大学都无此能力去做出反省，那么还不如将社会责任的重担交到招收了更多基层学生的其他大学身上——当然，这本身意味着精英大学的失败。[169]

文化增益和文化赋能也有它在基础教育阶段的微观教学改革涵义。我常想起初中时英语考试的窘境——有大量阅读理解题所描述的故事都发生在城市场景，而我也因此难以很快理解和答题。我记得有一次考试，讲述的是有个人去机场乘飞机晚点的故事。故事里描述他取票、托运行李、安检，再到登机口排队等飞机，结果飞机晚点，他只好拿行李箱排队。后续的情节是有趣的，他在自己的行李箱上面放了一盒巧克力，累了就去旁边的凳子上坐一会儿，歇一会儿就回到行李箱边上吃块巧克力。但当他第二次回到行李箱边的时候，发现有人在吃他的巧克力。他没有生气，自己也赶紧拿了剩下的接着吃起来。陌生人瞪着他，吃得更快了。不过，快吃完的时候，他才发现自己走错了登机口……故事很有趣，但题目很难做。因为按照题目设定，要猜某些关键单词的词义或故事情节的意思。因为儿时从来没有过坐飞机的经历，所以做这些题遇到不少困难。我想，有过坐飞机经历的孩子应该不用花很多时间去猜 collect tickets（取票）、security check（安检）、check in baggage（托运行李）这些单词的含义，生活经历已经为他们准备了一些文化图式，这些文化图式可以作为他们接受新知识的脚手架。出题的人应该没有意识到不同的生活经历可能意味着有些孩子有着不同的文化脚手架。要解决这一问题，文化增益意味着，在常规的课程或者课外活动里，要多向孩子介绍不同的生活场景，尤其是城市生活的场景，为他们减少学习新知识时可能遇到的背景知识障碍。文化赋能意味着，在可能的情况下，改变课程和考试的内容，纳入更多的农村籍学生熟悉的生活场景，让他们有机会站在城市同伴的同一起跑线上。

第二节　方法论手记：反身性叙事

📖 "小镇做题家"："危机"还是"收获"

您一定留意到了，我在全书的正文中给"小镇做题家"都加上了双引号，因为我认为，"小镇做题家"或多或少地带了反思、协商和反击的成分。我一直不主张将"小镇做题家"看作一种客观的能力叙述（只会做题），又或者一种客观的绝对的生活状态（没有物质资源和社会网络）。"小镇做题家"也并不喻示注定更糟糕的人生结果——大学是一段人生征程的结束，也是下一段人生征程的开始。要更好地理解它，就要在理解它之前如哲学家胡塞尔所说的给它"加括号"以悬置自己的前见。把它看作某种既存的客观的实在，只会带来农村和小镇学生的污名化，也会让人觉得它是难以改变的命运。

这些想法的萌芽始于我和我博士、博士后阶段的导师白杰瑞教授（Professor Gerard A. Postiglione）的一些对话。我于香港大学教育学院完成我的博士学业，并在那里从事了三年的博士后研究工作。导师白杰瑞教授是位意大利裔美国人，性格和蔼可亲，习惯我们叫他杰瑞（Gerry）。求学期间，他也许看出我在办公室面对他时常常感到局促，就常领着我去港大的教工餐厅，并在就餐时和我讨论我的研究。在港大梁铢琚楼的教工餐厅就餐是种特殊的体验，不仅可以一窥来自世界各地教授们的着装和互动风格，还可以在山腰上十几层楼高的全景餐厅鸟瞰维多利亚港。

我时常和杰瑞说我琐碎的研究发现，他也乐此不疲。有一次，他突然打断我，问我的社会流动经历。他说，你看看你自己，在内地一个小村庄长大，但不是依然能坐在这里和我一起喝咖啡、看海、聊学术工作？漫长的成长历程，除了流动过程带来的那些烦恼之外，你还收获了什么？如果一帆风顺，没有遭遇你故事里的人遇到的类似情形，你会不会觉得自己少了很多关于这个社会和人生的独特思考？而这些思考是不是专属于你和你所属的那个群体的？

这段对话给了我一些特别的启发。我想，每个人都是社会学家，每个人都有关于自己是谁和该如何行动的理论，每个人都会对自己的经历有一些反身性的思考。我坚持认为，本书的核心——"小镇做题家"——正是一群人对一段成长经历反身性思考的产物。而这段反身性思考，正如布尔迪厄所言是一段人生"危机"——生存心态和环境之间的错配（部分）——的产物。

📖 "反身性思考"：命定论与个体的空间

从社会学诞生那天起，理论家就一直围绕一个核心问题争论不休：社会的结构和个体的能动性，哪个更能决定一个人的行动和生活际遇？如果译作日常语言，即为我们是被社会出身框定的，还是有着通过努力改变自己命运的自由？要回答这个问题，就要去追问我们日常行动背后的基本机制是什么，人的主体性和意识到底有何作用。持社会决定论者的基本观点是，我们的社会行动是社会化的结果，主体性和意识都是社会赋予的，既有社会不平等的再生产都不是有意图和有意识的行动的结果。换句话说，人是空壳，而社会给我们注入了一套意图和意识。不少人指出，布尔迪厄所提出的生存心态就是一套被社会决定和被灌输给个人的认识、态度和情谊。它的潜台词是，我们复制我们父辈所属阶层的认识、态度和情谊，再以其指导自己的社会行动，再复制他们的命运。

但本书要讲的不是社会决定论或命定论，人的行动不是被无意识的神秘社会力量无限支配的结果，不是对昨日行动的简单重复。我们的生存心态和探索可能在很大程度上被我们的出身所局限，正像安德鲁·赛耶所说的，我们有很多植根于内心的好恶和技能。对于熟悉场景中的相似游戏，我们会以玩家自居，但进入不熟悉的场景中玩没有玩过的游戏时，我们自然很难找到感觉。我们可能挣扎，感到不确定，尴尬甚至愚蠢。但他又提到，这些并不等于说我们会永远陷在旧生存心态的窠臼里，没办法参与新的游戏。[170]

在我看来，"小镇做题家"是农村和小镇学生一种独特的社会建构，它既是一种特殊的生存心态，又是一段独特的人生探索，更是一种特别的反身性思考。没有谁是客观、标准或平均意义上的"小镇做题家"，只有或浓或淡的生存心态、或快或慢的实践探索、或深或浅的反身性思考。个人总有对自身的处境进行审视和有意识评估的能力，社会学家把它称为"反身性"。英国社会学家安东尼·吉登斯说，反身性思考意味着我们持续地监督自己的行动——它是自我养成的重要渠道。社会阶层是一种生活状态和感受，但同时也是被个人不断加以审视、评估和协商的东西。我们出生在一个特定的社会阶层，内化一些和这个阶层相关的认知、态度和情谊，但我们总会去反思、协商，甚至有时去反击它们。而这些反思、协商和反击正是个体的空间，是给我们可能的自由的东西。

我们反思一段成长经历中个人的处境、长久以来习以为常的生存心态和探索，甚至把握和认识形塑自己生存心态和探索的社会力量。其可能的结果是，以此为基础来调整自己将来的方向和行动。当农村籍受访者从事反身性思考的时候，这些思考就已经暗含了改变他们的力量。更重要的是，当这些反身性思考从纯粹的个体领域被引入公共领域时，它便有了推动改变的潜力——给那些正在经历或者将要经历类似人生征程的名校生、准名校生（甚至是处于人生流动征程中的个体）一些具体的启发。而此正是本书的部分意义所在。

📖 反身性叙事

质性研究者经常使用"赋予声音"（give voice）和"传达声音"（deliver voice）来描述自己选择的方法论和研究使命之间的关联，认为与个体的深度接触、平等交流和更全景式的深度故事描述会有助于我们在一个特定群体的声音被忽视的环境中给予这样声音表征（被听见）的机会。我更喜欢用"传达声音"来描述我在本书中的努力，因为前者有太多学者主体的味道，或多或少暗含了学者的上帝视角。尤其是，在社会科学研究中，当提及反身性时，其往往是研究者中心论的，指向对研究者习以为常的立场的反思、对数据更加多元和充分的解释，受访者的反身性思考少受重视。[171] 但往往正是受访者建基于日常行动上的、具备了自我对话性质的反思而不是学者的反思，才构成了他们指导自身行动的理论。

本研究试图把握这种理论构造，也正是出于这一原因，我在写作的过程中，尤其是在讲述受访者的主观体验时，尽量援引他们自己的话组织故事、用他们自己的语言表达感受。我将这种方法上的尝试称为"反身性叙事"，且认为它提供了一种超越研究者中心观的机遇。

国际社会学会首位女性会长玛格丽特·阿切尔说，与自我对话就是反身性思考最重要的模式。[172] 查里斯·S. 皮尔斯说，与自己的谈话是在现在的自我和想象的将来的自我之间发生的。[173] 安德鲁·赛耶认为我们应当给"情绪"一个位置，这个被社会学家忽视但被西格蒙德·弗洛伊德填进内容的"非理性"角落蕴含了推动改变的动力。吉登斯对个体能动性下定义和概念化的过程中，指出个体能动性有三个基本的要素：话语意识、实践意识和无意识动力。他认为，反身性主要存在于话语意识层面，主要内容包括对主体行为的理性化，即主体如何看待和声称自己行动的社会条件或情境。[174]

在收集数据、开展访谈的过程中，我特别强烈地感受到上述三个要件：受访者的自我对话、情感和他们对行动条件（社会结构）的重新评估和思考。我也试图在不同的阶段去把握和描述这些要件。

在访谈中，所有受访者在讲述自身的故事时，本身都带有强烈的自我对话的性质。他们的所有叙事中都包含了对过去情形的思考，涉及现在的自我——或多或少意义上的"做题家"。例如，更加缺乏游戏感，没有精英场域所认可的文化知识和技能；容易自我低估，内向、局限和单调。他们的叙事又都涉及将来的想象的自我，例如，更有游戏感，更能"客观"地评价自己。在分析数据，尤其是在成文的过程中，我试着把握这些"对话"，尽量发掘他们对现在的"我"的认识和对将来可能的"我"的认识，并以他们自己的语言为主体呈现他们对大学阶段生活史的叙事。没有人对自身生活史的叙事是完全客观统一的，我们所回忆起的日常故事的内容取决于我们如何给个人生活以意义（故事的线索）。当讲述人生故事时，我们通常会"再活一次"，因为我们往往给这些故事新的线索，赋予它新的意义。这是艾米莉·M.惠特克和保罗·阿特金森所提的个体需要不断挖掘的"本真生活"（authentic life）的要义。[175]挖掘本身即蕴含了反思和再建构的成分、推动改变的可能，而我重视农村和小镇学生的这些"挖掘"。

在访谈中，所有受访者在讲述自身的故事时都带有强烈的情感。对事件和周遭环境的情绪反应以及个体如何去应对这些情绪反应有着重要的分析价值，因为正是这些情绪和反应揭示了个体所处的情形、所带的关切和感受。假如成功和失败带来的情绪没有什么不同，那么个体为什么还要顺从或者反抗、竞争或者对抗？个体生存心态演变的动力部分地来自他们的情感。雷伊说，情绪不是生存心态，却会沉积在心态中（或正回应了布尔迪厄所说的"被压制"），恐惧、焦虑、两难等情绪，或压制，或捍卫，或升华生存心态。当我们跨越社会界限，在两种不可调和的生活方式之间取舍时，产生的种种复杂感受正是心态改变的机遇。人是故事生物，在改变的当口，我们以故事的形式思考，用故事来讲述人生，用故事赋予人生意义。[176]当我们讲述故事时，故事本身即包含了人生经验、身份认同、精神状态、情绪感受和意义赋予。在数据分析时，我试着厘清农村和小镇青年在这些故事叙述中所夹杂的各色情绪——这些情绪由他们步入一个新的精英场域所遇到的挑战而来。例如，"苦读""分裂""匮乏""隔阂""内向""局限""单调""落后""慌""迷茫""两头都抓不住""既是也是""遗憾"等等。在成书时，我特别注意以受访者的话讲述他们自己的故事，并试着以情绪为故事线串联叙事。我以为，这些围绕情绪反应组织的叙事蕴含了受访者改变和前行的动力。正是在这个意义上，我们不但回应了，而且是以不同的方式回应了在本书《写在前面的话》末尾所提到的"情感代价"故事。是的，长程的社会流动的确带来了各种情绪困扰，但它们本身也意味着成长。

在讲述自身的故事时，所有受访者的叙述又都带有对自身行动社会处境的思考。他们没有被动地去接受自身被养育和教育出的生存心态，而是像哲学家一样仔细审视自己在精英环境中所拥有的资本及类型以及在精英环境中自己的行动有效性到底如何。他们所叙述的所有故事都包含了过去的生存处境、所拥有的资本的状况、自己行动的可能空间以及历次探索成功和失败的社会条件。他们审视自身生存心态可能存在的局限以及局限产生的原因，并积极思考克服这些局限的方法。在分析数据和行文的过程中，我特别关注他们的类似观察和思考——尽管有时候，这些观察思考不可避免地被他们已有的境遇所局限。关于这些局限，我相信赛耶说过的一句话：一方面，我们如阿切尔所言不会简单地听命于社会；但另一方面，内部对话也不可能消解掉所有的社会局限，我们不是无所不知和万能的，有些因早期生命历程而带来的影响，常在我们的感知雷达之外。[177]

但我们总处在不断地再评估自己生活的进程中，并给予它秩序感。

它的内在机理和外在表现都是关于自己生活的叙事，正是这些带有自我对话性质的叙事逐渐地带来改变。阿切尔说，对于加诸我们的社会结构，我们是有能力做出回应的，而非只是作壁上观、评估形势、想想而已。[178]

在布局上，我本应当将这一节关于反身性思考的写作放入上一节理论线索的讨论中。但这样一来，就好像我先有了一个成熟的理论，再以其观照和解读我所有受访者的经验。带着上帝视角看待所有资料便避免不了研究者中心观，也难以突出本书所强调的，我是从所有受访者的反身性当中汲取了成书的养料。就像您也许已经发现的，越是到高年级，受访者的反身性思考越是强烈。例如，在毕业后的访谈以及基于这些访谈写成的故事中，您可以看到更多带着更浓厚情绪的自我对话（甚至是苛责），以及对外在社会结构的审视。在访谈的过程中，纵贯的研究设计给了我了解这些变化的机遇。例如，每次开展访谈，我们都尽量让受访者重新讲述一遍从入校到接受访谈时的经历，由于每次访谈的主题和时间有别（例如，在大一和大二，我们一起探讨的主题是适应和成长，大四毕业后一起探讨的主题是就业能力发展和管理等），因此受访者每次都会在成长和获得新认识的基础上以新的线索重新陈述自己的故事，藉由他们的当下来重构过去。而每次重构过去、给予过去新线索的过程都为我提供了了解他们成长和反身性的机遇——因为反身性正是指对自身经验的反观。在写作的过程中，我尝试用迭代的写法来反映这些成长和反身性。例如，我尽量忠于受访者在不同阶段的叙述，在每个新的主题章节中讲述他们的故事时，都尽力从头讲述一遍他们的经历，以反映他们对相同人生经历的不同叙述，从而反映他们所获得的对成长经历的新理解。这样，无论在哪一个章节中，您都可以看到关于个人经历的重新叙述。

　　本书的所有访谈都包含了受访者的反身性思考——我何其有幸能参与到这一思考的过程中——这些反身性思考往往是从一些无意识的在大学的适应开始，逐步地变成一个更有意识的过程。这些反身性思考也的确带来了改变[179]，虽然这种改变只是局部和渐进的——主体不可避免地置身于结构和旧心态的阴影里[180]。但这并不预示着失败，正如爱丽丝·默多克提到的：

　　　　从某种意义上来说，我们不是自由的，我们不可能一夜之间改变，因为我们不可能突然改变自己能看到的、能期待的和能做到的。但是，（因为反思）某些不言自明的选择看起来不再重要了，它们不再具有决定性，我们的行为不再是被"养育"出来的。[181]

附录：追踪研究速描

本书所使用的数据源于一项针对四所"双一流"高校约 2000 名本科生的追踪调查。该调查始于 2013 年，总体上采用混合研究设计，包括问卷调查和质性访谈两个部分。问卷调查部分的样本以"按规模大小成比例的概率抽样"（PPS）策略获取。调查一共有三轮，第一轮在 2014 年秋，亦即学生大一之后，意在了解学生的家庭背景和早期成长经历、进入大学后的学业表现和社会活动状况，共计发放问卷 2000 份，回收 1938 份，回收率为 97%；第二轮在 2015 年秋，亦即学生大二之后，意在持续了解学生的学业表现和社会活动状况，以助于结合第一轮调查深入了解被调查学生的大学适应过程，样本为第一轮入样学生，回收问卷 1633 份，回收率约为 84%。在前两轮问卷调查之后，亦即 2014 年年底和 2015 年年底，研究者先后开展了较为持续的半结构式访谈，以助于深入理解通过问卷调查获得的一些初步认识，了解农村籍学生在精英环境中适应的具体过程、影响因素和发生机制；第三轮问卷调查于 2018 年，亦即学生毕业后一年进行，意在了解被追踪的个体毕业深造或就业的基本情况，样本依然为第一、第二轮入样学生，回收问卷 1034 份，回收率约为 53%。之后，再于 2019 年夏进行了深度访谈，以深入了解学生的就业准备和工作落实过程。

三轮访谈的对象主要通过目的性抽样的方式选取。在第一轮访谈时，为了解学生的适应过程及结果，研究者按照学生在学业成就和社会成就两个维度的表现，将参与问卷调查的学生分为"高学业成就且高社会成就""高学业成就且低社会成就""低学业成就且高社会成就""低学业成就且低社会成就"四个组。然后，在每组中随机抽取15名学生参与访谈。随着研究的不断推进，样本持续流失，在无法获得足够数量农村背景大学生参与访谈的情况下，研究者采用了"滚雪球抽样"的方法补充样本。参与三轮访谈的学生分别有54、60、68名，所有访谈每次持续时长约1.5—2小时。在访谈过程中，研究者仅在征得被访者同意的情况下才进行录音，所有访谈到最后都被转录成文字。

注　释

[1] 全书所提人名和机构名都是化名。在正文的陈述中，对受访者的话多有援引，以
力求反映"内部人视角"。

[2] 在后文，我按照户籍登记制度，有时候会将像吴悦一样出身于农村和城关镇以下
小镇的学生称为"农村籍学生"。

[3] 本研究沿袭国内部分研究较为宽泛的定义，主要指原"985 工程"高校。

[4] 杰罗姆·卡拉贝尔. 被选中的：哈佛、耶鲁和普林斯顿的入学标准秘史 [M]. 谢爱
磊，周晟，柳琳等，译. 北京：中国人民大学出版社，2014.

[5] 塔拉·韦斯特弗. 你当像鸟飞往你的山 [M]. 海口：南海出版公司，2019：1-3.

[6] 该报告名为《流动报告：大学在代际流动中的作用》，由哈佛大学经济学家拉
杰·切蒂领衔。拉杰·切蒂于 2003 年在哈佛大学取得博士学位，是该校历史上
最年轻的终身教授之一。出版该报告前后，他正任职于斯坦福大学。这份报告
另外三项结论同样值得关注：一是在长远收入上，毕业于同等类型精英大学的学
生，高收入家庭背景只比低收入家庭背景者高 7.2%——这说明精英高等教育
有助于推动社会公平；二是常春藤类顶级院校最有助于长程的社会流动——几乎
有 60% 的毕业生从最低收入群体（后 20%）迈入了最高收入群体（前 20%），但
最有助于普通人改变命运的是中档公立大学——因为它们更能够为普通人提供
入学机会；三是虽然在 2000—2011 年之间，有越来越多的低收入家庭子女进入
高校，但美国精英私立大学中的低收入背景学生在比例上未有增加，在最有助
于他们实现命运改变的大学，其比例却有急剧的下降。详细内容可参考：Chetty,
Raj, Friedman, John N., Saez, Emmanuel, Turner, Nicholas, and Yagan, Danny. Mobility
Report Cards: The Role of Colleges in Intergenerational Mobility [R/OL]. （2017-07）

[2023-06-24]. https://www.nber.org/papers/w23618.

[7] 需要指出的是，尽管在相当长的一段时期内，重点高校的农村籍学生占比有所下降，但 2008 年至 2013 年先后出台的"支援中西部地区招生协作计划""农村贫困地区定向招生专项计划"以及"中西部高等教育振兴计划"等政策有效地提升了重点高校农村籍学生的数量。自 2012 年开始，我国重点高校的农村籍学生数每年提高 10% 左右。例如，2017 年，教育部的新闻专栏指出，"按照《政府工作报告》'继续扩大重点高校面向贫困地区农村招生规模'部署，教育部会同各地各有关部门进一步完善国家、地方和高校专项计划招生政策，形成保障农村和贫困地区学生上重点高校的长效机制。据初步统计，2017 年三个专项计划共录取农村和贫困地区学生 10 万人，较 2016 年增加 8500 人，增长 9.3%"。详细内容可参考：教育部 . 2017 年贫困地区农村学生上重点高校人数再增长 9.3% [DB/OL]. (2017-08-28) [2023-06-24]. http://www.moe.gov.cn/jyb_xwfb/gzdt_gzdt/s5987/201708/t20170828_312509.html.

[8] 周雪光 . 国家与生活机遇：中国城市中的再分配与分层 1949—1994 [M]. 郝大海等，译 . 北京：中国人民大学出版社，2015.

[9] 无论是在农村还是在城市，样本中所含学生父辈都主要来自职业中层和上层。例如，在城市地区，按照李强教授的统计，2010 年职业上层、中层以及下层的比例分别为约 13%、38% 以及 49%，而样本中所含城市籍学生来自这三个阶层的比例分别为约 23%、64% 以及 13%。详细内容可参考：李强，王昊 . 中国社会分层结构的四个世界 J. 社会科学战线，2014（09）：174-187.

[10] Bourdieu, Pierre. The Forms of Capital [C]// Richardson, John (Ed.). Handbook of Theory and Research for the Sociology of Education. Westport, CT: Greenwood, 1986: 241-258.

[11] Coleman, James S. Social Capital in the Creation of Human Capital [J]. The American Journal of Sociology, 1988（94）: S95-S120.

[12] Coleman（1988）.

[13] Kong, Peggy A. Parenting, Education, and Social Mobility in Rural China: Cultivating Dragons and Phoenixes [M]. London and New York: Routledge, 2015.

[14] Epstein, Joyce L. School, Family, and Community Partnerships: Preparing Educators and Improving Schools (2nd ed.) [M]. New York: Routledge, 2018.

[15] 王兆鑫."培养名校生":新世纪中国乡土家庭的学业精神与育才策略 [J]. 中国青年研究,2023,323(01):62-69+20.

[16] 安东尼·亚伯拉罕·杰克.寒门子弟上大学:美国精英大学何以背弃贫困学生?[M]. 田雷,孙竞超,译.北京:生活·读书·新知三联书店,2021.

[17] 杨东平.中国教育公平的理想与现实 [M].北京:北京大学出版社,2006.

[18] 按照时任教育主管部门领导在 2011 年 11 月 30 日第十一届全国人大常委会第二十四次会议上的发言,农村学校"撤点并校"运动的主要原因有"一少""一多"和"一高"。"一少"主要指农村学生数量减少,学龄人口减少。按照当时的统计,自 2000 年至 2010 年,全国 6—14 岁义务教育阶段学龄人口从 2.05 亿减少到 1.58 亿。"一多"主要指随着城镇化进程的加快,进城务工人员随迁子女增多,按照当时的统计,2010 年随迁进城读书的义务教育阶段学生约 1200 万,这是农村学校学生数量减少的重要原因。"一高"主要指农村居民对高质量教育需求提高,由于农村学校规模变小,教师流失,家长担心村小质量难以保证,遂选择将子女送往城镇学校。从 2000 年到 2010 年,农村小学从 55 万所减少到 26 万所,农村初中从 6.4 万所减少到 5.5 万所。详见:中国教育在线.一少一多一高 全国小学少一半初中少 1/6 [DB/OL].(2011-12-30)[2023-06-24]. https://xiaoxue.eol.cn/sp/201112/t20111230_725669.shtml.

[19] 将两个或两个以上年级的学生编成一个班,再由教师用不同的教材在同一节课里对不同年级的学生进行教学的组织形式。教师在给一个年级的学生讲课时,其他年级学生则被安排做作业或复习。

[20] Green, Andy. Education and State Formation: The Rise of Education Systems in England, France and the USA [M]. London: Palgrave Macmillan, 1990.

[21] 详细内容可参考:陶行知.陶行知文集 [M].南京:江苏教育出版社,2008:225-227. 王乐,张乐.为什么上大学——乡村学生"离土"选择的教育发生考察 [J]. 教育研究,2021,42(11):107-118.

[22] Peters, Michael A. Interview with Michael Apple: The Biography of a Public Intellectual [J]. Open Review of Educational Research, 2015, 2(1):105-117.

[23] 电影《疯狂元素城》(Elemental)讲述了移民元素城的火族女孩小焰(Ember)的成长和家庭故事。导演彼得·孙(Peter Sohn)是韩裔美国二代移民,有人认为它至少映射了导演的成长经历和美国"移二代"的烦恼——带着上一代的希望与爱,想成为不让家人失望的"好孩子",但这些都在家庭出身与主流文化的

交界处（电影将家具象化为火族，将主流社会具象化为水族，水火自是难以相容）成为沉重的负担。我想它也可以用来理解星同的境遇。正像电影高潮处小焰所控诉的，当你带着沉重的爱、带着希望、带着亏欠长大，你又怎能不希望自己是个"好孩子"呢？在《"读书的料"及其文化生产：当代农家子弟成长叙事研究》一书中，"好孩子"或是程猛所称的"懂事"，但懂事本身意味着告别"无忧无虑"，也或意味着沉重的情感和道德负担。详细内容可参考：程猛."读书的料"及其文化生产：当代农家子弟成长叙事研究 [M]. 北京：中国社会科学出版社，2018：164–179.

[24] 董永贵.突破阶层束缚——10 位 80 后农家子弟取得高学业成就的质性研究 [J]. 中国青年研究，2015，229（03）：72–76.

[25] 唯芷口中的私立学校 / 民办学校是 2000 年前后出台的一系列教育政策导致的结果。这些政策旨在弥补国家财政性教育经费投入的不足，鼓励企事业单位和社会力量参与办学，以弥补公立学校数量的不足和扩大农村地区学生的受教育机会。但随着我国人口结构变化、学龄人口持续下降，再加上城镇化进程加快、进城务工人员随迁子女增多等，农村家长担心农村中小学规模缩小，教学质量难以保证，越来越多的人将子女送往城镇学校或私立学校。这又反过来给公立学校，尤其是县域内公立高中带来了生源危机。

[26] Lehmann, Wolfgang. "I Just Didn't Feel Like I Fit in": The Role of Habitus in University Dropout Decisions [J]. Canadian Journal of Higher Education. 2007, 37（2）: 89–110.

[27] Bourdieu, Pierre. The Logic of Practice [M]. Redwood City: Stanford University Press, 1990: 60.

[28] Durkheim, Emile. The Elementary Forms of the Religious Life（1912）[M]. New York: Free Press, 1965.

[29] 详细内容可参考：Sandel, Michael J. The Tyranny of Merit: What's Become of the Common Good? [M]. New York: Farrar, Straus and Giroux, 2020. 中信出版社于 2021 年译介为《精英的傲慢：好的社会该如何定义成功？》。

[30] 他们研究了超过 4 万名美国、加拿大以及英国的大学生，指出，从 1989 年至 2016 年间，学生中间流行的完美主义病日趋明显。详细内容可见：Curran, Thomas and Hill, Andrew P. Perfectionism Is Increasing Over Time: A Meta-Analysis of Birth Cohort Differences From 1989 to 2016 [J]. Psychological Bulletin, 2019, 145

（4）: 410–429.

[31] Bourdieu, Pierre. Practical Reason: On the Theory of Action [M]. Redwood City: Stanford University Press, 1998.

[32] Ginott, Haim G. Between Parent and Teenager [M]. New York: Avon Books, 1971.

[33] 详细内容可参考：Cline, Foster and Fay, Jim. Parenting with Love and Logic: Teaching Children Responsibility [M]. Colorado: NavPress, 1990: 23–25. Lythcott–Haims, Julie. How to Raise an Adult: Break Free of the Overparenting Trap and Prepare Your Kid for Success [M]. New York: Henry Holt and Company, 2015: 4.

[34]Nelson, Margaret K. Parenting Out of Control: Anxious Parents in Uncertain Times [M]. New York: NYU Press, 2012.

[35] 米歇尔·福柯. 规训与惩罚 [M]. 刘北成，杨远婴，译. 北京：生活·读书·新知三联书店，1999.

[36] 埃米尔·涂尔干. 社会分工论 [M]. 渠东，译. 北京：生活·读书·新知三联书店，2000.

[37] 迪迪埃·埃里蓬. 回归故里 [M]. 上海：王献，译. 上海文化出版社，2020：119.

[38] Bourdieu, Pierre. The State Nobility: Elite Schools in the Field of Power [M]. Redwood City: Stanford University Press, 1998: 107.

[39] 指既有初中学段，又有高中学段的学校。

[40] 详细内容可参考：Friedman, Sam. Habitus Clivé and the Emotional Imprint of Social Mobility [J]. The Sociological Review. 2016, 64（1）: 129–147. Bourdieu, Pierre. The Weight of the World: Social Suffering in Contemporary Society [M]. London: Polity Press, 1999.

[41] 安妮特·拉鲁. 不平等的童年：阶级、种族与家庭生活 [M]. 宋爽，张旭，译. 北京：北京大学出版社，2018.

[42] 详细内容可参考：Hurst, Allison L. The Burden of Academic Success: Loyalists, Renegades, and Double Agents [M]. Lanham, Md.: Lexington Books, 2010. Lehmann（2007）. Reay, Diane, Crozier, Gill, and Clayton, John. 'Fitting In' or 'Standing Out': Working–Class Students in UK Higher Education [J]. British Educational Research Journal, 2010, 36（1）: 107–124.

[43] 皮埃尔·布尔迪厄. 自我分析纲要 [M]. 刘晖，译. 北京：中国人民大学出版社，2012.

[44] 详细内容可参考：布尔迪厄（2012），95–100. Michele, Lamont and Lareau, Annette. Cultural Capital: Allusions, Gaps and Glissandos in Recent Theoretical Developments [J]. Sociological Theory, 1988, 6（2）: 153–168. Lareau, Annette and Elliot, Weininger B. Cultural Capital in Educational Research: A Critical Assessment [J]. Theory and Society, 2003, 32（5–6）: 567–606.

[45] 详细内容可参考：DiMaggio, Paul. Cultural Capital and School Success: The Impact of Status Culture Participation on the Grades of U.S. High School Students [J]. American Sociological Review, 1982, 47（2）, 189–201.

[46] 拉鲁（2018）.

[47] 希拉里·弗里德曼. 一激到底：在竞争环境中抚养孩子 [M]. 董应之，译. 广州：广东人民出版社，2023：1–44.

[48] 拉鲁（2018），3.

[49] Cheadle, Jacob E. Educational Investment, Family Context, and Children's Math and Reading Growth from Kindergarten Through the Third Grade [J]. Sociology of Education, 2008, 81（1）: 1–31.

[50] 李煜. 文化资本、文化多样性与社会网络资本 [J]. 社会学研究, 2001（04）: 52–63. 洪岩璧, 赵延东. 从资本到惯习：中国城市家庭教育模式的阶层分化 [J]. 社会学研究, 2014, 29（04）: 73–93.

[51] 兴趣班参与上的城乡差距以及随着年级的增长参加课外兴趣班的比例持续下降这两条规律，在首都师范大学薛海平教授针对"家庭社会经济背景对中小学生首次参与课外补习时间的影响"研究中有更加系统和清晰的揭示。他指出，家庭社经地位较高的学生和城市籍学生参与兴趣类课外补习的情况都要显著高于家庭社经地位较低的和农村学生。具体可参考：薛海平. 赋能"双减"：影响我国中小学课外补习的影响因素分析 [M]. 北京：科学出版社, 2022：12–26.

[52] DiMaggio（1982）.

[53] 详细内容可参考：Xie, A. Desirability, Technical Skills, and Misrecognition: Cultural Capital and Rural Students' Social Integration in Elite Chinese Universities [J]. Poetics, 2022, 92（B）, 101645.

[54] 本研究刚开始时，我对希拉里·弗里德曼所描述的在体育、艺术或学术领域所存在的儿童竞争性课外活动还未有充分认识，没有设计指标详细加以考察，以比较城乡学生童年期间在这些活动参与上的差异。但我特别认同她提到的人类

学家玛乔利·古德温（Marjorie Goodwin）说过的一句话："越来越多的中产父母在不遗余力地通过安排时间紧凑的、有组织的课余活动来培养孩子成长。"在不同的年代，父母们投资的"有组织的课余活动"侧重点可能不同。详细内容可参考：弗里德曼（2023），45–81.

[55] 详细内容可参考：Stevens, Mitchell L. Creating a Class: College Admissions and the Education of Elites [M]. Cambridge: Harvard University Press, 2007.

[56] 皮埃尔·布尔迪厄, J.-C. 帕斯隆. 继承人：大学生与文化 [M]. 邢克超，译. 北京：商务印书馆，2021.

[57] Milne, Emily and Aurini, Janice. Schools, Cultural Mobility and Social Reproduction: The Case of Progressive Discipline. Canadian Journal of Sociology. 2015, 40（1）: 51–73.

[58] 胡安宁和吴晓刚在针对中国学生的研究中也同样发现，在社会经济地位上有优势的学生，往往拥有更多的文化资本，在选择大学专业时更有可能选择人文社科而非 STEM（科学、技术、工程、数学）领域。详细内容可参考：Hu, A. and Wu, X. Science or Liberal Arts？ Cultural Capital and College Major Choice in China [J]. The British Journal of Sociology, 2019, 70（1）: 190–213.

[59] 布尔迪厄（2012），93.

[60] Stevens（2007）.

[61] 徐菁菁. 绩点为王：中国顶尖高校年轻人的囚徒困境 [EB/OL]. （2020–09–19）[2023–06–24]. https://weibo.com/ttarticle/p/show？id=2309404551005369925819.

[62] 详细内容可参考：Reay, Diane, Crozier, Gill, and Clayton, John. 'Strangers in Paradise'？Working–Class Students in Elite Universities [J]. Sociology, 2009, 43（6）, 1103–1121.

[63] Stuber, Jenny M. Inside the College Gates: How Class and Culture Matter in Higher Education [M]. Lanham, MD: Lexington Books, 2011.

[64] 罗伯特·米歇尔斯. 寡头统治铁律：现代民主制度中的政党社会学 [M]. 任军锋等，译. 天津：天津人民出版社，2004

[65] Astin, Alexander W. Student Involvement: A Developmental Theory for Higher Education [J]. Journal of College Student Personnel, 1984, 25（4）: 297–308.

[66] Brint, Steven and Cantwell, Allison M. Undergraduate Time Use and Academic Outcomes: Results from the University of California Undergraduate Experiences Survey 2006 [J]. Teachers College Record, 2010, 112（9）: 2441–2470.

[67] Fosnacht, Kevin, Sarraf, Shimon, Howe, Elijah, and Peck, Leah K. How Important are

High Response Rates for College Surveys？ [J]. The Review of Higher Education, 2017, 40（2）: 245-265.

[68] Hwang, K. Investing the Time: Group Differences in Cultural Capital Development Among U.S. Adolescents [J]. Social Currents, 2020, 7（5）: 465-486.

[69] Armstrong, Elizabeth A. and Hamilton, Laura T. Paying for the Party: How College Maintains Inequality [M]. Cambridge, MA: Harvard University Press, 2013.

[70] Langhout, Regina D., Drake, Peter, and Rosselli, Francine. Classism in the University Setting: Examining Student Antecedents and Outcomes [J]. Journal of Diversity in Higher Education, 2009, 2（3）: 166-181. Rubin, Mark. Social Class Differences in Social Integration Among Students in Higher Education: A Meta-Analysis and Recommendations for Future Research [J]. Journal of Diversity in Higher Education, 2012, 5（1）: 22-38.

[71] 感谢常州大学白宜凡博士在量化数据分析方面所给与的帮助。

[72] 杰克·古迪. 烹饪、菜肴与阶级: 一项比较社会学的研究（修订版）[M]. 王荣欣，沈南山，译. 杭州: 浙江大学出版社，2017: 156.

[73] 阿尔贝·加缪. 西西弗神话 [M]. 李玉民，译. 南京: 江苏凤凰文艺出版社，2021: 14.

[74] Reay, Crozier, and Clayton（2009）.

[75] Bourdieu（1998），25.

[76] 郑雅君. 金榜题名之后: 大学生出路分化之谜 [M]. 上海: 上海三联书店，2023.

[77] 皮埃尔·布尔迪厄. 实践理论大纲 [M]. 高振华，李思宇，译. 北京: 中国人民大学出版社，2017.

[78] 兰德尔·柯林斯，迈克尔·马科夫斯基. 发现社会: 西方社会学思想述评 [M]. 李霞，译. 北京: 商务印书馆，2014: 4-7.

[79] Giddens, Anthony. Modernity and Self-Identity: Self and Society in the Late Modern Age [M]. Redwood City, Stanford University Press, 1991.

[80] 保罗·威利斯. 学做工: 工人阶级子弟为何继承父业 [M]. 秘舒，凌旻华，译. 南京: 译林出版社，2013.

[81] Stuber（2011）.

[82] 沈文钦. 本土传统与西方影响: 20世纪80年代以来通识教育的制度化进程 [J]. 北京大学教育评论，2018，16（04）: 128-147+187.

[83] Stuber（2011）.

[84] 杰克（2021）.

[85] Swidler, Ann. Culture in Action: Symbols and Strategies [J]. American Sociological Review. 1986, 51（2）: 273–286.

[86] Lareau, Elliot（2003）.

[87] Stebleton, Michael J., Soria, Krista M., and Huesman, Ronald L. First–Generation Students' Sense of Belonging, Mental Health, and Use of Counseling Services at Public Research Universities [J]. Journal of College Counseling, 2014, 17（1）, 6–20.

[88] Aries, Elizabeth. and Seider, Maynard. The Interactive Relationship Between Class Identity and the College Experience: The Case of Lower Income Students [J]. Qualitative Sociology, 2005, 28（4）: 419–443. Lee, Elizabeth M. and Kramer, Rory. Out with the Old, In with the New？ Habitus and Social Mobility at Selective Colleges [J]. Sociology of Education, 2013, 86（1）: 18–35.

[89] Durante, Federica, Tablante, Courtney B. and Fiske, Susuan T. Poor but Warm, Rich but Cold（and Competent）: Social Classes in the Stereotype Content Model [J]. Journal of Social Issues, 2017, 73（1）: 138–157.

[90] Jury, Mickaël, Smeding, Annique and Darnon, Céline. First–Generation Students' Underperformance at University: The Impact of the Function of Selection [J]. Frontiers in Psychology, 2015,（6）: 710.

[91] Friedman, Sam. The Price of the Ticket: Rethinking the Experience of Social Mobility [J]. Sociology, 2014, 48（2）: 352–368.

[92] Sennett, Richard and Cobb, Jonathan. The Hidden Injuries of Class [M]. New York: W.W. Norton & Company, 1993.

[93] Rose-Krasnor, Linda. The Nature of Social Competence: A Theoretical Review [J]. Social Development, 1997, 6（1）: 111–135.

[94] Sennett（1993）.

[95] Ogbu, John U. Origins of Human Competence: A Cultural–Ecological Perspective [J]. Child Development, 1981, 52（2）: 413–429.

[96] 卡拉贝尔（2014）.

[97] Heller, Jennifer L. The Enduring Problem of Social Class Stigma Experienced by Upwardly Mobile White Academics [J]. McGill Sociological Review, 2011, 2（April）:

19–38.

[98] 布尔迪厄 . 国家精英：名牌大学与群体精神 [M]. 杨亚平，译 . 北京：商务印书馆，2018.

[99] Manstead, Antony S. R. The Psychology of Social Class: How Socioeconomic Status Impacts Thought, Feelings, and Behaviour [J]. British Journal of Social Psychology, 2018, 57（2）: 267–291.

[100] Nieuwenhuis, Marlon, Manstead, Antony S. R. and Easterbrook, Matthew J. Accounting for Unequal Access to Higher Education: The Role of Social Identity Factors [J]. Group Processes & Intergroup Relations, 2019, 22（3）: 371–389. Reay, Crozier, and Clayton（2010）.

[101] Hurst（2010）, 66.

[102] Ryan, Jake and Sackrey, Charles. Strangers in Paradise: Academics From the Working Class [M]. Boston: South End Press, 1984.

[103] 卡拉贝尔（2014）.

[104] 钱穆 . 国史新论 [M]. 北京：生活·读书·新知三联书店，2001：223–235.

[105] Friedman（2014）.

[106] Walpole, MaryBeth. Socioeconomic Status and College: How SES Affects College Experiences and Outcomes [J]. The Review of Higher Education, 2003, 27（1）: 45–73.

[107] 详细内容可参考：Reay, Crozier, and Clayton（2010）. 威利斯（2013）. Reay, Diane. Finding or Losing yourself？: Working–Class Relationships to Education [J]. Journal of Education Policy, 2001, 16（4）: 333–346.

[108] Stuber（2011）. Reay, Crozier, and Clayton（2010）.

[109] Hurst, Allison L. Classed Outcomes: How Class Differentiates the Careers of Liberal Arts College Graduates in the US [J]. British Journal of Sociology of Education, 2018, 39（8）: 1075–1093.

[110] Bourdieu, Pierre and Passeron, Jean C. Reproduction in Education, Society and Culture [M]. London: Sage, 1977.

[111] Granfield, Robert. Making It by Faking It: Working–Class Students in an Elite Academic Environment [J]. Journal of Contemporary Ethnography, 1991, 20（3）: 331–351.

[112] Deaux, Kay and Ethier, Kathleen A. Negotiating Social Identity [C]// Swim, Janet K.

and Stangor, Charles（Eds.）. Prejudice: The Target's Perspective. San Diego, CA: Academic Press, 1998: 301–323.

[113] Peterson, Richard A. and Kern, Roger M. Changing Highbrow Taste: From Snob to Omnivore [J]. American Sociological Review, 1996, 61（5）: 900–907.

[114] 详细内容可见: 拉里·西登托普. 发明个体: 人在古典时代与中世纪的地位 [M]. 贺晴川, 译. 桂林: 广西师范大学出版社, 2020: 11. Sandel（2020）, 18. Hurst （2010）.

[115] Hurst（2010）.

[116] 费孝通. 乡土中国 [M]. 北京: 人民出版社, 2008.

[117] Orbe, Mark P. Theorizing Multidimensional Identity Negotiation: Reflections on the Lived Experiences of First–Generation College Students [J]. New Directions for Child and Adolescent Development, 2008（120）: 81–95.

[118] 伊丽莎白·科里德 – 霍尔特. 微小的总和: 新精英阶层的消费选择 [M]. 尹楠, 译. 海口: 海南出版社, 2022.

[119] Lehmann, Wolfgang. Habitus Transformation and Hidden Injuries: Successful Working–Class University Students [J]. Sociology of Education, 2014, 87（1）: 1–15.

[120] Friedman（2014）.

[121] Friedman, Sam. Cultural Omnivores or Culturally Homeless? Exploring the Shifting Cultural Identities of the Upwardly Mobile [J]. Poetics, 2012, 40（5）: 467–489.

[122] Roberts, J. Scott and Rosenwald, George C. Ever Upward and No Turning Back: Social Mobility and Identity Formation Among First–Generation College Students [C]// McAdams, Dan P., Josselson, Ruthellen, and Lieblich, Amia（Eds.）. Turns in the Road: Narrative Studies of Lives in Transition. Washington, DC: American Psychological Association, 2001: 91–119.

[123] Lehmann（2014）.

[124] Ochberg, Richard L. and Comeau, William. Moving Up and the Problem of Explaining an "Unreasonable" Ambition[C]// McAdams, Dan P., Josselson, Ruthellen, and Lieblich, Amia（Eds.）. Turns in the Road: Narrative Studies of Lives in Transition. Washington, DC: American Psychological Association, 2001: 121–149.

[125] Lee, Kramer（2013）.

[126] 布尔迪厄（2004）, 29.

[127] 西登托普（2020）.

[128] Brown, Philip and Hesketh, Anthony. The Mismanagement of Talent: Employability and Jobs in the Knowledge Economy [M]. Oxford：Oxford University Press, 2004.

[129] Tomlinson, Michael. 'The Degree Is Not Enough'：Students' Perceptions of the Role of Higher Education Credentials for Graduate Work and Employability [J]. British Journal of Sociology of Education, 2008, 29（1）：49–61.

[130] Archer, Louise and Hutchings, Merryn. 'Bettering Yourself'？Discourses of Risk, Cost and Benefit in Ethnically Diverse, Young Working–Class Non–Participants' Constructions of Higher Education [J]. British Journal of Sociology of Education, 2000, 21（4）：555–574. Walpole（2003）.

[131] Brown, Hesketh（2004）.

[132] 崔盛, 吴秋翔. 资助信息对农村学生选择重点大学的影响——基于高校专项计划的随机实地实验研究 [J]. 华中师范大学学报（人文社会科学版）, 2019, 58（01）：157–166. Hu, Wu（2019）.

[133] Armstrong, Hamilton（2013）.

[134] 劳伦·A. 里韦拉. 出身：不平等的选拔与精英的自我复制 [M]. 桂林：广西师范大学出版社, 2019：15.

[135] Hodkinson, Phil and Sparkes, Andrew C. Careership: A Sociological Theory of Career Decision Making [J]. British Journal of Sociology of Education, 1997, 18（1）：29–44.

[136] Archer, Hutchings, (2000). Pitcher, Jane and Purcell, K. Diverse Expectations and Access to Opportunities: Is There a Graduate Labour Market？[J]. Higher Education Quarterly, 1998, 52（2）：179–203.

[137] Tinto, Vincent. Leaving College: Rethinking the Causes and Cures of Student Attrition（2nd ed.)[M]. Chicago: University of Chicago Press, 1993.

[138] Moss, Phillip and Tilly, Chris. "Soft" Skills and Race: An Investigation of Black Men's Employment Problems [J]. Work and Occupations, 1996, 23（3）：252–276.

[139] 里韦拉（2019）, 9.

[140] Swidler（1986）.

[141] Tomlinson, Michael. Graduate Employability and Student Attitudes and Orientations to the Labour Market [J]. Journal of Education and Work, 2007, 20（4）：285–304.

[142] Furlong, Andy and Cartmel, Fred. Graduates from Disadvantaged Families: Early

Labour Market Experiences [M]. Bristol: The Polity Press, 2005：46–50.

[143] Brown, Hesketh（2004）.

[144] 同上。

[145] Hurst（2018）.

[146] 具体可参考：赵锦山.城乡生源地、高校层次与大学生职业获得研究——基于
17 所高校 2768 名大学毕业生的实证 [J]. 广西师范大学学报（哲学社会科学版），
2015，51（05）：76–82.岳昌君，张恺.城乡背景高校毕业生就业差异的实证
研究 [J]. 高等教育研究，2015，36（05）：37–47.肖富群，张登国.农村与城镇
大学生初次就业的差异——兼论农村大学生的就业特征 [J]. 广西师范大学学报
（哲学社会科学版），2015，51（05）：67–75.谢宝国，王远伟.农村籍与城市籍
大学毕业生就业获得差异的实证研究 [J]. 教育与经济，2014，（01）：46–52.王
玉洁，刘雅丽，李泽冰，邢春冰，崔小勇，蒋承.户籍差异与大学生就业——基
于高校毕业生就业调查的经验研究 [J]. 劳动经济研究，2016，4（02）：72–94.
张旭路，蒋承，李利利.大学生就业的城乡差异研究——基于全国高校抽样调
查数据 [J]. 兰州大学学报（社会科学版），2016，44（02）：170–176.袁红清，
李荔波.农村大学生就业质量分析——基于浙江省 1514 名农村大学毕业生的
调查 [J]. 农业经济问题，2013，34（11）：65–70.

[147] 柯林斯，马科夫斯基（2014），7.

[148] C.赖特·米尔斯.社会学的想象力 [M]. 李康，译.北京：北京师范大学出版社，
2017.

[149] 柯林斯，马科夫斯基（2014），8–9.

[150] 我特别喜欢布尔迪厄在《自我分析纲要》中提到的，拒绝一切理论上的"虚张
声势"，也特别喜欢路遥在《平凡的世界》中提到的，"当一个人集中地凝视着
自己的不幸时，他就很难想象别人的苦难"。对理论的过度沉迷和对学者自身
理论旨趣的过度追求（尽管路遥讲的不是个人旨趣），也许反而妨碍了我们理
解当初的概念和理论被发明出来的时候，它所蕴含的"故事"雄心，又或者妨
碍了我们更加清晰地讲清当下的"故事"。

[151] 皮埃尔·布尔迪厄.区分：判断力的社会批判 [M]. 刘晖，译.北京：商务印书馆，
2015.布尔迪厄（2018）.

[152] 布尔迪厄（2017），实践理论大纲，213–237.

[153] 布尔迪厄，华康德.反思社会学导引 [M]. 李猛，李康，译.北京：商务印书馆，2015.

[154] 已有大量研究应用布尔迪厄的生存心态概念来理解非优势社会群体学生在精英大学的适应。本书的不同之处在于，结合本土文化情境（例如，儒家文化影响下社会各阶层对教育的普遍重视和对通过教育实现社会流动的普遍期待）对学生在学业领域的探索和在社会生活领域的探索做了分开讨论，明确地区分了学业生存心态和社会生活生存心态。并根据农村和小镇学生在精英大学的适应状况，明确提出"局部匹配"的概念，亦即当他们进入精英大学时，学业生存心态与精英大学的环境部分匹配，这有助于他们在学术领域的适应和探索。但在社会生活领域，他们的社会生活生存心态与精英大学的环境则错配，这导致他们在社会生活领域的适应更耗时、探索更费力。本书还在区分两者的基础上，初步地探讨了两者的关系。

[155] 当应用生存心态概念来解释非优势社会背景学生在精英大学的适应过程时，既往的研究较为关注家庭。布尔迪厄的生存心态概念内在地包含了初级生存心态（primary habitus）和次级生存心态（secondary habitus）两个部分，初级生存心态是家庭生活的结果，次级生存心态常是学校教育和社会的结果，罗伊·纳什将其称为"被教育出的生存心态"（educated habitus）。既往研究关注了家庭和精英大学文化环境的差异，但忽视了大学之前的教育与大学文化环境的差异，本书两者兼备。详细内容可参考：Power, Elaine M. An Introduction to Pierre Bourdieu's Key Theoretical Concepts [J]. Journal for the Study of Food and Society, 1999, 3（1）: 48–52. Nash, Roy. The Educated Habitus, Progress at School, and Real Knowledge [J]. Interchange, 2002, 33: 27–48.

[156] 当应用文化资本概念来解释非优势社会背景学生在精英大学的适应过程时，过去的研究较为关注的是文化资本作为对新环境的认识（文化知识）以及因之而产生的归属感等的影响，或关注文化资本作为一种技能（文化技能，例如才艺、社交技巧）的影响。本书的不同之处在于，立足于学生角度，结合布尔迪厄的"误认"概念，探讨了学生的社会能力误认如何影响了他们在精英环境中的探索。具体讨论可以参考：Xie（2022）.

[157] 这或许正应了柯林斯对社会学知识发展的判断，正是透过不一样的概念透镜，我们或能"发现以前不为人们所知的事实——这些事实或远离日常经验，或被有意忽视"。详细内容可见：柯林斯，马科夫斯基（2014），7.

[158] Goldthorpe, John H. Social Mobility and Class Structure in Modern Britain [M]. Oxford: Clarendon Press, 1980.

[159] Sorokin, Pitirim A. Social and Cultural Mobility [M]. New York: The Free Press, 1959: 99–145. Stacey, Barrie. Some Psychological Consequences of Inter–Generation Mobility [J]. Human Relations, 1967, 20（1）: 3–12.

[160] Sennett, Cobb（1993）.

[161] Hopper, Earl. Social Mobility: A Study of Social Control and Insatiability [M]. Oxford: Blackwell, 1981.

[162] Erikson, Robert and Goldthorpe, John H. Are American Rates of Social Mobility Exceptionally High？New Evidence on an Old Issue [J]. European Sociological Review, 1985, 1（1）: 1–22.

[163] Dhoore, Jasper, Daenekindt, Stijn, and Roose, Henk. Social Mobility and Life Satisfaction across European Countries: A Compositional Perspective on Dissociative Consequences of Social Mobility [J]. Social Indicators Research, 2019, 144（3）: 1257–1272.

[164] Kingston, Paul W. The Classless Society [M]. Redwood City: Stanford University Press, 2000. van Eijck, K. Socialization, Education, and Lifestyle: How Social Mobility Increases the Cultural Heterogeneity of Status Groups [J]. Poetics, 1999, 26（5–6）: 309–328.

[165] 李晓亮. 农村高中日常教学实践与高考改革之脱节——为何“寒门难出贵子”？[J]. 全球教育展望，2020，49（03）：75–89.

[166] 刘坚. 直面未来，谨防教育领域的“学业过剩陷阱” [EB/OL]. （2022–01–17）[2023–06–29]. https://mp.weixin.qq.com/s/P9qqFU_8G0GQ6pZXUSW5Ug.

[167] Brint, Steven. Beyond the Ivy Islands: Building Undergraduate Teaching Muscle in Public Universities Without Detracting from Research（Research & Occasional Paper Series: CSHE. 12.12）. Berkley: University of California, 2012.

[168] 安德鲁·德尔班科. 大学：过去，现在与未来 [M]. 范伟，译. 北京：中信出版社，2014.

[169] Brint（2012）.

[170] Sayer, Andrew. Reflexivity and the Habitus [C]// Archer, Margaret S.（Ed.）. Conversations About Reflexivity. London: Routledge, 2009: 108–122.

[171] 可参考：Hardy, James, Gammage, Kimberley, and Hall, Craig. A Descriptive Study of Athlete Self–Talk [J]. The Sport Psychologist, 2001, 15（3）: 306–318. Cunliffe, Ann

L. Reflexive Dialogical Practice in Management Learning [J]. Management learning, 2002, 33 (1): 35–61. Johns, Christopher. Reflexive Narrative: Self–Inquiry Toward Self–Realization and Its Performance [M]. Thousand Oaks: SAGE Publications, Inc, 2020.

[172] Archer, Margaret S. Structure, Agency and the Internal Conversation [M]. Cambridge, UK: Cambridge University Press, 2003.

[173] Peirce, Charles S. Collected Papers of Charles Sanders Peirce [M]. Cambridge, MA: Harvard University Press, 1974.

[174] 乌尔里希·贝克，安东尼·吉登斯，斯科特·拉什. 自反性现代化：现代社会秩序中的政治、传统与美学 [M]. 赵文书，译. 北京：商务印书馆，2014.

[175] Whitaker, Emilie M. and Atkinson, Paul. Authenticity and the Interview: A Positive Response to a Radical Critique [J]. Qualitative Research, 2019, 19 (6): 619–634.

[176] Atkinson, R. The Life Story Interview as a Mutually Equitable Relationship [C]// Gubrium, Jaber F., Holstein, James A., Marvasti, Amir B., and McKinney, Karyn D. (Eds.), The Sage Handbook of Interview Research: The Complexity of the Craft. New York: Sage, 2012: 115–128.

[177] Sayer (2009).

[178] 详细内容可参考：Archer (2003).

[179] 我们要记住我在本书的开头所讲的故事的另一面——"他们凭借优异的成绩进入精英大学，大多数逐渐地适应了大学的学习和生活，最终在城市找到一席之地，并成就自身的励志故事"。

[180] 我的受访者常将其称为"后知后觉"，但我想它正是被体验到的反身性思考的具体形式。

[181] Murdoch, Iris. The Sovereignty of Good [M]. London: Routledge, 1970.

致　谢

本书的所有结论都是一群人集体反身性思考的结果，而我只不过恰好遇到这些思考，并有幸按照自己的理解将其重新建构为故事。感谢参与我追踪研究的每一位受访者。他们接纳我，与我分享人生经历，讲述自己的故事。这些故事滋养了我，感动了我，激励了我，才有了这十年围绕这一研究话题所展开的不断的阅读、思考以及持续的写作。我也希望在将来还有机会继续我们共同的思考并成就和讲述一段新的人生故事。

在这项研究和写作持续的十年间，我得到太多学者、朋友和学生的支持和帮助。他们有香港大学的白杰瑞教授、张丽芳教授，华中师范大学的范先佐教授，东北师范大学的邬志辉教授、刘善槐教授，中山大学的屈琼斐教授，华东师范大学的陈霜叶教授、朱军文教授，北京大学的岳昌君教授，上海交通大学的陈兵，东南大学的洪岩璧教授，北京外国语大学的覃云云博士，剑桥大学的戴安·雷伊（Diane Reay）教授，牛津大学的雷切尔·墨菲（Rachel Murphy）教授，伦敦大学教育学院的斯蒂芬·鲍尔（Stephen Ball）教授，广州大学的刘晖教授、汤晓蒙教授、范冬清博士、刘子云博士、周丽萍博士。还有我曾经和现在的学生欧阳玉湘、刘雨丝、黄咏欣、陈嘉怡、王倩怡、刘付齐、狄玟秀、詹谨蔚、杨雪悦。此外，还有太多的名字，未能一一道来。他们或给予我宝贵的总体或细节建议，或在研究开展的过程中帮助我联系研究对象，或实质性地参与这项研究项目。没有他们，我很难完成这么艰巨而又庞杂的工作。我常常想，我也是个后知后觉的人，资质又太过平庸，辜负了他们的期待。

我还要特别感谢我曾经的学生刘群群以及我在香港大学工作期间的科研助理匡欢。群群一直持续参与我的课题工作，这十年间的帮助几乎从未间断。她实质性地参与研究工作，从准备启动项目到数据收集，再到帮我整理和管理所有类型的数据资料。在本书成书的过程中，她甚至帮我整理了所有访谈资料并做成条理清晰的资料集，为我的写作节省了大量时间。匡欢在我于港大工作期间为研究课题的管理和推进付出了大量心力，她日前已从佛罗里达大学博士毕业并即将前往佛罗里达州立大学开始她新的学术生涯。

研究事业始终是一项集体事业，新想法往往来自思想的碰撞。在过去十年间，我和很多朋友一起交谈、思考，他们不断地激发我，鼓励我，给我灵感。他们中有西北师范大学的李晓亮博士，香港大学的郑雅君、苏超，还有西南大学的易全勇博士，厦门大学的阳妙艳博士，复旦大学的马莹博士，华东师范大学的金津博士以及上海交通大学的陈洁修博士。晓亮和全勇读博期间，我正在港大工作，我们在西营盘合租房屋，常一起爬山、做饭并讨论学术。妙艳、雅君、马莹、苏超都是我的师妹，金津和洁修都曾是我的学生，他们关注农村籍和工人子弟背景大学生并在各自的研究方向上做出了出色的探索，也努力传递更多声音。目前为止，我最开心和自豪的传递声音的尝试是在第七届"全国教育实证研究论坛"上与他们合作举办"个体叙事与宏大声音：寒门贵子问题的实证研究"分论坛。在我们的共同努力下，分论坛线上吸引了四千多人与会，让更多人了解了我们共同关心的学生群体。

还要感谢常州大学的白宜凡博士和广州大学的李家新博士。本书的不少内容，都建立在前期与他们一起写作的基础上，他们尤为擅长量化分析，为我更好地定位自己的故事提供了前提。

感谢厦门大学的余婧然博士，在撰写本书方法论的过程中，我与她正合作撰写有关纵贯质性研究设计的文章，在本书方法论手记的写作中，我正是受到她对相关英文文献研读和解释的启发，尝试将我相关的写作尝试概念化为迭代的写法。

特别感谢深圳大学的李均教授、赵明仁教授，广州大学的马凤岐教授、蔡辰梅教授、谢翌教授，北京大学的沈文钦副教授，清华大学的文雯副教授，华南师范大学的马早明教授、余晖博士，河南大学的李桂荣教授，复旦大学的陆一研究员，河海大学的王毅杰教授、沈洪成教授，南京大学的余秀兰教授、王世岳博士，香港科技大学（广州）的马近远博士，南方科技大学的刘绪博士，南京财经大学的方超博士，剑桥大学的博士生李彤，华东师范大学的柯政教授，他们先后邀我去他们的大学（或线上）与同行和学生分享我的研究，给了我很多讲述本书中故事的机会。

全书的写作有大量的前期学术论文发表基础，这些文章先后发表在《教育研究》《北京大学教育评论》《高等教育研究》《华东师范大学学报（教育科学版）》《复旦教育论坛》《高等教育》（Higher Education）《诗学》（Poetics）等国内和国际期刊上，经过了严格的盲审和仔细的修改。在发表的过程中，我得到大量宝贵而又细致的修改建议。这些高质量的建议来自《北京大学教育评论》的主编陈洪捷教授、李春萍副主编，《教育研究》的杨雅文副主编，《华东师范大学学报（教育科学版）》的杨九诠主编、范笑仙副研究员、编审童想文博士以及《高等教育研究》前主编张应强教授，编辑部的许宏博士。

还要感谢我的家人，我的父亲母亲、岳父岳母、妻子女儿、哥哥姐姐。没有他们的养育、没有他们的照顾、没有他们的默默承受，我不可能完成这本一直要想完成的书稿。

最后，再次感谢我的母亲，她给予我人生，也给予我人生方向。2015 年 8 月，她因为甲状腺问题做手术。术前，医生告诉我，术后她的声音可能不会传得很远了，也许要凑近些才能听到她说话。那一刻，我很受震撼。术后，我一直在她的病床边守候，彻夜难眠。既有少小离家、陪伴太少的愧疚和痛苦，又有许多遗憾。那个时候，我常想，像她一样一直生活在农村的母亲还有她们的孩子（包括我自己）的声音到底有多少人能听见？能传多远？正是她和这段经历让我更加坚定地相信社会学研究者时常讲起的使命——传递一些易被忽视的和听不到的声音，而这正是我在坚持的。

图书在版编目（CIP）数据

小镇做题家：出身、心态与象牙塔/谢爱磊著 . --
上海：上海三联书店，2024.4
ISBN 978-7-5426-8473-8

I.①小 ... Ⅱ.①谢 ... Ⅲ.①农村 – 大学生 – 社会生
活 – 适应性 – 研究 – 中国 Ⅳ.① C913.5

中国国家版本馆 CIP 数据核字 (2024) 第 077926 号

小镇做题家：出身、心态与象牙塔
谢爱磊 著

责任编辑 / 宋寅悦
特约编辑 / 王宇昕　徐晏雯
责任校对 / 王凌霄
装帧设计 / 尚燕平
责任印制 / 姚　军
出版发行 / 上海三联书店
　　　　　（200041）中国上海市静安区威海路 755 号 30 楼
邮　　箱 / sdxsanlian@sina.com
联系电话 / 编辑部 021–22895517
　　　　　发行部 021–22895559
印　　刷 / 山东韵杰文化科技有限公司
版　　次 / 2024 年 5 月第 1 版
印　　次 / 2024 年 5 月第 1 次印刷
开　　本 / 920mm×1270mm　1/32
字　　数 / 250 千字
印　　张 / 10.75
书　　号 / ISBN 978-7-5426-8473-8/C·647
定　　价 / 68.00 元

如发现印装质量问题，影响阅读，请与出版社发行部门联系调换。